생명
경영
원칙

이견직

The Principles of Managing Living Systems

박영사

프롤로그

0

이 책은 모든 것이 변하는 경영의 세계에서 이에 대처하기 위한 불변의 원칙을 이야기합니다. 절묘한 대립의 긴장에서 벽을 깨고 날아오르는 파벽비거(破壁飛去)의 황홀을 경험해 보시길 기대합니다.

1

인간사 최대 화두는 변화, 체인지(change)이자 역(易)이 아닌가 싶다. 우리가 사는 이유도, 종교를 갖는 이유도, 학문을 하는 이유도 모두 이 변화 때문이다.

모든 생명체는 변한다. 단지 죽은 것만이 변하지 않을 뿐이다. 따라서 변화는 제거 대상이 아니라 삶과 더불어 살아가는 것이다. 그럼에도 일각에서는 변화를 끊임없이 제거하려 든다. 모순이다.

두 가지 인생 질문을 하려 한다. 이 질문은 일찍이 철학사를 양분했던 주제이고 오늘까지 시대를 구분짓는 기준이기도 하다.

하나는 변화가 왜 일어나는가이다. 이는 상호의존적 관계 때문이다. 서로 주거니 받거니 하며 순환한다는 말이다. 다시 받았을 때는 이전 주었을 때와는 달라져 있다. 학습이 일어난다는 뜻이다. 학습 과정에서 이전과 다른 상태를 경험하게 된다. '변화'이다. 상호의존적 관계로 구성된 하나의 전체를 시스템이라 한다. 이렇게 변화는 시스템이 학습이라는 순환을 거지면서 생겨난다.

또 하나는 변화가 어떻게 일어나는가이다. 변화가 일어나는 원리를 이해하면 이를 활용할 수 있다. 변화는 선형으로 일어나지 않는다. 변화는 충분한 축적 위에서 급작스럽게 일어난다. 축적의 시간 속에서는 변화를 볼 수 없으니 지레 포기하게 된다. 그러다가 갑작스러운 돌파에 당황하기 일쑤다. 그러나 이런 특성을 파악하고 있다면 원함을 쉽게 이룰 수 있다. 시너지, 파레토 법칙, 복리효과 등으로 불리는 레버리지 효과가 바로 이를 두고 하는 말이다. 변화를 이용하는 지혜가 곧 레버리지다.

2

우리가 사는 이유는 기쁘기 위해서이다. 그렇다면 언제 기쁜가? 어제와 다르게 성장한 오늘의 나를 발견할 때라고 믿는다. 혼자 사는 사람은 없다. 모두 자기 자신과 함께 산다. 그 함께 사는 자기 자신이 마음에 들지 않을 때 우리는 외로움을 느낀다. 외로움은 성장하지 않을 때 찾아온다. 성장이 사는 이유이며, 일신우일신(日新又日新)이 살아가는 태도이다. 언제까지 성장해야 하는가? 삶을 마칠 때까지다. 완성이란 없다. 그저 과정만 있을 뿐이다. 그러한 측면에서 인간은 미완성 존재이다. 내가 나를 위해 존재하지 않는다면 누가 나를 위해 존재할까? 내가 오직 나만을 위해 존재한다면 나는 도대체 무엇일까? 탈무드(Talmud)의 일침 앞에서 무거워지길 기대한다. 타인에 대한 단순한 관심이나 신에 대한 막연한 믿음으로 자신을 놓치는 우를 범하지 말아야 할 것이다.

성장 추동의 지혜가 바로 학습이다. 배우고 익히는 것이다. 익힘은 배움을 시스템화한 것이다. 그래서 공자는 학습이 기쁨의 토대라고 하면서, 인간 존재의 공허와 위태의 극복을 학습에서 찾고 있다. 배우고 익힘에서 오는 성장의 본능적 기쁨을 통해서 말이다. 어제까지 못 보았거나 못 했던 것을 오늘 보게 되거나 하게되었을 때 인간은 기뻐한다. 돈을 버는 것, 사랑을 하는 것, 명예를얻는 것들 모두는 어제까지는 없었거나 못했던 것을 오늘 할 수있음에서 오는 변화들이다. 지루와 나태, 불안해지는 이유는 변화의 동력을 상실했다는 뜻이다. 꿈이 없다는 것은 왜 변화해야 하는지, 어떻게 변화하고 싶은지를 찾지 못했다는 것이기에 꿈과 희망은 변화에 대한 열망이다.

3

우리가 살아가는 이유가 성장이듯 조직에 참여하는 이유도 성장 때문이다. 나 또한 하나의 시스템이다. 그러나 혼자서 할 수 없는 더 큰 성장을 경험하기 위해서, 이를 통해 더 큰 희열을 얻기위해서는 나보다 더 큰 시스템과 연결되어야 한다. 이 에너지를시스템 에너지인 시너지(synergy)라고 한다. 조직을 결성하는 근본적인 이유가 바로 여기에 있다. '백지장도 맞들면 낫다'가 무슨 말인지 직감적으로 알아들었다면 이미 시스템 이해의 정수에 다다른 것이다. 두 사람이 사이에 백지장을 두고 '마주 든다'는 것은 하나의 시스템을 형성하였다는 것이고, 그 결과 '낫다'라는 시너지를 경험하였다는 것이다.

이제 시스템이 무엇인지 개략적으로 보았을 것이다. 시스템은 개별 요소가 관계 지어져 어떤 목적을 이루려고 하는 하나의 전체를 말한다. 기계만 시스템이 아니다. 자연도 시스템이고 사람도, 사회도 시스템이다. 시스템 속에 하위 시스템이 있고 그 하위 시스템 속에 또 하위 시스템이 있다. 시스템은 계층을 이루고 있다.

학습의 이유는 곧 시스템의 이해와 밀접한 관련이 있다. 시스템이 갖는 요소와 관계 맺음의 순환구조를 이해하는 것이며, 그 경계의 정도를 이해하는 것이며, 또 관계 속에 내재하는 시간지연을 이해하는 것이 학습의 대상들이다. 학습의 깊이와 넓이에 따라 경계를 넓게 또는 좁게, 순환의 정도를 그저 일방향으로 받아들일지, 쌍방향으로 받아들일지에 차등을 두게 된다. 또 시간 지연이 즉각적으로 되돌아오는지 아니면 백년이 걸리는 관계인지를 가늠할 안목을 가지는 것도 학습의 결과이다. 넓은 경계를 볼 수 있는 자, 순환이 그저 인과가 아닌 인연임을 온전히 받아들이는 자, 눈을 감고도 천년을 바라볼 수 있는 자가 바로 학습하는 자이다.

바로 이 지점에서 경영학은 인문학과 연결된다. 경영철학이 필요한 순간이 되며 그 길 위에 지속가능한, 인간중심의 경영학을 맞이하게 된다. 철학이 부재한 오늘의 경영학에 철학의 중요성을 역설하면서 이제 그 길 위를 걸어보고자 한다. 이것이 저자가 이야기하고자 하는 전부이다. 나머지는 사족들이다. 전체를 짧게 일괄한 방향을 미리 잡고 지난한 여정을 떠나 본다면 훨씬 더 의미

있지 않을까 싶다.

4

본 서를 읽는 독자들은 경영(학)에 대한 어떤 선입견도 갖지 않았기를 기대해 본다. 이 글을 읽고 주류 미국식 경영학을 공부하기 시작하면 적지 않은 질문이 생길 것이다. 이는 옳고 그름을 가리기보다 오히려 '그때는 맞고 지금은 틀린' 그 상황과 맥락을 이해할 수 있었으면 한다. 그런 비교 의식은 훨씬 풍부한 상상력과 흥미를 불러일으켜 자연스럽게 질문하는 태도를 형성시키게 될 것이다.

좀 더 기대해 본다면 학문하는 이유는 삶을 사는 이유와도 직결됨을 깨닫기를 바라본다. 학교의 우등생이 사회의 열등생이라는 말은 틀린 말이라 생각한다. 일단 그 우등생 기준에 동의하기 어렵다. 현재 한국의 우등생은 배움 중심에서 사육되었다. 배움에 갇혀서 '우리'가 되었다. 보편성에 따라 철저히 순응형으로 만들어졌다. 자기다움을 미처 이루지 못했다. 자기다움은 익힘을 통해서 만들어진다. 자기다움의 시작은 궁금증이자 호기심이며, 그 발로가 질문이다. 우리에서 자기를 떼어낼 때 발생하는 준엄한 고민이 바로 질문이다. 처음 본 하늘이 붉다면 하늘이 붉다는 지적에 전혀 호기심을 가지지 못한다. 그러나 푸르다면 달라지기 시작한다.

5

끝으로 생명 경영의 4대 원칙과 3대 실천을 기억해 주기를 바란다. 이것이 인간과 지구를 살리는 길로 인도해 줄 것이라 믿는다. 생명 경영의 4대 원칙이다.

하나, 인간은 관리의 대상이 아니다. 인간은 관리할 수도, 해서도 안 된다.

둘, 관리의 대상은 시스템이다. 만물은 시스템이다.

셋, 인간은 학습의 대상이다. 학습은 인간 기쁨의 수단이다.

넷, 학습은 핵심가치를 업무에 녹여 흐르게 한다. 미션을 성과로 전환함이 경영이다.

아울러 생명 경영의 3대 실천이다. 이것이 생명 존중의 위대한 기업으로 가는 길을 인도할 것이다. 실패하는 조직에서는 예외없이 반대로 움직이는 모습이 발견될 것이다.

첫 번째 단계는 조직의 본질을 핵심가치로 명확히 천명한다.

두 번째 단계는 그 가치에 공명하는 사람들을 끌어모은다.

세 번째 단계는 그들의 성장에 온 힘을 기울인다.

***

점차 '위인지학(爲人之學)'에서 '위기지학(爲己之學)'으로 가고 있는 모습을 발견하면서 선현의 말씀에 감탄한 적이 있다. 자신이 무엇을 하고 있는지를 위인지학에서는 몰랐으리라. 위기지학이 느껴져야 비로소 알 수 있다. 지금까지 무엇을 했는지를. 그리고 위기지학이 곧 익힘임을 알게 될 것이다. 그렇게 학문의 길은 자기 완성을 향한, 미리 준비된 길이자 선현들이 걸어 갔던 길임을 자연스럽게 알게 된다. 같은 길을 걷게 되어 참 다행이라는 안도

감과 기쁨을 동시에 느껴본다. 잘 걸어왔다고 하는... 그리고 앞으로도 잘 걸어갈 것이라는... 나에게 그런 붕(朋)이 있어 좋다.

오랜 기간 함께 학문을 연마한 연구실 모든 제자에게 고마움을 전한다. 그들은 제자이기 이전에 동료였다. 무수히 이야기를 나누고 들어주었던 선후배 동료 학자들에게 깊은 감사를 드린다. 다양한 생각과 존중의 의미를 알게 해 주었다. 본 도서를 흔쾌히 발간해 준 박영사의 안종만 회장, 안상준 대표께도 감사함을 전한다. 나를 세상에 나오게 해 주었다.

끝으로, 이 책으로 맞잡게 된 저자와 독자 간의 시스템이 창출하는 시너지가 증폭되기를 기대하면서 인간과 지구 중시 경영의 여정을 내딛어 보길 소망한다.

새로운 세기가 시작되고 있는
2025년 2월에 담소재(潭昭齋)에서 저자 씀
Meliora

목차

"내 아내 주희와
우리 아이들 민주, 민재와의
영원한 만남과 사랑을
가슴에 담으며"

P / A / R / T

01

Why?
변화를 감지하라.
왜 생명 경영이어야
하는가?

"도를 도라고 말하면 그것은 늘 그러한 도가 아니다."
(도덕경, 노자)

그대가 이타카로 가는 길을 나설 때,
기도하라, 그 길이 모험과 배움으로 가득한
오랜 여정이 되기를

...

언제나 이타카를 마음에 두라
그대의 목표는 그곳에 이르는 것이니
그러나 서두르지는 마라
비록 그대 갈 길이 오래더라도
늙어져 그 섬에 이르는 것이 더 나으리니
길 위에서 그대는 이미 풍요로워 졌으니
이타카가 그대를 풍요롭게 해주길 기대하지 마라

이타카는 그대에게 아름다운 여행을 선사했고
아타카가 없었다면 그대 여정은 시작되지 않았으리니
이제 이타카는 그대에게 내줄 것이 하나도 없구나

설령 그 땅이 불모지라 해도
이타카는 그대를 속인 적 없고
길 위에서 그대는 현자가 되었으니
마침내 이타카의 가르침을 이해하리라

(P. Cavafy, Ithaca, 1911)

Chapter

01

외면한 질서의 부상

그때는 맞고 지금은 틀리다

이 책은 살아있는 시스템의 경영 원칙을 소개하는 책이다. 경영 관리의 대상이 사람이라고 생각하는가? 그렇다면 이 책을 꼭 읽어보길 바란다. 자신이 어떤 오류에 빠져 있는지를 알게 될 것이다. 또 그 대상이 시스템이라는 것을 알았더라도 시스템을 기계로만 인식하고 있었다면 그 또한 이 책의 일독을 권한다. 편협에서 벗어나 살아있는 시스템의 생명력을 마주하게 될 것이다.

조직이 사라지는 가장 근본적인 이유는 무엇일까? 관리할 수 없는 것을 관리하였기 때문이다. 조직이 커질수록 관리비용은 눈덩이처럼 불어나 조직을 잠식한다. 그렇다면, 무엇을 관리해야 하고 또 관리하지 말아야 할 것인가? 이 책은 이 물음에서 시작한다.

그 여정의 시작을 코로나19와 4차 산업 혁명에 두고자 한다. 초입부터 세상 운영 질서가 완전히 변화되었다는 것을 실감하게 될 것이다. 축의 전환이자 애써 외면했던 진실과 마주하는 순간이다.

뉴 노멀이 시작되었다

세상 만물은 시스템이다.[1] 상호의존적 관계로 구성된 하나의 전체가 시스템이다. 만물이 시스템이라면 시스템의 이해가 곧 만물의 이해가 된다. 만물의 변화 행태와 작동 구조, 이의 가치에 대한 철학적 견해까지 시스템 관점에 서서 볼 수 있게 된다. 쉽게 말해 만사를 시스템으로 해석하게 된다.

최근 전 세계를 강타한 코로나19와 축의 변화를 이끌고 있는 4차 산업혁명을 시스템 관점에서 살펴보자.

세계보건기구(WHO)의 팬데믹(pandemic) 선언은 전 세계가 외면한 질서였던 '전체로서 하나(one as a whole)'라는 전일적 사고관(holism)을 상기시켜 주었고, 4차 산업혁명은 이를 더욱 가속화시키고 있다. 4차 산업혁명은 네트워크, 빅데이터로 총칭되는 초연결성의 확산과 AI, 로봇으로 대변되는 탈인간성의 지향은 디지털 세계관이라는 또 다른 세계관을 전개시키고 있다.

코로나19	전일적 세계관	X	초연결 탈인간	디지털 세계관	4차 산업혁명

뉴 노멀의 특성

이제 전일적이고 디지털이라는 두 세계관이 서로 맞물리면서 펼쳐 보이는 뉴 노멀(new normal)로의 전환에 주목해야 한다. 그렇다면, 도대체 무엇이 어떻게 변화되었다는 것이며, 이는 경영 환경에 어떠한 영향을 미치게 되었는지, 그리고 경영학은 이에 어떻게 대응해야 하는지를 살펴볼 것이다. 이는 본 서에서 이야기하고자 하는 전부이기도 하다.

시스템의 왜곡, 코로나 팬데믹

코로나 팬데믹

2020년, 전 세계는 누구나 예외없이, 자신의 위치에서, 블랙스완(black swan)의 출현을 목격했다. 우리 모두를 충격과 공포로 몰아넣은 코로나19는 단순히 신종 바이러스의 역습을 넘어 다시 이전 상태로 돌아갈 수 없는 새로운 균형, 이른바 뉴 노멀의 도래를 예고하고 있다.

이는 대세였던 세계화에 제동을 걸어 세방화(glocalization)라는 낯선 질서를 제시하였다. 인구의 자연증가를 멈추게 하였고 비대면의 일상화와 일자리의 전면적인 변모도 예고하였다. 이제 효율보다 적응이, 생산보다 재생이, 또 대의민주주의보다 동료 시민 정치에 더욱 익숙해질 세계로의 전환을 앞두게 되었다. 블랙스완의 개념을 처음으로 제시한 나심 탈레브(Nasim Taleb, 1960~)는 블랙스완의 출몰은 예측할 수 없는 세상의 도래를 의미한다[2]고 주장하였다. 지금은 그의 주장에 귀 기울여야 할 때이다.

파괴된 균형과 경영 환경

뉴 노멀은 경제사회 전반에 엄청난 영향을 미치고 있다. 특히, 경쟁력 제고라는 측면에서도 기존의 관행을 획기적으로 전환시키는 계기가 되었다는 점에서 경영에 커다란 함의를 제공하고 있다. 그 하나는 사람들이 회사라는 물리적 공간이 없어도 업무에 별다른 지장이 없음을 알게 되었다는 것이며, 또 하나는 감염으로 생산에 차질을 빚는 일은 다시는 없게 하겠다는 점이다.

무엇보다 이들이 결합되어 전통적인 노동관의 변화로 이어지고 있음에 더욱 주목해야 한다. 먼저, 비대면의 일상화이다. 2021년 말, 코로나19를 계기로 다국적 회계감사법인 프라이스워터하우스쿠퍼스(PwC)는 회계업체 최초로 고객서비스 부문에서 일하는 전일제 노동자 4만 명 전원에게 영구적 원격근무를 운영하겠다고 로이터통신이 보도했다.[3]

이는 전적으로 팬데믹의 영향으로써 재택근무를 선택한 직원들은 중요한 회의, 고객 방문, 사내교육 등이 있을 경우 한 달에 최대 3차례만 사무실로 출근한다는 내용이지만 단순히 감염의 위험으로부터 벗어나고자 하는 것만은 아니다. 이미 상당수의 직원들이 재택근무를 선호하는 등 근무 방식의 변화도 주요 요인이 되고 있다. 뿐만 아니라 재택근무로 가족과 더 많은 시간을 보낼 수 있게 된 직원들이 더 행복하고 생산적일뿐 아니라 인재 유치에도 긍정적인 영향을 주고 있어 코로나 이후의 근무 환경에도 지속적으로 영향을 미칠 전망이다.

다음은, AI, 로봇, 가상세계 도입을 통해 생산시설을 자동화하겠다는 필요성이 탄력을 받게 되었다는 점이다. 이제 생산 수단으로서의 인간 가치는 과거에 머물지 않게 되었다. 인간 중심의 고용체계를 유지하면서 1일 8시간의 근무를 감염의 위협 속에서 언제 봉쇄될지 몰라 불안해하는 기업과 AI, 로봇의 자동화로 1일 24시간을 감염의 위협에서 벗어난 기업이 서로 경쟁하게 된다. 단순 계산만으로도 후자의 생산량은 3배로 확대되어 절대적 경쟁 우위에 서게 될 것이다. 여기에 세수 확대를 도모할 수 있는 정부의 경제 정책이 맞물리면 급속한 자동화의 도입은 피하기 어려운 환경이 될 것이다.

메타버스(metaverse)라는 초 현실 가상 세계로의 이동도 현실화될 가능성이 크다.[4] 메타버스 공간속에서 일자리도 얻고 집도 사며 일상에서와 같은 활동을 전개하며 가상의 소득을 올리게 되는데 이때 가상의 디지털 화폐가 현실 세계에서도 활용될 가능성이 높아 메타버스 공간으로의 이동은 급진전될 것이다. 이러한 측면에서 블록체인 기술에 기초한 디지털 화폐는 그 촉매제가 될 것이다.[5]

이상의 현상들은 전통적 노동관의 변화로 이어질 것이다. 인간이 노동을 하는 이유는 소득 때문이다. AI와 로봇으로 인해 노동을 하지 않는 환경의 도래는 단순히 실업만으로 설명할 수 없는 변화가 될 것이다. 전통적 복지국가 체계에서 바라보았을 때 실업이지 새로운 환경 하에서는 일에서 해방이기도 하다. 이제 인간은 일하지 않아도 되는 상황이 전개되고 있다. 기본 소득이나 사회적 배당이 지속적으로 거론되는 이유이기도 하다.

유급노동을 위해 필요한 지식은 AI가 대체하고 물리적 노동은 로봇에게 맡겨지고 있다. 자본주의가 이상적으로 지향했던 일하지 않는 세상이 도래하고 있다. 존 케인즈(John M. Keynes,

1883~1946)는 21세기가 되면 주당 노동시간이 15시간이면 충분하도록 노동 생산성이 증가될 것으로 예상하였다. 이로 인해 남은 일자리는 사회 전체가 고르게 나눌 것으로 전망하였는데 이른바 일자리 나눔이 그것이다.[6] 세상에서 가장 빠르게 초고령사회에 들어선 일본이 이미 노동시간과 급여수준을 줄이면서 일자리를 늘리고 있다.[7]

AI와 자동화로 인해 일이 줄어든 세상에 대해 깊은 통찰을 보이고 있는 대니얼 서스킨스(Daniel Susskind, 1961~)는 새로운 세기에서의 노동관의 변화를 의미 있게 소개하고 있다.[8]

그는 새로운 노동 환경 변화의 특성을 '유급 노동'이 줄어든 세상으로 규정하면서 이제 우리가 풀어야 할 문제로 '어떻게 잘 사느냐'로 보았다. 의미 있는 삶을 사는 것이 진정 어떤 뜻인지를 깊이 생각해야 할 시점에 서 있음을 강조하면서 일의 목적이 돈이 아닐 때, 일에서 생산성이 아니라 삶의 목적을 추구한다면 이때의 경제관은 큰 폭의 변화를 경험하게 될 것으로 보았다. 특히, 다시 큰 정부를 이야기하면서 이 정부가 해야 할 일은 삶의 의미를 만드는 역할을 수행해야 하며 그 대표적으로 여가 정책, 조건적 기본 소득 등을 이용하여 일의 자리를 메꿀 원천들을 관리해야 할 것으로 전망하였다.[9]

팬데믹의 원인

오늘의 살인적인 폭염, 빈곤과 굶주림, 급속히 녹아내리는 빙하, 치솟는 산불, 빈번한 재난, 여기에 질병의 전파까지 모두 자연재해가 아닌 인공재해로서 대량 학살의 위기를 심각히 경고하는 이가 있다. 데이비드 월러스 웰즈(D. Wallace-Wells, 1982~)는 자신의 도서 '2050 거주불능 지구(2020)'에서 그 주요 원인을 자본주의의 전개과정에서 찾았다.[10] 그는 오늘의 자본주의를 '화석자본주의'로 규정하면서, 18세기부터 갑작스럽게 전개된 경제성장은 혁신이나 자유무역의 결과가 아닌 단지 화석연료와 그 잠재적 힘을 발견한 결과일 뿐이라고 평가하였다.

특히, 그는 질병의 전파 또한 기후위기와 밀접한 관련이 있음을 언급하면서 지구온난화로 현존하는 질병들이 장소를 옮기고 있으며, 북극의 빙하가 녹으면서 지난 수백만년 동안 갇혀 있던 질병도 얼음 밖으로 나오고 있다고 분석하였다. 실제 몸속 박테리아의 99% 이상은 아직 학계에도 알려지지 않았다고 한다.

노동(2005), 육식(2008), 소유(2020)의 3대 종말 시리즈와 한계비용 제로사회(2014) 등 큰 울림을 제공하는 사회사상가인 제러미 리프킨(Jeremy Rifkin, 1945~)이 코로나19의 거시적 발발 원인으로 무분별한 경제성장에 따른 환경파괴를 지목하였을 때 세계는 또 한 번 기후위기에 주목하였다.[11] 리프킨은 대부분의 질병은 주어진 환경 안에서 증가된 엔트로피에 따른 축적된 폐기물로 인해 발생하고 있다고 강조한다.[12] 이 주장은 1970년대 UN 로마클럽이 언급한 인류 성장 한계의 핵심 원인이 환경오염에 있음과 그 맥을 같이 하고 있다.[13]

김재인(1969~)은 코로나19는 지역과 부문 중심의 근대적 가치가 한계점에 도달했음을 의미한다고 지적하고 있다. 그는 코로나19라는 팬데믹 현상과 더불어 기후위기와 인공지능의 문제는 근대의 끝을 알려주는 전조 현상으로 이제 인류는 실질적인 21세기

시작을 맞이하고 있다고 보았다.[14]

그는 코로나19의 위협을 넘어서기 위해서는 서양 근대가 발명한 개인과 사회, 자유, 평등, 박애, 소유 등의 개인의 가치와 권리 등에 기초해 '인권 대 안전'이라는 근대적 도식을 넘어 '안전 속 인권'이라는 탈근대적 가치에 의한 새로운 접근의 필요를 언급하면서 종합적 현상을 분석으로 접근하면 필패함을 강조하였다.

온전한 시스템을 향해, 4차 산업혁명

요소의 정태를 넘어 관계의 동태로, 멧칼프 법칙

환경변화의 변곡점을 4차 산업혁명이 쥐고 있다. 이는 연결의 경제성(economy of linkage)에 기초한 초연결 경제로의 전환으로 이전에 있었던 산업혁명과는 본질적으로 다르다.

가치 창출의 원천이 기존의 한계 생산성이 체감하는 요소 중심인 '토지', '노동'과 '자본'이었음에 반해 4차 산업혁명은 한계 생산성이 체증하는 관계 중심의 '네트워크'로 전환시키고 있다. 이는 기하급수적 변화를 이르는 멧칼프의 법칙(MetCalfe's law)이 작동하는 메커니즘[15]으로 승자독식을 야기시켜 후발주자나 패스트 팔로우어(fast follower)가 더 이상 통하지 않는 환경을 구축하게 된다.

다음 그림은 요소와 관계에 초점을 달리한다는 것이 얼마나 차이가 나는지를 보여준다. 왼쪽 그림은 우리 사고를 지배하고 있는 가우시안 분포이다. 일명 정규분포라고도 하며 정상분포라고도 한다.[16] 요소 중심으로 보면 양 극단에 존재하는 관찰치를 찾기는 쉽지 않다. 사람의 키를 예로 들면 1m가 안 되는 사람이나 2m

를 넘는 사람은 거의 없다. 특이한 관찰치가 발생할 확률이 매우 낮다는 뜻이다.

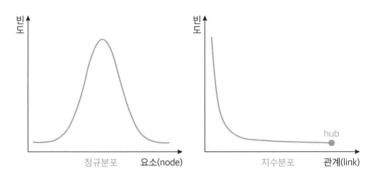

요소와 관계를 대표하는 분포

토드 로즈(T. Rose, 1974~)는 평균이라는 허상이 어떻게 교육을 속여 왔는지를 적나라하게 파헤치고 있다.[17] 평균적 인간을 바탕으로 삼아 설계된 시스템은 반드시 실패하기 마련임을 강조하면서 미 공군 비행사고의 원인을 평균에 기초한 조종석 설계 때문으로 설명하고 있다. 요소 중심적 사고는 평균적 사고를 유도해 모두가 불행해질 수밖에 없음을 강조한 명저라 하겠다.

그러나 오른쪽 그림은 완전히 다른 모양을 하고 있다. 왼쪽에는 그 빈도(node)가 많으나 연결선(link)의 수는 상대적으로 작고 오른쪽으로 갈수록 반대 현상이 나타난다. 연결선의 수는 무척 많으나 그 빈도는 낮다. 그 대표적인 예가 구글 검색이다. 수많은 검색 엔진이 등장하였지만 아주 소수의 엔진만 살아남았고 그 대부분은 사라졌다.

관계를 중시 여기는 경우, 관계를 많이 맺고 있는 곳으로 쏠리게 되어 있다. 우리가 사람을 만날 때도 매력적인 사람에게 몰리는 사례는 무수히 많다. 이른바 허브(hub)를 목격할 수 있다.[18] 랜덤하다면 즉, 요소간 관계가 없다면 정태적인 정규분포(normal distribution)가 생기나 그렇지 않다면 즉, 경로 의존적이라면 동태적인 지수분포(exponential distribution)가 만들어진다. 부익부 빈익빈의 허브를 만나게 되는 이유가 여기에 있다.

'다보스 포럼'이라는 세계경제포럼(World Economic Forum)을 창립하고 '4차 산업혁명'이라는 개념을 처음으로 주창한 클라우스 슈밥(Klaus Schwab, 1938~)은 4차 산업혁명이 코로나19를 만나 경제적, 사회적, 지정학적, 환경적, 기술적이라는 거시 차원뿐 아니라 산업이라는 미시적 차원과 인간성 차원 모두가 재설정(reset) 되어야 한다고 주장하고 있다.[19] 그는 초연결의 기저에 있는 상호의존성(interdependence)을 21세기의 본질이라 보면서 여기서 파생되는 속도(velocity)와 복잡성(complexity)이 서로를 증폭시켜 기존의 거시 질서를 리셋(reset)시킬 것으로 전망하고 있다.[20]

시스템의 본 모습, 복잡적응시스템!

비선형의 복잡시스템으로

초연결의 4차 산업혁명은 복잡시스템(complex system)을 수면으로 끌어 올렸다. 살아 있는 시스템은 모두 복잡시스템이다. 조직도 경제도 사회도 모두 복잡시스템이다. 복잡시스템은 창발(emergence)이 일어나는 시스템이다. 이는 부분에는 나타나지 않으나 이들이 얽힌 전체에 나타나는 현상이다. 전체가 부분들의 의도로 조직되지 않았다는 뜻이기도 하다. 창발이 일어나는 이유는 상호작용하는 되먹임 고리(feedback loop) 때문이다. 이로 인해 거듭제곱법칙(power law)[21], 멧칼프 법칙 등으로 불리는 현상이 나타나게 된다.

이 질서가 독립된 패러다임으로 관심을 받기 시작한 것은 1980년대 산타페 연구소(Santa Fe Institute)[22]에 자연과 사회분야 과학자들의 공동연구 추진에서 시작되었다. 이들은 복잡(複雜)과 혼잡(混雜)의 차이에 주목하였다. 여기서, 잡(雜)이란 섞여 있음(mix)을 말하나 복잡은 혼란하게 섞여 있는 혼잡과 달리 겹쳐 섞여 있기에 그 중복을 하나씩 제거해 나가듯 연구하고 있다. 마치 여러 겹의 껍질을 한 꺼풀씩 제거하듯이 무질서 속에 질서를 찾고 있다.[23]

이제 주류 경영경제학이 전제하는 비현실적인 선형성 가정을 내려놓아야 한다. 복잡한 현실을 송두리째 부정하기보다 새로운 연구 방법론의 적극적인 활용에 참여함이 필요하다. 경제도, 경영도 복잡시스템에 적응해야 한다.

회복력으로 적응하자

회복력(resilience, 회복탄력성)에는 크게 두 종류가 있다. 하나는 이전 상태로 돌아가는 힘(bounce back)이며, 또 하나는 이전 상태를 능가해 더 나은 상태로 진화하는 것(bounce forward)을 말한다.[24] 이는 탈레브의 안티 프래질과 유사한 개념으로써 새로운 경험을 열린 자세로 받아들이는 것이다.[25] 그 핵심에는 중복성과 다양성이 있다. 결코 효율성으로는 다가갈 수 없다. 효율성의 핵심은 모든 중복성을 제거하는 일이다. 중복은 비용이기 때문이다. 따라서 불필요한 재고나 노동력을 없애서 투자자들에게 더 많은 이윤이 돌아가게 하는 것이 주주자본주의하에 최선의 덕목이 된다.

필요한 요소만 남기고 나머지는 다 없애 버리는 린(lean) 생산 방식의 핵심이 바로 효율성의 전형적 모습이다.[26] 코로나19에서 회복된 사회는 린 생산방식에 입각한 지역, 조직이 아니었다. 복지를 우선으로 했던 곳이었다. 린은 블랙스완에서는 건강한 순환을 이루지 못했다.

회복탄력성은 자연의 진화 원리이다. 자연에는 효율성, 생산성이라는 개념이 없다. 자연은 재생적이며, 무수한 중복과 다양 속에서 하위 시스템들의 모듈화를 통해 운영되고 있다. 중복과 다양, 모듈이 의미를 갖는 이유는 바로 전체 시스템과 하위 시스템들이 서로 연결되어 열려 있기 때문이다.[27] 자연 생태 시스템은 인간의 인공 시스템과는 정반대의 지점에 있음을 이제라도 인정해야 한다.

리프킨은 효율성 세계관을 지탱해 온 왜곡된 시간과 공간에 대한 개념을 바로잡는 것을 회복력 시대로의 선결 조건으로 보았다.[28] 그에게 있어 회복력은 원상복귀가 아니다. 그건 이미 불가능하다. 회복력은 자연과 인간의 끊어진 관계를 복원하는 것이고, 자연 – 인간 간 상호작용에 참여하는 것이다.

복잡적응시스템, 뉴 노멀의 모습!

뉴 노멀(new normal)은 시공의 순환성을 단절하고 분리시킨 세계관을 다시 원상태로 복원시키는 것이다. 시간적으로 경제, 사회, 환경과의 상호 연결성을 단절시켰으며, 공간적으로 인간을 자연과 분리시켰다. 그 결과 경제 성장이 야기한 공동체 훼손과 환경오염을 간과했으며, 인간을 만물의 영장으로 만들어 자연을 병들게 하였다. 그 해악은 코로나 팬데믹으로 인간에게 되돌아왔으며, 초연결의 4차 산업 혁명은 그 속도를 가속화시키고 있다. 이를 해결할 시간이 더욱 촉박해지고 있다는 뜻이다.

그런데 해악을 치유하기 위해 인간이 자연과 세계에 특별히 뭔가를 할 필요가 없다. 정확히 말하면 할 것이 없다. 자연과 세계를 바라봤던 시각을 편견과 의도없이 정상적으로 제자리에 갖다 놓으면 된다. 바로 세계와 자연 시스템을 본 모습대로 받아들이면 된다. 이제껏 세상을 보고 싶은 대로 봤다면 보이는 대로 보면 된다. 이것이 지속가능성을 담보하는 요체이며, 코로나가 전해주는 메시지이기도 하다.

세계와 자연의 본 모습은 무엇일까? 그리고 왜 이 논의를 지금 해야 하는 것일까? 그리고 이 논의와 경영은 무슨 관련이 있는 것일까?

앞에서 만물은 시스템이라 하였다. 때문에 세계의 본 모습을 시스템의 시각에서 이야기하고자 한다. 오늘날 우리 모두가 경험하고 있는 코로나 팬데믹이라는 시스템의 왜곡 위협을 4차 산업 혁명이라는 시스템의 온전함으로 대응하고자 한다. 그 논의의 핵심에 지속가능성(sustainability)이 있다. 그리고 그 실체를 수 만년동

안 검증된 생태시스템인 자연 속에서 찾으려 한다.

이제 그 여정을 떠나 보려 한다. 그 전에 세 가지를 안고 가자. 나(I), 지금(Now), 여기(Here)다. 왜냐하면, 지금 여기 있는 내가 나와 가장 가깝기 때문이다. 이를 벗어나면 길을 잃는다.

경영경제 패러다임을 변화시키자

자본주의의 과거 그리고 현재

초기 자본주의의 형성

16세기 봉건제도하의 자급자족 생산체계에서 싹트기 시작한 자본주의가 현대 조직의 전통적인 모습으로 드러난 것은 18세기 중후반에 영국에서 시작된 산업혁명(the Industrial Revolution)이다.[29] 영국이 산업혁명을 먼저 시작할 수 있었던 이유는 풍부한 지하자원과 노동력을 근간으로 한 식민지 지배를 통해 자본이 형성되었기 때문이다. 여기에 제임스 와트(James Watt, 1736~1819)의 증기기관 개발 등과 같은 기술 혁신과 아담 스미스(Adam Smith, 1723~1790)와 같은 경제 이론과 사상이 더해지면서 품질을 확보한 대량생산 체계가 구축되었다.

스미스의 분업이론은 농지를 벗어나 도시라는 협소하고 낯선 환경에 모인 근로자가 최고의 효율에 의한 생산성 극대화를 달성하고자 하는 경제 패러다임이다. 그는 사람들이 소수의 쉬운 일로 분업하여 전문화를 확보하면 급격한 원가절감과 대량 생산체제가 가능함을 제시하였다.[30] 특히, 시장을 설명하는 과정에서 언급한 '보이지 않는 손'의 강조는 인간 욕망의 극대화이자 당시 권력 계층이었던 종교와 영주의 영향에서 벗어나 상대적으로 미력했던 국왕과 자본가의 세력 형성에 사상적 토대를 제공함으로써 근대 국가 형성에 커다란 영향을 주게 된다.[31]

수정 자본주의 도입

150여 년 이상 확대일로의 초기 시장 방임의 자본주의는 1920년대 말, 대공황이라는 거대한 충격을 받게 된다. 이는 인류가 자유 시장주의의 맹신에서 벗어나 시장 방임에 한계가 있음을 확인하는 과정으로써 시장에 있어 정부 개입의 유효성을 경험하고 수정하는 계기가 되었다.

이후 수정 자본주의는 서유럽의 전후 재건에 의한 안정적인 경제 성장, 베이비 부머의 형성과 여성의 지위 향상 등 중산층 형성에 따른 수요 기반의 강화, 베버리지 보고서(Beveridge Report)에 의한 사회보장 제도가 확충되면서 인간 중시와 삶의 질이 제고되면서 40여 년간의 황금기를 누리게 된다.

다시 자유 시장으로 그리고 또다시...

자본주의 황금기의 경제 낙관론은 급속한 인구 증가와 성장 동력의 약화를 초래하였는데 1970년대 들어 오일쇼크를 만나면서 급속히 물가와 실업이 상승하게 되었다. 이러한 불안정성의 심화는 경제체제의 변화 요구로 이어져 1980년대 들어 미국의 레이건(Ronald Reagan, 1911~2004)과 영국의 대처(Margaret Thatcher, 1925~2013)로 상징되는 시장 근본주의와 개인주의에 기반을 둔 신자유주의의 등장을 보게 된다.

신자유주의는 시장 자유의 회복과 정부 개입의 최소화 정책을 근간으로 국유 재산의 민영화, 각종 경제 규제 완화 등의 정책을 강력히 추진하게 된다.[32] 그 과정에서 나타난 가장 큰 특징은 경제 양극화의 심화와 자유 금융의 확대였다. 이는 또다시 2007년의 금융 위기의 원인이 되면서 금융 시장이 폭락했고 이를 구제하기 위해 투입된 국민의 혈세가 가진 자들의 구원에 쓰이는 현상을 목격하면서 대중의 공분을 사게 된다.[33]

한편, 70년대의 인구성장과 이로 인한 식량, 자연자원 등의 한계에 대한 우려로 UN은 1972년에 제1차 인간환경회의를 개최하면서 그 유명한 '경제, 사회, 환경을 아우르는 지속가능 발전 또는 개발(sustainable development, SD)'이란 개념을 처음으로 소개한다.[34] 이는 생태적 지속가능성(ecological sustainability)과 경제적 개발 또는 성장(economic development)을 합쳐 자연생태계의 범위 내에서 경제 성장을 이루자는 개념을 내포하는 것이다.

이후 로마 클럽[35]의 의뢰를 받아 MIT의 시스템 다이내믹스 그룹은 1974년에 '성장의 한계(The Limits to Growth)'라는 보고서를 발간하면서 경제 개발이 가져 올 '환경오염', '사회적 불균형'에 대한 문제를 해결하지 않으면 성장은 한계에 봉착할 것이라고 분석함으로써, 성장에 대한 세계적인 관심사를 불러일으켰다. 이후 지속가능 개발은 UN 세계환경발전위원회가 1987년에 발간한 브룬트란트(Brundtland) 보고서 '우리 공동의 미래(Our common Future)'에서

'미래 세대가 누릴 수 있는 환경을 훼손하지 않는 한도 내에서 현재 세대의 필요를 충족시키는 개발'로 정의하면서 대중화되었다.[36]

지속가능 발전이라는 상호의존의 질서 부상은 기업 경영 환경에도 커다란 변화와 전환을 요구하고 있다. 상호 연결이 확인된 개방적 환경 하에서 보다 지속가능한 가치 창출로 나가기 위해서는 자본주의의 이해관계자들을 직시하며 이들이 내비치고 있는 가치 제고에 부합하여야 한다. 이 모습이 이해관계자 자본주의이자 그 한 척도로 볼 수 있는 ESG(environmental, social, governance)[37]이다.

이해관계자 자본주의의 하나의 척도로서 ESG는 기업의 위험 관리뿐 아니라 회복력 향상을 위해 필수적이며 긴요하다.

이제, 테일러리즘에서 벗어나자

테일러리즘

3대 법칙으로 우주 질서를 명쾌하게 설명하여 과학혁명 시대를 연 뉴턴(I. Newton, 1643~1727)은 수많은 추종자를 낳았는데 경영계의 프레데릭 테일러(Frederick Taylor, 1856~1915)도 그중에 한 사람이다. 그는 세계 최초의 경영 컨설턴트로서 인적자원과 효율성을 토대로 한 저서 '과학적 관리의 원칙'은 1908년 세계 최초 경영대학원의 하버드(Harvard Business School) 설립에 결정적 역할을 하게 된다.

테일러의 과학적 관리 원칙은 크게 표준화와 위계적 관리로 요약된다.[38] 그는 과학적 평균주의에 입각한 업무 표준화를 만들어 자신의 방식으로 일하려는 개별 근로자를 기계 시스템으로 편

입시켜 획일화 하는 등 평균에서 벗어난 모든 것을 비효율이자 비용으로 규정함으로써 실제로 생산성 향상에 커다란 기여를 하게 된다.

또한 테일러는 관리의 기준으로 조직 구조를 계층으로 세분화하여 각 부서의 책임자가 근로자를 감독하는 '관리자'라는 개념을 만들었다. 이는 오늘날의 전형적인 기업 조직 지배구조를 형성에 토대가 되고 있다.

'과학적 관리의 원칙'으로 대변되는 테일러리즘은 19세기 말, 20세기 초의 산업계뿐만 아니라 교육계, 각 국가 시스템 운영에 이르기까지 폭넓게 전개되었는데 이 과정에서 "인간의 창의력은 필요하지 않으며, 오직 요구되는 것은 명령에 순종하는 태도"라는 그의 인간관은 미국식 주류 경영학 형성에 토대가 되고 있다.[39]

테일러식 주류 경영학은 설계 당시의 좁고 예측 가능한 경영 환경을 반영하여 고안되어 있다. 이로 인해 경영진은 운영에서 분리될 수 있었고 운영을 개별 부서가 담당하는 형태로 전개되어 오늘날까지 이어져 온다. 또한 오늘날의 조직도 분업과 전문화에 의한 공급자의 기능 중심적 조직구조로써 한 프로세스 안에 복잡하게 분화된 여러 기능들이 세로로 배치된 형태로 구성되어 있다.

생산 과정이 고도로 복잡해지고, 시장 수급의 중심이 소비자로 옮겨온 오늘날의 경영 환경에서 프로세스의 분열과 공급자 중심의 기능적 조직 구조는 저조한 성과의 근본 원인이 되고 있다.[40] 고도의 분업은 수많은 단순작업을 양산하여 일에 사람이 종속되는 한계가 반복되고 있다. 근로의 보람을 얻지 못하고 조직 전체 성과 창출에서 멀어졌기에 조직은 각자 자기의 일만 하는 부분 최적화에 함몰되어 버렸다. 이는 책임소재의 불명확화, 혁신과 창의력의 지속적 억압으로 나타나 불편함과 비효율성, 비용의 감수는 당연한 것으로 전락한지 오래되었다.

미국식 주류 경영학은 그 수명을 다했다.

미국식의 주류 경영학이라고 불리는 오늘날의 기업 경영학은 원래부터 지속가능할 수 없었다. 근본적으로 불변의 가치관에 기초하고 있음을 차치하더라도 미거시적으로 다음의 한계가 있다. 먼저 거시적으로 유한자원의 무한성장을 추구하는 경제 시스템하에 설계되었으며, 다음으로 미시적으로 인간에 대한 기계관을 바탕으로 전체 조직 시스템을 개별 요소의 생산성 향상에 편중하였기 때문이다.

주류 경영학에서 강조하는 인간 관리의 시대착오성을 확인하는데 100여 년이 소요되었다. 애초에 관리할 수 없는 대상을 관리하려 하였는데 이는 조직이 복잡해지면서 그 한계를 드러내고 말았다.

유무형의 관리비 폭증은 기업 도산에 근본적 빌미를 제공하고 있으며, 이를 관리할 엘리트의 의존성을 지나치게 키워 능력주의에 입각한 엘리트 독점 현상과 불평등을 심화시켰다.[41] 이는 하나의 조직을 구성해야 하는 관리자와 종업원 모두를 갈라치기하여 불행한 상황으로 내몰고 있다.

조직은 본질적으로 투입 요소를 산출로 전환하는 시스템을 형성하게 되는데 여전히 개별 요소 중시의 경영에 함몰되어 있다. 프로세스라는 전환의 기제를 활용하고 있지 못하고, 이로 형성된 시스템 전체의 구조와 그 에너지를 창출하는 지혜를 얻지 못하고 있다.[42] 이는 4차 산업 혁명이 도모하고 있는 초연결의 혁신을 직시하지 못하는 문제까지 이어지고 있다.

새로운 경영경제학이 필요하다

새로운 경제학이 필요하다

과거 자유시장적 가치가 강조되던 시기에는 파이(pie)는 키울 수 있었으나 지속성에는 한계가 있었고, 반대로 삶의 질 제고를 위해 분배적 가치를 지향하면 지속성은 개선되나 파이가 줄어드는 현상을 경험하였다. 이 딜레마 위에서 우리는 50여 년 전 로마클럽 보고서가 지구 성장 한계의 핵심 원인으로 지목한 환경파괴가 50년 후 전 인류적 재앙이라 맹위를 떨쳤던 코로나19의 모습으로 등장했음도 목도하였다.

오늘날 우리 자본주의의 한계는 바로 성장 그 자체, 즉 성장만을 고려하고 있다는 점에 본질적인 문제가 있다. 성장에 따른 대가에 대해 고민하지 않고 있다는 점이며, 성장의 문제를 또 다른 성장으로 해결하겠다는 것이 모든 난맥상의 핵심이다. 이러한 측면에서 이제 근대 산업경제의 종말을 고해야 할 때가 되었다.

이제 지구 공동체는 크게 두 가지 문제에 대해 집중적으로 논의해야 한다.

그 첫째는 성장과 이에 따른 대가를 함께 고민해야 한다는 점이며, 두 번째는 성장을 다르게 바라보아야 한다는 것이다. 첫 번째 논의점과 관련해서는 경제와 생태의 분리는 더 이상 지속가능하지 않음에 대한 대안과 관련이 깊다. 환경 파괴와 공동체 붕괴의 위협을 경제적 손실로 전혀 반영하지 못하는 국내총생산(GDP)로 대변되는 현 경제적 개발 방식을 바꿔야 한다.[43]

두 번째 논의점과 관련해서는 유한 자원으로 무한 성장이라는 몽상에서 벗어나야 한다는 현실적 인식을 토대로, 느리거나 제로 성장, 심지어 마이너스 성장의 장단점에 대해 이야기해 보아야 한다.[44] 욕구의 단계가 변하면 지향점도 달라져야 한다.[45] 그 자리에 인간과 지구 존중의 생명관이 자리 잡고 있다.

'가치의 모든 것(2020)'을 쓴 마리아나 마추카토(M. Mazzucato, 1968~)는 가치 창조과정은 집합적임을 강조하고 있다.[46] 가치 창조를 기업만의 전유물인 것처럼 협소하게 해석해 버리면 공공 영역은 이들을 돕는 역할로만 축소되어 포획되어버리는 오류를 범하게 된다고 보았다. 따라서 정부의 정책 의사결정, 학교, 대학, 공공 기관의 투자, 비영리 기관의 운동 등 시장과 함께 공동체와 국가가 함께 노력하는 것을 가치 개념에 포함하여야 하며, 이를 위해 가치 개념을 재규정할 것을 강조하였다.

또 시공에 대한 주류 경제학의 인식 부족이 어떤 문제로 확대되어졌는지 리프킨의 이야기를 들어보자. 그는 주류 경제학이 부린 재주는 시간이라는 요소를 감쪽같이 감추었다는 점에서 일종의 '눈속임'이었다고 비판한다.[47]

"기존 경제학의 치명적인 결함은(…) 모든 경제적 교환을 시간을 초월하는 진공 상태에 가둠으로써 시간이 지남에 따라 발생할 수 있는 부작용을 편리하게 무시했다는 것"이라며 "국내총생산(GDP)은 경제활동의 순간적 가치만을 측정할 뿐, 이에 수반되는 지구의 에너지, 천연자원의 고갈, 엔트로피 폐기물 측면에서 비용을 설명하지 않는다"고 지적했다. 공간에 대한 개념도 마찬가지다. 인간은 자연을 분리된 '객체'로 보아왔지만, 과학적으로 그렇지 않다는 것이다. "지구의 종과 생태계가 우리 몸의 가장자리에만 있지 않고 끊임없이 우리 몸 안팎으로 흐른다는 것이다. 우리 각자는 '반투막'이다. (…) 우리 종이 자연과 어떻게든 분리되어 있다는 개념을 산산이 부숴야 한다."

오늘날 주류 경제학의 비극은 고전의 정치경제학에서 정치를 빼버리는 순간부터 시작된 것이 아닐까 싶다. 18세기 초기의 정치경제학은 경제 작동원리가 정치적이고 철학적인 가치 논쟁과 무관하지 않음을 여실히 보여주었다. 인류에 가장 큰 영향을 미쳤다는 평가를 받는 칼 마르크스(Karl Marx, 1818~1883)의 자본론에도 부재로 '정치경제학비판'을 달고 있다. 경제 또한 삶의 문제이고 여러 부문 간 상호의존적 관계 속에서 경제 현상을 인식하였다.[48]

이러한 초기 경제학에 수식과 그래프가 도배되는 과학화가 시도되고 사회분야의 물리학을 자청하면서 오늘의 경제학에는 인간 삶에 대한 가치 논쟁이 사라져 버리며 수학 공식만 남게 되었다. 새뮤얼슨의 경제 순환 모델에는 가계와 기업 간 소득, 소비, 투자와 저축이 파이프의 배관을 타고 흐르는 다이어그램이 그려져 있다.[49] 한 눈에 경제의 선순환 현상을 쉽게 볼 수 있다. 그러나 그 다이어그램에는 그 과정에서 발생하는 환경 파괴의 생태 위기와 사회 불평등에 따른 공동체 붕괴, 민주주의로의 위협은 전혀 표현되어 있지 않다. 오늘날 이 문제들은 경제 성장의 완전한 부작용이자 역효과인데도 말이다. 이 길로 들어서는 순간 머릿속에 지속가능개발이 들어설 공간은 처음부터 존재하지 않게 된다.

한편, 에리히 프롬(Erich S. Fromm, 1900~1980)은 인간의 본성을 타인과의 관계와 공동체로부터의 사랑, 스스로 통제권을 확보하고자 하는 자유, 뭔가를 창조하여 사회에 기여하고자 하는 생산으로 보았다. 그러나, 오늘날 자본주의 하에서 사랑과 자유, 생산의 인간 본성은 경쟁과 타인에 의한 통제, 생산이 좌절된 권태에 신음하고 있다고 보았다.

좋은 사회를 인간 본성이 잘 실현될 수 있는 사회로 보았던 프롬은 좌절된 본성은 권위주의와 대세 추종, 쾌락추구라는 역기능을 양산하였고 여기에 인간을 상품화 하려는 시장 지향적 성향까지 겹쳐 자본주의 위기를 초래하고 있다고 진단하였다.[50]

프롬의 심리진단의 특징은 자본주의에서 과연 행복이 가능할 수 있는가에 대한 깊은 질문을 던진다. 이에 대하여 프롬은 인본주의적 사회주의를 대안으로 제시하고 있다. 프롬은 기존의 사회주의는 물질중시에서 벗어나지 못한 가짜 사회주의라 지적하면서, 정신 혁명이 함께 전개된 비물질 중시이자 인간 중심의 사회주의로의 전환이 필요함을 역설하고 있다.[51] 마르크스주의자이나 마르크스와 달리 생산수단을 공유화할 필요는 없으나 이의 실질적 통제권을 소유할 필요성을 강조하였다.

새로운 경영학이 필요하다

주류 경영학이 갖고 있는 가장 근본적인 문제점으로는 부분 최적화의 합이 전체 최적화라는 선형의 정태시스템에 사로잡혀 전체 최적화를 도모할 비선형의 동태시스템 틀을 마련하지 못했다는 점이다.[52] 그 주요 근거로는 다음과 같다.

첫째, 조직을 시스템으로 보지 못하고 있다.
둘째, 사람을 아직도 관리의 대상으로 산정하고 있다.
셋째, 효율성이 최고의 생산성 향상 도구라 생각하고 있다.
넷째, 정태적, 선형적, 단선적 사고의 한계를 직시하지 못하고 있다.

주류 경영학은 불변성에 사상적 바탕을 두고 있어 본질적으로 정태성에 기초한다. 따라서 시간이라는 변수를 학문적으로 활용 못하고 있다. 주류 경영학에서 동태성을 전면적으로 수용할 바탕이 없다. 경영 철학이 근본적으로 재검토되어야 할 이유이기도 하다.

특히, 시간을 고려하지 못하면 경영 전략 수립에 결정적 한계를 갖게 된다. 모든 전략에는 내용(point)과 시점(timing)이 동시에 갖추어져야 한다. 주류 경영학의 전략론은 내용을 강조할 뿐 시점을 찾을 학문적 배경과 모델링을 제시하지 못한다.

시간을 고려하지 않는 전략은 마치 삼국지의 적벽대전에서 촉과 오나라가 화공을 통해 위나라를 공격하겠다는 것과 같다. 이 전략이 성공하기 위해서는 시간 요소인 동남풍이 불어야 한다. 제갈량이 제사를 지낸 이유 말이다.

이 모든 한계를 해소할 초점은 부분 최적화에서 벗어나 전체 최적화를 실현하는 것이다.[53] 이상의 한계는 본질적으로 시스템 구조의 문제이기에 그 시작점은 시스템의 이해이다. 시스템을 문제의 원인으로 보고 이를 재설계할 안목이 요구된다. 이와 함께 조직의 목적과 존재 이유인 미션을 재점검해야 하며, 이에 부합하도록 핵심가치를 명확히 천명하고 비전을 재설정하고 전략을 정렬시켜야 한다. 그 중심에 학습을 통한 규율의 문화를 두어야 한다.[54]

축의 전환, 그 갈림길에서의 선택은?

무엇이 문제였나?

잘못된 질문

오늘을 살아가는 우리는 개별이자 부분으로써 어떠한 형태이든 전체 속에서 살아간다. 그 삶에는 두 가지 종류가 있다. 하나는 부분인 내가 전체에 맞추는 삶이고, 또 하나는 전체를 부분인 나에게 맞추는 삶이다. 전자는 전체를 존중하고 이를 받아들이려는 보수적 입장이라면, 후자는 부분을 중심으로 전체를 변화시키려는 진보적 입장이라 할 수 있다.

전체의 관점에서 하나의 부분은 아무것도 아닌 것(nothing)이지만, 부분의 관점에서 그 자신은 곧 전체(everything)이다. 어떻게 보면 인간 삶 모든 문제의 뿌리는 부분과 전체의 관계를 불가분으로 보는 입장과 대립이라고 보는 입장 차에서 기인된다. 모든 인문의 문제는 여기서 비롯되지 않나 싶다.

이 대목에서 질문 하나를 던져본다. "여러분은 지금 어떤 입장에 서 있는가? 또 서려 하는가?"라는. 아마 입장 차이를 이해한 상당수는 전자 혹은 후자의 입장을 선택하느라 잠시 어수선 했을지도 모르겠다.

그러나 이런 입장을 내세우면 어떨까? "질문이 잘못되었다. 왜 그 둘을 나누어 선택하라 하는가?" 그렇다. 나누지 않으면 굳이 하나를 선택할 일 자체가 없어진다. 그 이전에 나눌 수 없는 것을 나누려는 우를 범하지는 않았는지를 먼저 의심해 보아야 한다.

어쩌면 독자들은 앞서의 몇 줄 사이에 인식 변화를 경험하고 있을지도 모르겠다. 자칫 정신줄을 놓고 있다 보면 둘 중 하나의 입장에 서서 다른 입장에 선 누군가와 무턱대고 싸우면서 삶을 소비하고 있지는 않았는지 뒤돌아보자. 그랬다면 글자 그대로 무턱댄 싸움이지 않나 싶다.

이쯤 되면 최소한 하나는 건질 수 있을 것이다. 질문이라는 틀에 갇혀 답을 찾는 행위는 더 이상 하지 말자라는. 조금 더 정교하게 표현하면 왜 난 누군가의 질문에 이렇게 아무렇지도 않게 허구한 날 답 찾기에 급급하지? 또 질문을 받는 순간 바로 질문이 잘못되었다고 왜 항변하지 못했을까? 아니 왜 내가 먼저 질문을 던지지 못했을까? 어쩌면 우리는 뭔가에 의해 답 찾는 기계가 되어있지는 않은지, 왜 그토록 많은 질문의 기회에서 함구로 일관하였는지, 도대체 누가 질문했었는지를 천천히 더듬어 보기를 바란다.

자, 뭐가 문제일까?

홀론(holon)이라는 영단어가 있다. 부분이자 전체라는 뜻을 갖고 있다. 와우~ 완전 멋진 단어가 아닌가? 아, 이럴 수도 있는가? 그렇다. 일단 입장을 나누지 않았으니 선택할 필요가 없어졌다. 그러나 그보다 이 말이 가능한지가 먼저 궁금해지기 시작했다.

우리가 익숙하게 쓰는 말 중에서 모듈(module)이라는 단어가 있다. 신기하게도 우리말로 번역할 적절한 단어가 떠오르지 않는다. 이 말뜻은 그 자체도 독립적으로 기능하나, 전체의 일원이 되어 전체가 돌아가도록 하는 것도 가능한 것을 이른다.

이제 조금 더 편하게 이야기 해 보자. 내가 없이 우리 가족이 있을 수 있을까? 직원, 회사, 신, 종교, 국가가 있을 수 있을까? 선이 없는데 악이라는 성질을 어떻게 규정할 수 있을까? 낮과 밤은 따로 있는 것이 아니라 빛이 있으면 낮이고 없으면 밤이니 한 에너지에 의한 두 가지 현상이다. 원래 하나였던 것을 애써 나누려 했음이 문제의 본질이다.

그러고 보니 이는 모든 철학과 인문학의 주제였다. 전체와 부분에 대한 절대적, 상대적, 회의적 시각들이 마치 정반합의 과정처럼 대립하고 수렴하면서 오늘에 이르고 있다. 하여 그간의 논쟁을 조금 살펴볼 필요가 있다. 이와 함께 그런 논쟁들이 전개되어 온 필요성과 역사적 배경을 버무려 감정도 이입해 보자. 맥락이라는 환경 속에서 봐야 한다는 말이다. 절대적으로 틀린 것은 없을 것이다. 그랬다면 오래 살아남지 못했을 것이다.

경제 운영 방식 × 지배적 사고관

기후재난은 총망라적 재앙으로 우리 모두를 표적으로 삼고 있기에 이를 해결하기 위해서는 지금까지 인류를 이끌어 온 전면적 질서가 변해야 한다.[55] 일차적으로는 경제 운영 방식이 변해야 하고, 원천적으로는 지배적 사고관이 전환되어야 한다. 그런데 이 둘은 서로 연관되어져 있다. 이에 대한 인식이 실제적으로 새로운 세기를 맞이하는 지점이 될 것이다.

다음은 전 지구인이 한 사람처럼 생각할 것을 촉구하는 세계관이다. 하나 된 지구라는 지구적이고 전체가 하나라는 전일적 관점이 그것이다. 이제 경쟁의 '이윤'을 넘어 상생의 '생명'으로 인간 삶의 근본 지향 점을 전환해야 할 때가 되었다. 이는 옳고 그름의 문제가 아니다. 겨울이 가고 여름이 왔으면 가볍게 옷을 입어야 하는 것과 같은 이치다. 이는 해석과 관점의 문제이지 논쟁의 대상이 아니라 하겠다.

어디로 갈 것인가?

방향 1, 양극화 vs. 공유경제

4차 산업혁명의 생산성 체증은 크게 두 가지 특징을 보인다. 그 하나는 빈익빈 부익부라는 양극화를 급속하게 전개시킨다는 점이며, 나머지 하나는 한계 비용이 제로가 된다는, 즉, 추가 생산비가 들지 않는다는 것이다. 이 두 가지 특징으로 인해 완전히 다른 세상으로 전개될 수 있음에 주목해야 한다. 한 방향은 승자독식의 양극화의 세상이며 또 다른 방향은 공유와 나눔의 세상이다.

전자는 시장의 이기성을 더욱 부채질하여 물질적 이득에 완전 함몰되는, 기존 경제가 강화되는 방향이 될 것이라면, 후자인 공유사회는 공동의 이익에 기초하여 접근권과 서로 연결하여 공유하고자 하는 동기에 의해 주도된다.

현재 우리는 이 양단의 극 지점에서 어떤 사회를 구현할 것인가를 결정해야 한다. 이것이 거대 신질서 출현의 핵심이다.

4차 산업혁명의 초연결 사회가 의미를 갖는 이유는 공유경제 실현의 토대가 될 수 있다는 점에 대한 기대 때문이다. 한계비용의 제로로 인해 공유가 쉬워지면 비경합의 토대를 마련할 수 있게 된다. 이는 자연의 섭리에 입각하는 것으로 경쟁에 내몰지 않으며 전쟁하지 않는다. 예를 들어, 태양광과 풍력 에너지는 어떤 강대국도 통제할 수는 없다. 따라서 지향점이 될 수 있다.

미래학자 리프킨(J. Rifkin, 1945~)은 경쟁 시장 고유의 기업가적 역동성으로 인해 자본주의의 발전은 제로로 떨어질 한계비용의 도래로 이어져 '희소성에 기초한 경제'에서 '풍요의 경제'로 이행될 것으로 전망하였다.[56] 특히, 그는 협력적 공유에 기초한 혁신과 창의성의 민주화가 금전적 보상에 대한 기대보다 인류 사회적 행복을 증진하려는 욕망에 기초한 새로운 종류의 자극으로 작용할 것이라 전망하고 있다.

케이트 레이워스(Kate Raworth, 1970~)는 경제학 이론은 협소한 전제와 가정 위에 있어 현재의 GDP 중심의 경제 목표가 현실과 괴리시키고 있다고 비판한다.[57] 이에 대한 대안으로 레이워스는 사회적 기초와 생태적 한계 사이에 인류를 위한 안전하고 정의로운 공간을 마련해야 하는 도넛 경제로의 전환할 것을 이야기 한다. 이는 재생과 분배가 중심이 되는 경제로, 도넛의 안쪽인 사회적 기초는 그 누구에게도 부족해서는 안 되는 삶의 기본 요소[58]들로 구성되어 있다.

방향 2, 저 엔트로피 사회로

만물의 이치를 따지는 과학이 물리학이다. 일반 상대성 이론으로 현대 물리학의 시대를 연 아이슈타인(A. Einstein, 1879~1955)이 모든 과학의 제1법칙이라고 하였고, 이를 검증한 것으로 유명한 아서 에딩턴(Arthur Edington)이 자연계 최고 법칙이라고 칭송한 법칙이 있다. 바로 열역학 제2법칙(second law of thermodynamics)인 엔트로피(entropy) 법칙이다.[59] 무질서의 척도로 사용되는 엔트로피는 모든 물질과 에너지는 질서 상태에서 무질서 상태로만 변한다는 법칙이다. 쉽게 말해 엔트로피는 쓸 수 없는 에너지로 우주 안에 모든 것은 무질서한 혼돈, 낭비, 오염으로만 진행되며 그 반대 방향으로의 진행은 불가능하다는 것이다. 그렇기에 질서는 더 큰 무질서로만 창조될 수 있게 된다.

코로나19 이후 엔트로피에 더욱 비상한 관심이 쏠리고 있다. 흥망성쇠라는 자연 현상을 근본적으로 설명하고 있다는 것과 함께 역사는 혼돈에서 질서로 진보한다는 기존 주류 세계관과는 정면으로 위배되기 때문이다. 전체적인 경제 환경이 자원 고갈로 향하고 있다는 제2법칙은 시장의 자본주의든 정부의 사회주의든 모두 원리는 동일하며, 심지어 신기술의 개발로도 그 방향을 틀 수는 없다. 이는 곧 유한자원의 무한성장이라는 근대 자본주의를 재설계함에 방향성이 되기도 한다.

또한 모든 생산성 향상에는 에너지 흐름의 확대가 요구되기에 결국 무질서도 커져 궁극적인 파국으로 치닫게 된다. 원료 – 유통 – 생산 – 유통 – 소비 등 전 제조공정과 공급망의 진행에는 에너지는 쓰여지고 무질서는 커진다. 리프킨은 인간이 하루 필요한 에너지는 통상 2,000칼로리 정도인데 이를 생산하기 위해 자동차, 전기, 가공식품 소비 등으로 그 100배의 에너지를 사용하고 있어 고에너지 사회의 지속가능함에 심각한 결함이 있음을 강조하고 있다. 엔트로피 증대에 따른 축적된 폐기물이 코로나와 같은 질병 발생의 원인임을 설파하고 있음에도 주목해야 한다.[60]

엔트로피는 물질의 법칙이다. 그 질서의 방향은 알려주지만 속도는 아니다. 따라서 현 시점에서의 최선은 속도를 우리의 정신과 의지에 따라 결정할 수 있다는 점이다. 이 대목에서 철학과 윤리관이 요구된다. 헌신과 책임이 윤리적 기준이 되어야 한다.

코로나19는 젊은 세대들로 하여금 전지구는 하나로 이어져 있음을 자각하게 하는 효과를 낳았다. 한 세대가 지금 같은 공통의 인식을 갖게 된 것은 사상 유례가 없는 일이다. 인간이 만물의 영장이라는 인간관을 버려야 한다. 전체는 부분의 합이라는 기계적 과학철학에서 벗어나야 한다.

자연에서 인간이 확실히 알고 있는 한 가지는 수천만 년 동안 지속되고 있다는 사실이다. 그런 자연은 고도의 복잡성을 지녔으며 스스로 끝없이 진화하며 재구성된다는 점이 아닐까 싶다. 이제 재생불가능한 에너지에 기초한 산업사회의 종언을 고해야 한다. 자연을 겸허히 이해할 수 있는 공통의 언어이자 학문을 만들 때가 되었다.

Chapter

02

경영에 철학이 필요하다

실존은 본질에 앞선다

철학, 질문하는 힘!

3권의 철학서

살면서 머리를 깨는 듯한 충격을 준 철학 도서 3권을 뽑으라
면 카프라(F. Capra, 1939~)의 현대물리학과 동양사상(2006), 니체(F.
Nietzsche, 1844~1900)의 차라투스트라는 이렇게 말했다(2004), 노자
(BC 571~BC 471)의 도덕경(?)이 떠오른다. 자연스럽게 철학에 관심
을 갖도록 도와준 인생 도서이다.

현대물리학과 동양사상(The Tao of Physics)[1]

'현대물리학과 동양사상'은 고등학교 때 처음 접했던 것 같은데 제목에서부터 질려 인생에서 다시 찾을 일이 없는 책으로 분류했던 기억이 생생하다.

책을 처음 접하면서 현대 과학의 최첨단분야라 할 수 있는 현대물리학이 동양사상의 연기론과 흐름이 그대로 이어지고 있다는 카푸라의 지적은 가히 충격적이었다. 나에게 있어 카푸라는 진리가 있다면 결국 같은 모습일 것이라는 신념과 사회를 과학화하려 했던 시도들이 오히려 사회를 이해하는데 부작용이 될 수 있다는 시각을 갖게 해 주었다. 나는 이를 통해 테일러 중심의 현대 미국 주류의 경영학을 벗어날 수 있는 길을 찾게 되었다.

차라투스트라는 이렇게 말했다(Also sprach Zarathustra)[2]

이 책은 여러 번 읽었다. 재미보다 무슨 말인지 몰라서였다. 해석서, 만화, 원서 번역본과의 비교까지 동원되고서야 비로소 난독의 어려움에 문화의 차이도 한 몫하고 있음을 알 수 있었다.

신이 우선되던 주류 흐름에서 이를 과감히 벗어 던지고 그 외로움과 소외를 오직 자신의 정신으로 견뎌내며 살아가는 것이 인생이라는 니체의 메시지는 종교, 철학, 인생 전반에 걸쳐 나침반이 되어 주었다. 나를 파괴시키지 못하는 것은 무엇이든지 나를 강하게 만들뿐이라고 외쳤던 니체, 힘들 때 그가 보고 싶어지게 된다.

도덕경(道德經)[3]

노자의 도덕경도 여러 번 잡았다 덮었던 책이었는데 어느 순간 읽히기 시작하였다. 마치 개안의 즐거움을 주었기에 하루 한 장씩 곱씹으면서 그야말로 옛날식 독법을 접하게 해 주었던 책이었다.

모든 존재는 변화 속에서 존재한다는 노자의 가르침은 웅혼했다. 특히, 상도와 무위의 울림은 컸다. 항상 변하는 도와 무로 행하라(무적인 행함)는 노자의 가르침은 변화에 대한 탄탄한 시각을 갖게 해 주었다.

위 세 권의 도서가 방향타가 되어 체득된 나의 관점은 만물은 상호작용하는 고리(loop)의 시스템이라는 것이다. 루프를 형성하기에 동력을 발생시킬 수 있으며, 생명력의 기제가 되어 모든 변화를 추동하게 된다. 변화가 있다는 말은 시간 전후에 성장과 쇠퇴라는 차이가 일어난다는 말로써 학습이 작용함을 의미한다. 학습은 변화를 주도하며, 변화는 학습을 강화한다. 이렇게 변화와 학습은 서로의 원인이자 결과로써 불가분의 관계이다.

이렇게 시스템과 학습은 변화를 매개로 하나의 흐름으로 이어지면서 학습으로 성장하는 삶을 사는 것이 인생과 모든 살아있는 시스템의 지향이라는 학습과 시스템의 철학으로 수렴되었다. 함께 일어난다는 뜻의 연기의 시스템과 채운 후 반드시 비움을 강조하는 학습이라는 활동은 서로 맞물리면서 모든 생명 있는 개체가 자기로 살아갈 수 있도록 한다는 삶의 원리로 와 닿았다. 경영도 살아있는 시스템, 곧 유기체이기에 학습은 여전히 유일한 추동체라 생각된다.

이타카, 그 철학의 여정[4]

카바피(C. P. Cavafy, 1863~1933)가 쓴 인생이자 철학의 여정을 담아낸 절묘한 시 한편을 앞에서 소개하였다. 나는 철학이 무엇인가를 생각할 때 이 시가 떠오른다. 아울러 철학이 삶임을 느끼게 해준다. 마치 옆에서 현자를 만난 듯 평온하며 가슴 뭉클하고 고요함을 느끼게 한다.

카바피는 목표 설정을 권하나 그 목표 지점에 이름을 서두르지 말라 한다. 심지어 늙어져 가도 괜찮다고 한다. 목표 달성이 삶이 아니라 그 여정이 삶이기 때문이다. 또 목표는 달성하라고 있는 것이 아니라고도 들린다. 삶의 풍요로움은 여정 위에 있지 목표에 있지 않다고 말이다. 그렇기에 이타카가 설사 불모지라도 전혀 휘둘리지 않게 될 것을 확신하였다. 이타카에 도달해서 얻으려 했던 것을 여정에서 이미 얻었기 때문이다.

보상은 결과로 주어지는 것이 아니라 과정에서 주어진다. 그렇지 않은 보상은 보상이 아니다. 보상을 결과로써만 기다린다면 그는 현자가 아니다. 과정을 통해 변화를 얻지 못했기에, 과정을 그저 허비로만 채웠기 때문이다. 그 자에게 불모지의 이타카는 그저 분노와 거짓으로만 기억될 것이다.

철학, 그 이유와 태도

철학이 필요해

더 나은 삶과 더 좋은 조직을 위해서 철학이 필요하다. 본 서에서 관심을 갖는 철학은 경영에서의 철학이다. 무엇에 대한 질문보다 '어떻게'와 관련된 질문에 더 관심이 많다. '앎'이란 본질적 개념보다 '됨'이란 실재적 활용도에 더 큰 힘을 주는 철학 말이다. 자신도 모르게 굳어 있고 좁아져 있는 자신을 알 수 있게 해 주어 몰입과 희열로 이끌어 주는 철학, 그리고 한발을 띄게 해 주는 그런 철학 말이다.

철학의 영문은 필라소피(philosophy)다. 지혜(sophia)를 사랑한다(philo-)는 뜻이다.[5] 철학은 지혜를 사랑하는 것이지 지혜를 깨닫는 것이 아니다. 이는 태도의 문제이다. 지혜를 사랑하는 태도를 가지는 한 그는 철학자이다.

태도로써 철학을 해야 하는 이유는 바로 질문에 있다. 철학은 당연한 것을 의심하면서 시작되어 질문을 이끌어 내어 치열하게 확인하는 과정이기도 하다. 여기서 당연함이란 일반적이고 보편화된 것을 말한다. 그 일반과 보편의 상식에 머무른다면 나의 존재방식은 그저 대중일 것이다. 무릇 군중에서 벗어나지 못할 것이다. 여기에는 신도 포함된다. 상식은 어디서 온 것인가? 지배자에게서 왔다. 즉, 대중 통치술이 상식이다. 그렇기에 상식 속에서는 자기를 찾을 수는 없다. 대중이란 자기로 못 선자를 뜻하기 때문이다.

신체에도 근육이 붙으면 멀리 던지거나 오래 달릴 수 있다. 철학은 정신에 근육을 붙여 사고하게 하는 힘을 길러준다. 이 힘은 생각을 비약 없이 오랫동안 집요하게 끝까지 파고 들 수 있게 한다. 그 힘이 클수록 깊고 넓은 위치에다 자신을 갖다 놓을 수 있다. 딱 그만큼만 내가 되는 것이다.

나만의 존재 이유를 만들기 위해서는 일반과 보편으로부터 나를 구분해야 한다. 그 첫 단계가 의심이다. 일단 부정하는 것이다. 그렇게 조금씩 일반과 보편에서 벗어나 독립된 외딴 지형에 나를 홀로 세워야 한다. 그 외로움 속으로 자신을 옮겨 놓고 찾아오는 혼란과 두려움을 이겨내야 한다. 자신의 가치는 자신이 만들어간 본질 속에 있다. 철학이 이 과정을 인도한다.

만들어갈 자신의 모습은 정해져 있는 것이 아니기에 찾는 대상도 아니다. 오직 만들어가는 존재이다. 그렇기에 바로 확인이나 확신이 가능하지 않다. 그 만듦의 과정은 완전 암흑에서 그저 조금씩 가보고 아니면 돌아오는 지난한 과정의 연속일 뿐이기에 견뎌냄이 필수적이다.

나는 조건 없이 남과 다르다. 내가 남과 같다면 나만의 존재와 정체성은 아무 의미가 없을 것이다. 그 남과 다름이 질문을 통해 찾아지고 만들어지며 완성되어간다. 질문을 하는 유일한 이유는 궁금해서이며, 궁금의 귀착지에는 온전히 '나'만 존재한다. 궁금은 의심이며 상식이 더 이상 상식이 아닐 때 강렬해 진다. 바로 그 순간이 대중에서 벗어나려는 순간이며 홀로 서기의 시작점이 된다. 철학은 그 순간 자체를 만들어주고 또 그 순간에 굳건히 서게 하며 순간을 이어줘 나로 향해 걷게 한다.

철학하는 이유

철학을 학습하는 이유 안에는 반드시 내가 포함되어 있어야 한다. 즉, 어떤 진리라는 방향과 성격에 기초해 '나'라는 지혜를 만들기 위해서이다. 이를 위해 철학은 생각을 키워 통합으로 채운 후 비판으로 비워 본질로 수렴하게 한다. 철학이 그 힘을 함양한다.

먼저, 철학은 깊고 넓게 생각하게 하여 통합력을 길러준다. 통상 주위의 전문가는 한두 분야를 전공한 경우가 많다. 나누어 생각하는 이른바 분석(analysis)에 의해 형성된 전문성이다. 여기에 한두 분야만 더해진다 해도 조각난 퍼즐의 개수가 늘어나니 통합(synthesis)해서 전체를 볼 가능성이 그만큼 커진다. 그렇게 해서 보여진 만큼이 독창적인 것이다. 문제를 풀 도구가 많다는 것이기에 그만큼 할 수 있는 일도 많아진다. 특히, 철학을 공부하면 전공 밖에서 보는 즐거움을 제공해 준다. 지금까지 안에서만 보았다는 것을 알게 해 준다. 그래서 잘 안보였던 것이다. 입장을 바꿔 상대화하여 볼 때 새로운 보임이 시작된다. 즐거움이 시작된다.

또한 철학은 생각의 통합을 통해 자신만의 생각 기준점을 만들어줘 비판력을 길러준다. 고사성어에 포정해우[6]라는 말이 있다. 포정이라는 칼잡이가 소를 해체하는데 뼈와 살 사이에 정확히 칼을 밀어 넣기에 칼날이 무뎌지는 일이 없음을 의미한다. 나는 이 성어가 비판의 끝판 왕이라 느껴진다. 그 미세한 차이에 자신의 칼을 넣을 수 있는 능력, 감각에 비판이 있을 것이다.

지금의 환경은 과거와 어떻게 다른가가 눈에 들어와야 한다. 그 환경은 전제일 수도 있고 문화일 수도 있으며 유행일 수도 있다. 이를 위해서 철학은 과거 철학자들의 주장이 어떤 환경의 소산인지를 보게 만든다. 물론 역사와 곁들여져야 보다 잘 보인다. 이를 통해 '그때는 옳고, 지금은 틀려' 또는 '그때와 지금은 달라'가 눈에 들어오는 순간 비판력이 크게 확장된다. 계절이 바뀌면 그에 맞는 옷을 입어야 한다. 바뀐 계절에 걸맞지 않은 옷을 입어 놓고 춥다 덥다를 탓함은 얼마나 우습고 어리석은 일인가.

더불어 철학은 통합과 비판을 토대로 세계의 본질을 짚게 한다. 본질은 불필요한 군더더기가 제거된 상태이기에 쉽고 넓게 활용토록 한다. 문제의 본질을 짚어 내기 위해서는 문제를 보는 시공의 확장과 원인과 결과 간의 연결 고리를 끈질기게 짚어보는 노력이 필요하다. 왜냐하면 우리는 사물을 인식할 때 시간과 공간 및 인과율의 틀로 해석하기 때문이다.

본질의 추출은 시간적으로 연결된 흐름에 이어짐을 놓치지 않는 것이며 공간적으로 여러 관련된 요인을 포섭할 정도로 확장해야 한다. 무턱댄 확장이 아니라 관련된 공간의 범주를 어디까지 넓혀야 하는지와 인과 사이에 소요되고 지체된 시간을 어디까지 포착할 것인지를 상상할 수 있는 한 확대해야 한다. 항상 무한한 확장이 유익한 것은 아니다. 무턱댄 확장은 시간과 비용, 노력만 소비할 뿐일 수도 있다. 그러나 할 수 있는 한 우선적으로 확장해 보면 더 이상 할 수 없는, 할 필요 없는 선이 나타나기 마련이다. 이는 상대적이다. 자기라는 그릇의 크기이자 안목의 크기에 비례한다.

이렇게 통합과 비판과 본질을 짚을 능력을 향상시키는 방법이 있다면 이를 받아들이지 않을 이유가 없다. 철학은 수천년간 검증된 방법론으로 자료 또한 풍부하여 접근하기가 용이하다. 이렇게 철학은 자신과 지적으로 소통할 수 있도록 그 곁을 내어준다. 철학을 통해 특정 목적지에 도달하는 것이 아니다. 다만 끊임없이 전진할 뿐이다. 도달할 목적지가 있는 게 아니기에 좌절할 일이 전혀 없다.

철학서를 보는 것은 타인의 두뇌를 탐구하는 것이다. 그저 탐구하고 그치는 것이 아니라 타인의 생각을 자신만의 방식으로 연결하여 자신만의 관점을 정립하기 위한 것이다. 이를 하는 자를 철학자라 한다.

그러한 측면에서 우리 모두는 철학자이자 철학자가 되어야 한다.

변화, 그 이유와 모습 그리고 본다는 것

변화는 왜 일어나는가?

지고지순한 단어, 변화

한글(hangul), 김치(kimchi), 재벌(chaebol) 등 26개의 한국어가 발음 그대로 수록되어 있는 세계 최대, 최고 권위를 갖는 사전이 옥스포드 영어사전(Oxford English Dictionary)이라고 한다.[7] 이 사전에는 40만 단어가 수록되어 있으며 편찬 시작에서 초판 완성까지 1,000여 명의 언어학자가 70여 년 동안 작업하였다고 한다. 얼마 전 멜 깁슨(Mel Gibson, 1956~)과 숀 펜(Sean Penn, 1960~) 같은 비중 있는 연기자가 주연한 영화 교수와 광인(The Professor and the Madman, 2021)에서 그 탄생 비화가 소개된 적도 있다.[8]

오직 한 단어만 실린 사전이 있을까? 만약 그런 사전이 있다면 나는 그 유일무이의 단어는 단연코 변화(change)가 아닐까 싶다. 오랜 기간 동안 변화에 대해 지고지순하게 관심을 보인 이유는 인간이란 존재 자체가 변화에 따른 적응의 결과물이기 때문이며, '왜'가 들어가는 어떠한 질문을 던져도 그 답에는 변화라는 단어가 자리 잡고 있기 때문이다.

우리가 안다는 것도, 깨달았다는 것도 모두 그 변화와 관련되어 있다. 그 만큼 변화는 철학사에서 거의 유일한 화두이다. 철학의 흐름은 불변(unchange, changeless)과 변화(change, changeless—less)로 전개되었기 때문이다. 종합적으로 보면 서양 철학사에서 불변론의 핵심 단어가 이데아라면, 변화론의 핵심 단어는 경험이다. 동양에서는 자연이라 할 수 있을 것이다.

변화 그리고 본다는 것

생텍지베리(Antoine de Saint—Exupéry, 1900~1944)의 어린 왕자는 독보적인 책이다.[9] 환상의 동화책으로도 읽을 수 있고 울림의 철학서로도 읽을 수 있다. 세상에 같은 내용으로 쓰여진, 두껍지도 않은 한 권의 책이 이렇게도 넓이와 깊이를 모두 담아낼 수 있을까? 봄을 찾아 온 천지사방을 헤매었는데 앞마당 매화가지에서 찾은 그 봄의 담담한 온기가 어린 왕자에게서 느껴진다.

그 모두를 담은 그림이 첫 쪽에 나온다. 바로 이것이다.

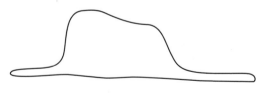

가장 중요한 것은 눈에 보이지 않는다

그리고 이것이 무엇으로 보이느냐고 묻는다. 물음의 핵심은 '본다'에 있다. 보는 행위는 말 이전에 있었다. 그것이 무엇인지는 상관없다. 중요한 것은 '보았다'는 것이고, 그것을 '내'가 했다는 것이며 '마음'으로 보았다는 것이다. 중요한 것은 눈으로는 보이지 않는다는 메시지로써 한 번 더 울림을 준다. 본 것을 안다고 받아들이는 서양의 시각에서 볼 때 파격적이다.

다시 마주한 어린 왕자에는 내가 이야기하고자 하는 모든 것이 담겨있었다. 다만 차이가 있다면 내가 올라서려는 거인의 어깨는 경영이라는 점뿐이다.

'본다'에는 대상이 있다. 그 대상을 어떻게 볼 것이냐는 인간의 오래된 철학적 주제이다. 그토록 본다는 것이 중요한 이유는 모두에게 똑같이 보이지 않기 때문이다. 그 대상에 '변화'가 있다는 뜻이다. 하여 본다는 것과 변화는 동전의 양면이다. 그 양면은 자연스럽게 변화를 어떻게 보았느냐로 하나가 된다.

변화는 왜 일어나는가?

우리의 모든 관심은 변화에서 시작된다. 어떤 변화에 가치가 부여되면 이를 사건(event)이라 한다. 예를 들어, 의료기관에서 환자가 꾸준히 줄어들면 이는 사건이 된다. 이렇게 모든 사건은 공통적으로 변화를 다룬다. 최근 발생한 가장 큰 사건인 코로나 팬데믹, 인구 절벽, 기후위기, 알파고와 챗GPT의 출현에서부터 매출 감소, 실업증가 등 모든 뉴스에는 어김없이 각종 사건들이 출현한다. 그 모든 사건의 중심에는 예외없이 변화가 똬리를 틀고 있다. 또 그 뉴스들은 너나할 것 없이 왜 그런 일이 일어났는지, 앞으로의 대책은 무엇인지를 분석하느라 분주하다.

첫 번째 질문과 관련하여 변화가 일어나는 이유는 살아있기 때문이며, 생명을 갖고 있기 때문이다. 생명이 있는 모든 것은 변화한다. 죽은 것은 변하지 않는다. 이 생명현상은 관련된 부분들의 상호의존적 관계(interdependent relations)에 기초한다. 즉, 관계성 때문에 변화한다.

이때 관계성은 순환(feedback)을 의미한다. 일방적으로 영향을 미치기만 하는 관계는 없으며 또 영향을 받기만 하는 관계도 없다. 모든 관계는 상호의존적(inter—dependent)이어서 원인이 결과가 되고 그 결과가 새로운 결과의 원인이 된다. 그러한 의미에서 현상을 독립적(in—dependent)이거나 종속적(dependent)으로 해석하지 않는다. 이는 비현실적이다. 현실은 상호(inter—) 의존적(dependent) 관계로만 구성되어 있을 뿐이다.

정리하면, 살아있다는 것은 관계 속에 있다는 것으로 이를 가장 원초적으로 표현하면 '흐르고 있다'는 의미의 순환 속에 있다는 것이 된다. 변화는 곧 생명이며, 관계이며, 흐름이며 순환임을 놓치지 않기를 바란다. 본 서 전체를 통틀어 소개하는 이론과 개념과 주장들의 저변을 형성하는 같은 의미의 다른 표현들이다.

변화의 모습은?

축적과 돌파

두 번째 질문과 관련하여, 그렇다면 그 변화는 어떤 모습인가? 모든 변화는 축적(build–up)과 돌파(break–through)라는 비선형의 모습을 갖고 있다.[10] 조금만 생각해 보면 너무도 당연하게 알 수 있는 현상임에도 불구하고 학문의 세계에만 들어오면 변화의 모습을 너무나 자주 선형으로 가정한다. 단지 근대 서양의 주류 학문만이 수학적 편의성을 위해 선형이라고 오도하고 있을 뿐이다.

축적이 변화가 적은 모습이라면, 돌파는 변화가 크게 일어나는 모습이다. 축적이 생각보다 느리게 전개될 수 있음에 반해 돌파는 생각보다 급작스럽게 나타날 가능성이 큰 속성이 있다. 이 속성으로 말미암아 원하는 변화를 이끌어 내지 못하고 있다. 생각보다 긴 축적의 시간은 돌파할 수 없을 것으로 귀결하게 만든다. 그래서 조급해진다. 변화가 선형이라면 변화하지 않을 사람은 없을 것이다.

이렇게 변화는 양적 축적의 토대 위에 질적 돌파로 나타나게 된다. 그 사이 지점을 임계점(critical point, tipping point)이라고 한다. 임계점을 언제 갖느냐를 결정하는 것이 초기 상태와 지속성이다. 변화가 갖는 초기 값의 민감함을 나비효과(butterfly effect)라고 한다.[11] 초기에 미세한 차이가 꼬리에 꼬리를 물면서 지속되어질 수만 있다면, 결국 증폭되어 큰 변화의 모습으로 드러나게 된다.

따라서, 초기의 미세한 차이를 만들어 내는 것이 변화의 필요조건이라면, 이를 지속화 시켜내는 것은 변화의 충분조건이다. 변화의 모습을 비선형으로 받아들일 때, 필요충분조건이 발현할 토대를 마련하게 된다. 이를 선형으로 이해하면 결국 축적의 시간을 인내하지 못하게 된다.

변화는 지속적 축적에서 비롯된다. 지속적 축적이 변화의 필요조건이다. 지속적 축적이 임계점을 돌파할 때 비로소 변화가 일어난다. 임계점을 맞이하는 것이 변화의 충분조건이다. 이렇게 변화는 지속적 축적이라는 양적 필요와 임계점이라는 질적 충분을 모두 만족해야 비로소 일어난다. 그래서 자신에게 유리한 변화를 끌어내기 어려운 것이다.

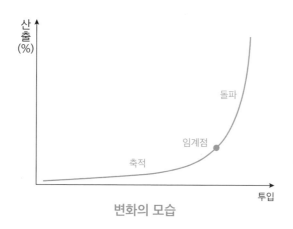

변화의 모습

변화가 일어나는 원리는 축적과 돌파에 있으며, 변화를 예측하기 어려운 이유는 복잡하기 때문이다. 다음은 변화가 일어날 때 일반적인 특징이다.

- 축적에는 돌파를 위한 시간이 필요(힘을 모을 시간이 필요)
- 돌파에는 축적이 필요(모인 힘이 필요)
- 축적과 돌파 사이에는 시간지연이 있다
- 돌파는 갑자기 일어난다

모든 변화의 양상은 축적과 돌파를 통해 발생한다. 일단 충분한 '양(quantity)'의 축적이 바탕이 되어 어떤 한계점에 도달하게 되면 갑자기 새로운 '질(quality)'로의 변화가 일어난다. 99도에서 1도까지 액체였던 물질이 0도가 되면서 순식간에 고체인 얼음이 되는 것과 같다. 99도의 액체는 1도까지 그 에너지(힘)를 축적해야 비로소 고체라는 형질 변화를 경험하게 된다. 물론 형질 변화는 1도에서 시작한 액체가 99도를 넘어 100도가 되는 순간에도 발생한다. 기체로 말이다. 방향이 다를 뿐이지 같은 원리다.

나무를 넘기는 변화를 경험하려면 열 번은 찍어야 하며, 실패할 수는 있어도 포기해서는 안 된다는 말이 그래서 나왔다. 달도 차야 기운다. 모든 변화의 과정은 상호적이지 선형적이지 않다.

변화의 비선형성은 모든 변화의 모습이다. 경제도 초기에 급성장의 모습을 보이다 저성장으로 귀결된다. 모든 자원을 경제적 풍요로움에 집중하는 단순한 사회에서의 성장은 빠르게 진행된다. 그러다 정신적 풍요와 문화를 추구하는 복잡한 세상으로 전개되면 경제적 성장은 맹수에서 온순한 모습으로 전환된다. 지금은 초연결의 복잡한 사회이다. 경제적 성장에만 자원이 집중되던 단순한 사회에서 성숙의 사회로 이미 진입하였다는 뜻이다.

변화를 어떻게 볼 것인가?

점, 선 그리고 면

이제 변화를 어떻게 아는가에 대해 생각해 보자. 이는 점, 선, 면과 입체의 관계로 이해할 수 있다.

변화가 일어났다는 것은 어떤 사건(event)이 일어난 것이라 할 수 있다. 하얀 도화지에 점(dot) 하나가 찍혔다고 하겠다. 인간의 관심은 그 변화가 왜 일어났는지에 놓여진다. 따라서 사건과 관련된 과거의 사건들을 찾아 또 다른 점으로 찍어본다. 그리고 그 점들을 연결하여 어떤 하나의 선(line)을 찾을 수 있으면 그 사건의 원인이라고 한다. 사건이라는 행위의 패턴(pattern of behavior)을 찾는 것과 같다 하겠다. 또 그 사건으로 인해 향후 어떤 변화가 일어날지를 예측하기 위해 선을 연장한다.

그런데 행위의 패턴인 선을 찾는 방법에는 크게 두 가지 접근이 있다. 그 첫 번째가 앞에서 이야기한 '점'을 이어서 찾는 방법이고, 또 하나는 '면(face)'을 끊어서 찾는 방법이다.[12]

아래 그림은 점, 선, 면의 관계를 나타내고 있다. 점을 어떻게 이어가느냐에 따라 가로선(z)과 세로선(z')으로 나타낼 수 있다. 선 중심 사고를 하면 이는 다르다고 한다. 그러나 그 선들도 같은 면에서 파생된 것임을 볼 수 있다. 면 중심적으로 사고하면 이는 같은 면에서 나온 다른 선일뿐이다. 면 중심 사고는 선 중심 사고에 비해 생각의 차원을 축소해 주는 강점이 있다.

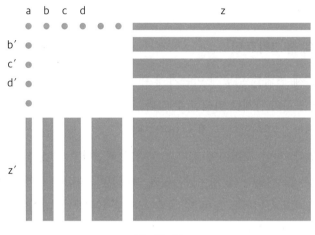

점, 선, 면

입체와 공진화

이제 면도 하나만 있는 것이 아니라 다른 면과 인접해 있을 수 있다고 생각해 보자. 인접면을 하나의 면으로 묶기에는 다소 이질적이고 복잡하게 보일 수 있으나 완전히 무관한 면이 아닐 수 있는 그런 면이 인접해 있을 수 있을 것이다. 경제, 사회, 환경과 같은 부문은 다소 이질적이나 인접해 있음을 누구나 안다. 이는 마치 경제 성장을 위한 무분별한 환경 파괴가 코로나 팬데믹으로 되돌아오는 것과 같은 상황이라 할 수 있다. 코로나 사태를 단순히 질병의 역학 범주에서만 취급할 수 없는 이유이기도 하다.

그 인접면이 시야에 들어오면 공간은 입체로 확대된다. 시스템은 하나의 면으로만 구성되는 것이 아니고 실제로는 여러 면이 붙어 있는 입체(space)의 모습을 갖고 있다. 이는 전체 조직 시스템은 여러 하위 시스템의 합으로 구성된 것과 같다. 이들 시스템은 서로 연결되어 있어 함께 움직인다. 그래서 공진화(coevolution)가 일어나고 이로 인해 복잡(complex)해져, 하위 부분만으로는 전혀 알 수 없는 전체의 모습이 '나비효과(butterfly effect)'와 '창발(emergence)'이라는 이름으로 나타나게 된다. 문화도 진화도 생태계의 지속가능성도 모두 이런 현상들이다.[13]

후에 자세히 살펴보겠지만, 선을 강조하는 접근법을 행태주의라고 하며 면을 강조하는 접근법을 구조주의라 한다. 구조주의는 행태주의에 비해 원인이 속한 차원을 축소하여 생각할 여지를 준다는 측면에서 기대를 준다. 여기에 다른 면들과 연결되어 있는 입체를 고려하면 변화를 바라보는 시각은 매우 복잡해질 것이다. 그러나 그 면이 인접면으로 서로 관련이 있다면 단순히 현상적인 복잡함을 넘어 새로운 기대가 투영될 수 있을 것이다. 복잡하지만 마치 질서가 있는 것과 같은 식으로 말이다.

면이 입체가 되어 다른 면과 관련을 맺을 때 그 복잡성은 더욱 커질 수밖에 없다. 이렇게 커진 복잡성을 그저 하나의 패턴 중심적으로만 접근한다면 상당히 제한적인 분석일 수 밖에 없을 것이다. 같은 면이라 할지라도 그 무수한 점 중 일부만 고려하는 것도 문제지만, 심지어 다른 면에서 도출된 점이라면 더더욱 해석이 어려울 것이다. 그래서 인간이 할 수 있는 최선은 예측이 아니라 어떤 면을 구성하고 있으며 그 면은 어떻게 다른 면과 연계되어 있는지를 이해하는 것이라는 지적은 충분히 일리가 있다. 오히려 이를 토대로 전개된 예측이 조금 더 정확성을 높인다고 할 수 있을 것이다.

이렇게 면과 입체 중심적 사고는 개별 면인 시스템이 다른 시스템들과 맞물려 움직여 나가는 공진화와 이로 인해 더욱 심오한 창발적 현상을 이해해 나감에 진일보한 접근이라 할 수 있다.

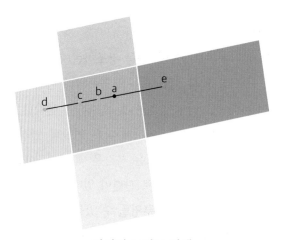

점선면 그리고 입체

구조가 행태와 성과를 결정한다. 행위의 패턴을 보고 구조를 이해한 후 구조의 변화를 통해 행위를 수정한다. 행위가 패턴이 되어 반복되면서 조직의 성과가 결정된다.

실존주의에서도 인간의 본질은 스스로가 만들어 가는 것으로 보고 있으며, 그 의사결정의 책임감을 견뎌낼 것을 요구하고 있다.[14]

인간 수준에서도 스스로를 만들어 가는 것은 곧 구조이다. 믿음, 가치관, 규칙, 제도, 환경이 모두 구조에 해당된다. 또한 자본주의, 민주주의, 사회주의 등의 주의와 이념도 모두 구조이다.[15] 이런 말을 자주 들어 보았을 것이다. '그렇게 한 이유는 할 수 있어서였다'는. '할 수 있게 한 것'이 구조다. 그 구조 때문에 '했다'는 행태를 유발시킨 것이다. 따라서 구조를 어떻게 짜느냐는 인간 행태와 그 이면의 심리에 실로 엄청난 영향을 미친다.

그중에서도 가치관 형성에 결정적인 영향을 미칠 수 있는 철학에 대한 관심은 단단한 구조 형성에 결정적인 역할을 수행하게 된다. 특히, 조직의 철학, 조직원에게 공통적으로 공유된 조직 철학은 조직 성과의 토대 그 자체이다. 성과를 이야기하면서 공유된 조직 철학, 이의 구체화된 버전인 조직 비전에 대한 명확한 설정과 공유, 이를 통해 업무 흐름 속에 반영하기 위한 조직 학습은 조직 성과 향상에 알파이자 오메가이다. 잊지 말자. 이것이 전부이다. 조직 성과 관리가 단순하고 근본적일수록 조직 관리 비용이 현격히 줄어든다. 관리 방법이 단순하기 때문이기도 하지만 조직 구성원들이 스스로 알아서 하게 할 수 있기 때문이다. 이러한 측면에서 조직 학습은 규율을 만들어 낸다. 스스로가 스스로를 규제한다는 뜻이다. 이 방법 외에 관리의 복잡함과 관리 비용의 폭증을 막을 방법은 없다.

03

인간관 그리고 세계관

변하지 않는 유일한 것, 모든 것은 변한다

아리스토텔레스(Aristoteles, BC 384~BC 322)의 형이상학에는 '모든 인간은 알기를 원한다'라는 문구가 있다.[1] 인간은 누구나 나는 누구이며, 세계는 무엇인가에 대해 궁금해 한다. 이를 형이상학(metaphysics)이라 하는데 어원에서 보듯 '자연적(physics) 현상 배후(meta)'에 있는 변하지 않는 원리, 본질을 탐구하는 학문으로 앎 자체를 위해 앎을 다룬다. 철학은 변화와 본질을 집요하게 파고드는 학문이다.

변화를 겪는다는 것은 철학적으로 그 실체가 '있다'는 뜻으로 철학의 근본 주제인 '존재'로 이어진다. 존재론의 화두는 인간은 신에 의해 창조된 존재라는 본질론과 우연히 생겨난 존재라는 비본질론으로 나뉘게 된다. 이렇게 변화와 본질을 바라보는 시각은 이어져 있다.

서양은 그 본질을 물질과 관련된 형상 속에서 찾았고, 동양은 본디 형상을 갖고 있지 않다고 보았다. 고대 서양의 본질에 대한 관심은 물, 불이라는 형상 속에서 찾았으며, 그와 동시에 불변의 모습을 하고 있을 것이라 보았다. 이는 기하와 수학, 유일 절대자로 그려졌다.

이에 비해 동양의 본질에 대한 관심은 물질적 형상을 갖지 않음 속에 있다고 보았다. 상대적으로 서양은 채움에 관심을 두었던 반면, 동양은 비움에 관심이 컸다.

서양의 채움은 배움과 물질로 전개되었으며, 동양의 비움은 익힘과 정신으로 전개되었다. 서양 채움의 토대는 배움이며 이를 위해 이성과 논리, 합리성이라는 분석을 통해 명료함을 극대화하는 방향으로 전개되었다. 여기서 과학의 발전, 물질적 생산성, 디지털 등이 파생되었다.

한편, 동양 비움의 토대는 익힘으로써 감성과 직관이라는 통찰을 통해 전체성을 도모하는 방향으로 나아갔다. 과학보다 기술의 발전을, 물질보다 정신적 풍요로움을, 디지털보다 아날로그에 더 친숙한 이유도 여기에 있다.

인간에게는 역할이라는 것이 주어진다. 자식으로서 역할, 부모로서의 역할, 학생으로서의 역할, 직장인으로서의 역할, 사회 일원으로서의 역할, 국민과 세계 시민으로서의 온갖 역할들이 태어나서 죽을 때까지 부여된다.

그 역할을 본질이라 할 수 있을까? 아니다. 왜냐하면 역할에는 유통기간이 있어 제한적으로만 영향을 발휘한다. 학교를 졸업하면 더 이상 학생이 아니게 되는 것과 같다.

그러나 문제는 이 역할을 본질로 착각하게 될 수 있다는 점이다. 그렇게 되면 인간은 미완의 존재라는 바탕을 망각하게 된다. 이 대목에서 학습의 진면목을 만나게 된다. 인간은 미완의 존재라는 바탕위에서 역할을 본질로 승화해 나가는 방법이 학습이다. 학습이 중요한 이유는 본질을 만들어 가는 아마 거의 유일한 수단이 아닐까 싶다.

이 논의의 수렴점에 세계관 또는 인간관이 자리 잡고 있다. 세계관 또는 인간관은 인간의 행동방식이나 현실 인식에 절대적인 영향을 미치고 있어 마치 인간의 본성이 그러하다고 믿게 한다. 아무도 의문을 제기하지 않을 만큼 철저히 인간 내면에 자리 잡고 있기에 모든 문제의 근원이 있다면 바로 이 지점이 된다.[2]

세계관 또는 인간관은 크게 환원주의적 시각에 기초한 기계적 인간관과 전일주의적 시각에 기초한 유기적 인간관으로 구분할 수 있다. 기계는 정태적으로 분리된 각 부분의 작동이 전체의 기능을 결정하는 것이지만, 유기체는 부분들의 역동적 상호 의존 관계에 따라 기능한다.

전체를 부분으로 나누어 서로 경쟁을 시키고 이를 통해 효율을 얻고 성과를 창출하고자 하는 시각을 부분 최적화(local optimum) 또는 환원주의적 시각(reductionism)이라 한다. 환원주의에서는 '전체는 부분의 합'으로 본다. 이는 가역적인 영합성(zero-sum)에 기초하는 사고이다.

이에 반해 조직 전체의 성과 극대화를 위해 서로 협력하게 하는 시각을 전체 최적화(global optimum) 또는 전일주의적 시각(holism)이라 하며, 이는 '전체는 부분의 합 그 이상'이라는 비가역적인 비영합성(non zero-sum)에 기초하고 있다.

이제 이 논의가 왜 중요한지, 오늘날 경영의 문제와 어떤 관련성을 갖고 있는지를 보다 자세히 살펴보자.

환원적 시각

전체는 부분의 합이다

환원주의(reductionism)는 근대 서양의 과학철학에 근거하여 전체를 이성(reason)과 논리(logic)로써 철저히 쪼개 들어가 단순한 본질을 찾고자 하는 방법론이자 사상이다.[3] 요소(element, node)와 관계(relation, link)로 구성된 시스템에서 관계를 잘라 들어가 요소에 집착하며, 더 이상 쪼갤 수 없는 요소를 찾아 이를 본질로 본다.[4] 이러한 의미에서 환원주의는 현미경을 닮았다.

환원주의는 본질로 전체 시스템을 완벽히 설명할 수 있다는 관점으로, '모든 사건은 이전 사건이 원인이 되며, 그 결과로서 이루어진다'는 인과적 결정론(causal determinism)을 지지한다. 이는 마치 기계를 이해하기 위해서는 보다 작은 요소들로 분해하여 그 각각의 기능을 탐구함이 가장 바람직하며, 또 간명할수록 좋은 이론임에 입각하고 있다.

이러한 시각은 본질이라는 하나로써 전체라는 여럿을 보려한 것으로 전체는 부분으로 쪼개질 수 있고 부분은 다시 전체로 환원된다. 즉, 가역적이어서 역추적이 가능하다는 것이다.

주요 주창자들

플라톤(BC 427~BC 347)

환원주의는 이원론에 근거한다. 이원론(dualism)은 불완전한 '여기(here, 세계 안)'와 완전한 '저기(there, 세계 밖)'로의 분리를 강조한다. 그 대표적인 사상가가 플라톤(Plato, BC 427~BC 347)이다. 그는 서로 환원이 불가능한 독립된 두 개의 실체로 일체의 사상을 설명한다. '여기'는 변화하고 불완전하고 상대적이며 주관적인 가상(copy)의 세계이며, '저기'는 영원불변의 절대적이고 객관적 실재로서 본질(original)로 보았다.[5]

플라톤이 이원론을 전개함에는 고대 그리스 민주정치에 의한 스승 소크라테스의 죽음과도 연관이 있다. 신탁 받은 현자를 죽음으로 내몬 다수에 의한 민주정의 불완전성과 어리석음에 큰 분노를 가졌을 것이다. 이는 소수 엘리트에 의한 철인 정치로의 개혁과 이데아라는 완전 세계를 추구함에 동인으로도 작용하였을 것이다.

그는 자신이 세운 학술 공동체 '아카데미' 현관에 '기하학을 모르는 자는 내 지붕 아래로 들어오지 말것'을 적어 놓았다고 한다. 플라톤에 있어 기하학은 그의 철학의 본질이자 시작점으로 기하학의 세계는 진짜이고 불변이자 '저기'인 이데아(idea)를 의미한다. 이데아의 어원은 '보다'를 의미하는데, 플라톤이 본 것은 수학적으로 완벽한 기하학과 같은 존재였다. 이는 그것이 그것일 수 있게 하는 그 자체를 말하며, 겉으로 보이는 현실은 그 근사치인 불완전한 것으로 보았다.

데카르트(1596~1650)

환원주의적 불변의 완벽한 세계의 추구는 수학의 가치를 극대화하는 것으로 이어진다. 수학이 갖는 분명하고 명확한 성질을 활용하여 세계 또한 명확히 규명하기 위해서는 인간의 이성과 사고가 절대적으로 뒷받침 되어야 했다.

여기서 신을 부정하지 않아 마지막 중세인으로, 또 신이 아닌 인간 이성을 강조해 최초의 근대인으로 평가받는 르네 데카르트(René Descartes, 1596~1650)가 나온다. 그는 기존의 모든 지식을 의심하면서 의심할 수 없는 최후의 명제로 '나는 생각한다. 고로 존재한다(Cogito, ergo sum)'에 도달하는 것이 철학의 근본이라고 강조하였다.[6] 그는 이렇게 주관적 신을 교묘히 은퇴시키고 그 자리에 인간을 올려놓음으로써 인간이 진리의 주체라는 신념을 심어주었다.[7]

데카르트가 철학자로 갖는 의미가 인간 존재의 의미가 교회로부터만 가능하다는 당시 신 중심의 지배적 사고를 생각하는 '나'인 인간으로 대체하였음에 있을 것이다. 사상의 전환인 셈이다.

16~17세기 과학혁명으로 인한 계몽의식과 종교개혁(1517)으로부터 촉발된 개신교와 가톨릭 간의 잦은 종교 전쟁은 수백년간 이어져 오던 절대 권위에 대해 일종에 혁명적 포고들이었다고 볼 수 있다. 레오나르도 다빈치(Leonardo da Vinci, 1452~1519)는 모나리자(Mona Lisa)를 통해 이미 그 서막을 알리고 있었다. 액자 속 정중앙은 애초에 신과 예수의 자리였다. 그 자리에 엷은 미소를 머금은 여인이 자리 잡은 게 모나리자가 갖는 진수이다.

신의 존재를 인정함에서 벗어나지 못했던 시대적 한계도 보였지만 이성과 논리의 중요성 강조는 대륙 합리론 시대를 연 근대 철학자로서의 위상만큼은 인정받고 있다. 이로 인해 데카르트는 '근대 철학의 아버지'이자 해석 기하학이 창시자이며, 근대 수학의 길도 열어 후대 뉴턴의 과학 혁명의 초석을 놓게 된다. 이 또한 기계적 우주관에 영향을 받은 것이다.

뉴턴(1643~1727)

17세기 근대 서구의 과학기술의 혁명을 이끈 아이작 뉴턴(Isaac Newton, 1643~1727)의 시각은 불변의 완벽을 지향하는 플라톤의 이데아론과 그 맥을 같이하고 있다. 이들의 시각은 결과는 이미 원인 안에 들어있기 때문에 모든 사건들은 초기 조건들에 의해 정확히 결정되어지는 인과적 결정론(causal determinism)적 시각을 주장한다.

따라서 모든 사건은 어떠한 우연도 없이 톱니바퀴와 같이 정교하게 움직인다고 믿었기에 인간의 이성과 합리성으로 복잡하고 불확실하며 우연적인 현상들을 완벽히 분석하여 모두 해결될 수 있다고 보았다.[8] 이에 입각한 인간관을 기계적 관점(mechanic view)이라 하며 데카르트의 기계론적 사고방식과 유물론 등이 이에 기초한다.[9] 천체의 운동을 만유인력과 세 가지 운동법칙[10]으로 정리한 뉴턴(I. Newton)의 자연 과학(natural science)은 단순하고 예측가능하였을 뿐아니라 실효성을 갖추었기에 혁명적이라고 평가받고 있다.

환원적 시각의 평가

환원주의의 인과관계는 선형적이고, 결정적이며, 예측가능하며, 기계적이다. 선형적 패러다임이 서양 사상의 구심점을 이루게 된 것은 그리스인들 때문이다. 파르메니데스(Parmenides, BC 515~BC 460)[11]와 플라톤(Plato, BC 427~BC 347)은 실재를 무변화성과 동일시하는데 동의했다. 다만 변화하는 경험 자체를 거부하기는 어려웠기에 영원불변의 관념적 세계를 가정하였고 이를 '이데아'라 하였다.[12] 플라톤의 영향을 받은 학자들은 태양이 빛을 내뿜기만 하지 반대로 영향을 받지는 않는다는 이미지를 빌려와 자신들의 주장을 설득하려 하였으며, 이는 기독교 신학의 전개와 뉴턴 과학의 진전에 근본적인 토대를 제공하고 있다. 니체는 '선악의 저편' 서문에서 기독교는 대중을 위한 플라톤 사상에 불과하다고 지적하였다.[13]

이렇게 파르메니데스, 플라톤은 궁극적인 실재는 변화하지 않으며, 결과는 원인 속에 선재한다고 보았다. 단방향 인과 패러다임에 내재하는 결정론은 자연과학분야에서 맹위를 떨치며 19세기 이후 사회분야에도 전파되어, 거침없이 사회를 나누어 이해하고자 하는 '과학화'를 단행하였다. 또한 대상을 보다 명확하게 이해할 수 있는 접근법을 제공해 측정, 관리, 개선을 용이하게 함으로써 과거 생산성 향상과 기술 발전을 이끌어 물질의 풍요에 지대한 공헌을 하였다.

이것이 가능했던 이유는 전체를 부분으로 나눌 수 있으며 부분은 전체로 환원된다는 믿음이 있었기에 부분 간 관계를 끊고 경쟁으로 효율 극대화를 도모할 수 있었다.

원인 없는 결과는 없다. 그러나 원인 안에 이미 결과가 내재하고 있다는 결정론적 시각은 한계가 적지 않다.

먼저, 대상의 세분화를 통한 명확화의 추구는 특정 상황에서만 의미를 갖는 제약을 생산함으로써 변화하는 현실을 직시하지 못할 뿐 아니라 우리가 자연에서 관찰하는 조화로운 상호 관계를 반영하지 못하는 한계도 내재하고 있다. 원인의 다양성과 그들의 상호작용에 따라 원인이 변하게 됨을 설명하지 못하기 때문이다. 따라서 특정 원인이 특정 결과를 창출한다는 시각은 너무 근시적일 뿐 아니라 유효하지도 않다.

그러나, 이보다 더 큰 문제는 이의 결정론적, 기계론적 세계관은 인간의 정신과 정서를 경시하는 풍조를 갖게 하는 현대 문명의 난치병을 초래하였다는 점이다. 뉴턴에게 우주는 예측과 계산할 수 있는 대상이었고, 자발성이나 예측 불가능성의 여지는 없었기에 인간의 자연에 대한 자원화와 착취로 쉽게 옮겨갈 수 있었다. 오늘날 금전만능, 우울함, 갈등, 자살, 저출산 등과 같은 사회 문제와 노사의 대립, 종업원 간의 분리 등 조직 위기의 문제를 넘어 경제적 성장을 위해 환경을 위협하는 생태계 파괴의 근본 이유에 환원적 사고가 놓여 있다.

이에 대해 이분법을 해체할 것을 강력히 주장한 철학자가 있다. 과거 틀에서 벗어나 새로운 틀을 구축한다는 뜻의 탈구축 개념을 강조한 프랑스 철학자 자크 데리다(Jacques Derrida, 1930~2004)이다.[14] 그는 두 개의 항목을 대립시켜 한쪽이 우수함을 전제로 논점을 진전시키는 이원론은 사고의 폭을 제한시켜 건전한 사고로의 전개와 토론에 근본적인 해악이 될 수 있음을 우려하였다.

또 모든 존재들은 서로 연결되어 주고 영향을 받는다는 유기체 철학으로 유명한 알프레드 화이트헤드(Alfred Whitehead, 1861~1947)는 서양철학은 플라톤 철학의 각주에 다름 아님을 강조한다.[15] 이원론을 강조한 플라톤의 영향으로 유일신 중심의 중세 철학이 전개되었으며 근대 철학의 핵심 논제였던 현상과 실재 또한 플라톤의 나누어 이해하고자 했던 정신이 그대로 계승되어 있다. 자본주의의 아버지라는 아담 스미스(Adam Smith, 1723~1790)도 분업을 통한 전문화로 생산성 극대화를 제시하였으며,[16] 미국식 주류 경영학의 토대를 놓은 프레데릭 테일러(Frederick Taylor, 1856~1915)의 과학적 관리론 역시 플라톤의 나누어 이해하는 '분석'의 적극적 실천으로 볼 수 있다.[17] 오늘날의 경영학도 플라톤에 갇혀 있다.

전일적 시각

전체는 부분의 합 그 이상이다

전일주의(holism)는 통찰로써 시스템을 있는 그대로 보고자 하는 방법론이자 사상이다. 본질보다 관계성으로 구성된 실존을 중시 여기며, 구성 요소의 상호작용에 초점을 두고 전체를 관망하려는 전체적(holistic) 시각이자 살아있는 유기체를 관찰하는 생태적 시각이다.[18] 전체라는 여럿으로써 본질이라는 하나를 보려 한다고 할 수 있다.[19] 이러한 의미에서 전일주의는 망원경을 닮았다.

전일적 시각은 크게 일원론과 비이원론으로 이야기 할 수 있다. 일이원론이 하나냐 둘이냐의 문제에 집착하는 시각이라 할 때 비이원론은 둘이 곧 하나라는 입장이라는 측면에서 미묘한 차이가 있다.[20]

주요 주창자들

아리스토텔레스(BC 384~BC 322)

본질을 가상의 '저기'에서 찾으려 했던 플라톤과 달리 그의 제자 아리스토텔레스(Aristoteles, BC 384~BC 322)는 현실인 '여기'에서 찾으려 했다.[21] 이른바 일원론(monism)적 관점을 견지하였는데, 이는 본질이라는 실체는 사물 밖에 따로 독립적으로 있는 것이 아니라 그 자체에 내재한다며 스승인 플라톤의 시각과 차별화하였다.

플라톤이 기하학으로부터 시작되었다면, 아리스토텔레스는 생물학에서 출발하였다. 이렇듯 플라톤이 이성적이고 관념적이며 추상적인 이상주의자로 '위'를 지향했다면, 아리스토텔레스는 감성적이고 경험적이며 실제적인 현실주의자로 '앞'을 바라보았다. 이는 그의 저서가 윤리학, 정치학, 역사학, 논리학, 수사학, 시학, 천문학, 동물학 등에서부터 자연학, 형이상학에 이르는 폭넓은 분야를 포괄하고 있음에도 볼 수 있다. 아리스토텔레스는 인간과 가까이에서 감각되는 자연물, 타인과 공감하는 상식을 다학제적으로 연구한 최초의 철학자로 평가받고 있다.[22]

다윈(1809~1882)

찰스 다윈(Charles R. Darwin, 1809~1882)이 1859년에 출간한 종의 기원(On the Origin of Species)은 첫날 매진되었다고 한다.[23] 세계가 신에 의해 창조되었다는 데카르트적 사고관이 지배하는 시절, 모든 생물은 자연 선택에 따라 오랜 기간 진화를 통한 결과[24]라는 그의 주장은 당시로는 매우 충격적이었다. 기독교인들의 반발이 예상되는 대목이다.

그로 인해 세계는 불안정, 무질서, 다양, 비변형, 비선형관계를 가진 열린 시스템으로 복잡하게 진화하는 시스템이라는 사고로 자연관과 인간관 자체가 변화되었다.[25]

니체(1844~1900)

프리드리히 니체(Friedrich W. Nietzsche, 1844~1900)는 단단하고 건강한 정신을 가짐에 단연 독보적인 존재이다. 만인을 위한, 그러나 그 누구를 위한 것도 아닌 책이라는 '차라투스트라는 이렇게 말했다'에서 기존의 모든 가치의 전환을 외쳤던 치열한 철학자로 기억된다.[26]

그는 철학자가 진리를 간절하게 추구하는 이유를 진리 자체가 없기 때문으로 보았다. 진리는 상대적이지 절대적이지 않다는 것이다. 하여 절대적 진리를 추구했던 전통적 서양 철학의 흐름을 완전히 뒤집어엎어야 한다고 설파하였다. 전통 철학에서는 진리를 인간 바깥, 예를 들어 플라톤의 이데아, 중세의 신, 근대의 절대 정신 등에서 찾으려 했다면, 이와 결별하고 인간 그 자체로부터 찾고자 하였다는 측면에서 현대 철학의 시작으로 불리어 진다.

특히, 그는 무신적 실존주의의 선구자로서 신과 같은 인간 그림자의 숭배를 당연시하는 인간의 나약함과 의존성을 하나의 질병이라고 질타하였다. 자연도 인간도 목적과 본질을 가진 존재가 아니며, 그 무목적성하에 스스로 담담하게 자신만의 목적을 만들어 나갈 것을 주문한다.[27]

이를 넘어 질병의 치유책으로 '일신우일신'의 '위버멘쉬(Über-mensch)'를 죽을 때까지 반복할 것을 설파하며, 자신 또한 그렇게 살다간 사람이고자 하였다. 그는 자신을 파괴시키지 못하는 그 모든 것들을 긍정하는 모습까지 보여주었다. 이는 실존주의의 흐름 그대로이며, 힘에 부칠 때 그가 생각나게 하는 대목이기도 하다. 니체는 분명 자신의 제자나 신도가 아닌 친구로 남기를 바랐을 것이다.

사르트르(1905~1980)

노벨상을 최초로 거부한 인물로 유명한 프랑스의 철학자 장 폴 사르트르(Jean-Paul Sartre, 1905~1980)는 소설가이자 극작가로 무신론적 실존주의를 대표한다. 특히, 그의 철학은 '실존은 본질에 앞선다'라는 말과 앙가주망(engagement)으로도 간략히 정리할 수 있다.

'실존은 본질에 앞선다'는 말로 본질이 미리 정해져 있다는 결정론적 사고 자체를 거부한다.[28] 실존을 본질에 앞세운 이유는 누군가에 의해 규정된 본질로는 그 누군가로부터 자유로울 수 없기 때문이다. 이때의 자유는 '스스로가 주체적으로 참여'하는 이른바 앙가주망할 것을 강조한다.

그러나 사르트르의 자유 또한 엄정한 책임을 수반하고 있는데, 이때의 책임은 자신을 어떤 상태로 만들었는가에 대한 주인으로서의 책임이며, 또 자신 앞에 주어진 수많은 선택 앞에 무엇을 선택하였는가에 대한 책임이다. 이 자유에 따른 책임이 얼마나 막중한지를 빗대어 '인간은 자유의 형벌에 처해있다'고 하면서, 그 무게를 견뎌내는 인간은 존엄하다고까지 하였다.

전일적 시각의 평가

전일적 시각은 생명현상에 대한 포착이자, 시스템이 창출하는 시너지를 인정하는 세계관이다. 경영학을 전일주의에 입각해 전개할 경우, 크게 다음과 같은 새로운 가능성을 열어놓게 된다.

먼저, 개인 및 부서와 같은 부분간 경쟁에서 벗어나 협력을 도모할 수 있어 인간성 회복과 지속가능성의 가능성을 열어 놓을 수 있다. 이로 인해 구분을 강요하는 경계위에 서서 그 경계를 확장시켜 나갈 수 있다. 떠나지 않으면서도 구속되지 않고, 보고 싶은 대로 보는 수준을 넘어 보이는 대로 볼 수 있는 여지를 남겨 놓을 수 있다.[29]

다음으로, 경영학을 '상호작용하는 개체 또는 개체군의 총체'를 연구하는 시스템 이론 및 역동적 유기체로 이해하는 시스템 사고로의 확장이 가능하게 하였다. 생물학자이자 일반 시스템이론가인 루트비히 폰 베르탈란피(Ludwig von Bertalanffy, 1901~1972)는 모든 요인들은 불변의 요소나 본질이 없으며 상호 인과적 상호작용의 연결망 속에서 존속한다고 보았다.[30] 선형적 인과관의 한계에서 벗어나 인과의 호혜적 또는 상호적 관계를 강조하였는데 이는 전통적인 뉴턴적 시각에서 강조하고 있는 안정, 질서, 균등, 평형, 선형관계 등 닫힌 시스템의 한계를 넘어 다원적 시각으로 확장할 수 있게 한다. 이는 곧 불안정, 무질서, 다양, 비평형, 비선형관계 등 환경과 정보, 에너지, 물질을 주고받는 피드백이 있는 열린 시스템으로써 경영학과 조직을 이해할 수 있도록 한다.

또한 비선형관계의 인정은 작은 투입으로 큰 성과를 유발시킬 수 있는 지렛대 효과를 활용할 수 있게 한다. 시스템이 만들어내는 지렛대 효과인 '시너지'를 활용할 수 있을 때, 지속가능성을 폭넓게 논할 수 있다. 경영경제영역에서의 지속가능성 논의는 유기적 관계가 만들어내는 비선형적 특성인 20:80의 파레토 법칙(Pareto's law)[31]을 이해하는 것과 직결되어 있다. 이른바 시스템 속에 허브(hub)를 찾고 활용할 수 있을 때, 지속가능한 경영에 한발 더 다가설 수 있다.

이제 인류에게는 기후 위기, 자원 고갈, 불평등 문제처럼 세계적 접근이 필요한 일이 목전에 있다. 이것만으로도 전일성이 강조되어야 할 이유로 충분하다.

통합적 시각, 부분이자 전체

환원적 시각은 전일적으로 보겠다는 전제일 때 즉, 조각을 다시 이어 붙이려고 할 때 그 한계를 최소화할 수 있다. 따라서, 현미경 렌즈와 같은 환원적 시각과 망원경 렌즈와 같은 전일적 시각이 상호 보완된 통합적 시각이 요청된다. 최선의 통합적 시각은 자연이 보여주고 있는 지속가능성의 모듈성과 노자의 유무상생관과 일맥상통하는 시각이다. 즉, 부분이자 전체인 시각이자 유와 무는 서로를 상생한다는 시각이다.

자연과 생명관

노자(BC 604?~BC?), 유무상생

플라톤이 이데아를 이야기 했다면 동양의 노자(BC 604?~BC?)는 도(Dao, Tao)를 이야기하고 있다. 이데아가 불변의 존재론(being)적 시각이었다면, 도는 변화의 생성론(becoming)적 시각으로 대변된다.[32]

플라톤에 있어 유는 유이고 무는 무이며 유는 존재이고 무는 비존재라고 한다면, 노자에게는 유무상생이다. 유와 무는 함께 있어 서로를 생성하는 것으로 무는 비존재가 아니라 그저 모습이 없는 무형 일뿐이라 하였다. 그렇게 노자는 변화를 긍정하면서 플라톤의 이데아론이 이야기하고 있는 불변의 허구성을 비판하고 있다.[33]

노자의 철학을 자연의 철학이라 한다. 그 자연에 이르는 과정을 보자. 노자는 인간은 땅을, 땅은 하늘을, 하늘은 도를, 도는 자연을 본받는다고 한다. 여기서 인간이라는 주체(subjectivity)는 유형의 물질이자 현실인 땅이라는 한정(locality)속에서 살면서 무형의 정신이자 이상인 하늘이라는 보편(universality)을 이해해야 하며, 이 두 가지를 분리가 아닌 유무상생의 도를 통해 통합함(comprehensiveness)으로써 자연이라는 개방성(openness)을 확보해야 함을 강조

하고 있다.[34]

땅과 하늘은 요새말로 하면 글로컬(glocal)이다. 도는 이를 융합함이고 이를 통해 자연으로 가라고 한다. 초연결의 저성장 시대에 더욱 진가가 발휘되는 노자의 통찰이 아닌가 싶다. 초연결의 저성장이 곧 자연의 모습이었다. 이제 인간은 자연의 모습을 직면하고 있는 것이다.

노자는 자연의 개방성을 무위로 표현함에 주목해야 한다. 무위는 아무것도 하지 않는 것이 아니라 무적으로 함, 즉 비움을 의미한다. 노자는 배움을 통해 매일 불어난 것을 도를 통해 매일 줄일 것을 말한다. 줄이고 또 줄여 무위에 이르면 이루지 못함이 없다고 설파한다. 그러면서 도로 부터 얻어 이를 몸에 축적한 것을 덕이라 하였다.[35] 노자의 도덕은 모두 익힘의 진면목을 이야기한다. 도는 익힘의 대상이자 방향과 같으며, 덕은 익힘의 방법과 같다.

배워 채운 것을 자신의 것으로 흡수하고 소화하여 비워 놓아야 그 자리에 모아 담을 수 있으며 또 섞을 수 있다. 그렇게 포용하고 순환시켜야 새로운 것을 만들 수 있다. 이것이 창조의 원리이다. 모든 생명체는 반드시 '위(爲)'라는 함이 있다. 무엇인가를 해야 생명체이다. 그 함을 무엇으로 하느냐? 무다. 무적으로 함을 노자는 강조한다. 이를 위해 도덕으로 비울 것을 주문하고 있다. 비워야 순환하며, 돌아야 생명이 창조된다. 생명 창조는 곧 자신의 만듦이다.

자연이란 비워 순환하는 시스템이다. 그러한 구조 속에서 생명이 창조된다. 자연을 이해하다는 것은 곧 이러한 순환의 시스템, 생태 시스템을 이해하는 것이다. 자연이란 생명을 낳고 기르고 거

두고 잉태하는 곳이다. 이것이 자연의 섭리이다. 이 섭리가 비움과 순환 속에서 이루어진다. 그래서 노자는 비울 것을 그렇게 강조하고 있는 것이다. 그것이 노자의 도덕이다.

도킨스, 유전자도 혼자 일하는 것이 아니다

자기 복제의 주체가 유전자임을 찾아내 '이기적 유전자(2006)'를 저술한 리처드 도킨스(Richard Dawkins, 1941~)가 이야기 하고자 했던 핵심은 유전자는 자기 자리를 잡기 위해 서로 경쟁하는 이기적인 존재이나, 유전자가 힘을 쓰기 위해서는 필요한 조건의 충족도 눈여겨봐야 한다는 것이다.[36]

먼저 유전자가 개체의 행동으로 이어지기 위해서는 혼자는 아무런 힘을 못 쓴다는 것이다. 즉, 여러 유전자가 협력해야 하며, 협력할 유전자가 개체 안에 있어야 함을 강조하고 있다.

다음으로 개체의 유전자 선택에는 환경과 함께 개체도 영향을 준다는 것이다. 따라서 본성에 따라 그렇게 행동할 수밖에 없다는 논리는 오류라는 것이다.

유전자와 개체의 관계는 마치 연장통의 연장과 이를 사용하는 장인과의 관계와 같다. 톱이 있으면 나무를 자를 수 있고, 망치가 있으면 못을 박을 수 있다. 톱과 망치와 같은 연장이 곧 유전자다. 유전자가 스스로 자르고 박을 수는 없다. 장인의 판단과 선택이 있어야 한다. 도킨스는 오직 환경과의 상호작용 속에서 유전자가 서로 협력하여 개체의 행위를 일으킨다고 보았다.

따라서 그러한 유전자가 있으니 그럴 수밖에 없다는 유전자의 본능설은 오류임을 강조하고 있다. 그 대표적인 예가 저출산이고 종족 번식이다. 출산을 하려는 유전자가 우성인 것은 맞지만 그렇다고 본능은 아니라는 것이다. 자연 선택의 단위가 개체라는 다윈의 주장에 반해 유전자임을 주장한 도킨스의 발견이 새로운 지점이다.

도킨스의 주장을 정리하면, 유전자가 있어야 그런 특징을 발휘할 수 있지만 이는 하나의 유전자가 결정하는 것이 아니라 그들 간의 조합으로 결정된다는 것이다. 즉, 하나의 유전자가 생존하기 위해서는 이기적으로 경쟁하나 결국 협력으로 하나의 특성이 나타난다는 것이다.

따라서 본능이라는 그림은 개별 퍼즐 조각들이 있어야 하나, 그들이 이리저리 맞추어져야 비로소 완성되는 것과 같이, 개별 퍼즐 조각만으로는 전체 그림을 이해할 수 없다는 것이다. 그 퍼즐의 조합을 결정하는 것이 무엇인가? 바로 인간의 선택이라는 것이다. 그 선택은 본능에 따라서만 이루어지는 것이 아닌, 자신의 인격과 지성, 문화와 진화의 모습 속에서 결정된다 함에 도킨스 주장에 가치가 있다.

이는 단순히 유전자의 문제로만 한정할 수 없다. 인간사 또한 그 연장판이라 할 수 있다. 개인으로서 자신의 생존이 무엇보다 중요하기에 일차적으로 이기적이 될 수 있으나 이것이 다가 아니라는 것이다. 인간은 무엇을 만들어가는 존재이다. 철저히 메이커라 할 수 있다. 꿈을 만들던 자식을 만들던 제품과 서비스를 만들던, 그 만듦 속에서 자신을 찾고 또 자신도 만들어진다. 그 희열이 크기에 조직이라는 시스템을 형성하여 더 큰 만듦에 도전해 나간다. 경영 조직의 역사 또한 그 연장선상에 있다.

이제 개인도 조직도 이기적이라는 일차적 해석에서 벗어나야 한다. 인간의 즐거움과 희열은 더 큰 만듦 속에서 성장하는 자신을 발견할 때 주어지기에 결국 더 큰 시스템에 편입하고자 한다. 이는 이차적으로 협력적임을 지향한다는 의미이다. 따라서 인간은 태어날 때부터 본질을 갖고 있다는 수동성에서 벗어나 삶에서 만들어간다는 능동성 인간관을 회복하면 인간의 이기와 이타 논쟁도 자연스럽게 받아들이게 된다고 본다.

부분이자 전체여야 해. 홀론!

오늘날의 모든 조직은 전체 조직 밑에 세부 조직을 두고 있다. 하부 조직들과 전체 조직이 따로 기능하기를 원하는 조직은 하나도 없을 것이다. 조직의 목표가 전체 최적화가 아닌 경우는 없을 것이다. 조직 전체의 성과에 기여하지 않는 부서의 성과는 의미가 없기 때문이다. 그럼에도 불구하고 이 두 조직을 하나의 조직처럼 연결하기는 쉽지 않다. 이는 조직론 초기 부분 최적화의 합이 전체 최적화가 된다는 믿음에 기초해 각자 최선을 다하면 된다는 사고에 기초함이 크다. 그러나 항상 이 관계가 성립하는 것이 아님이 '죄수의 딜레마' 게임에서 밝혀진 상태에서 아직도 이를 고수할 수는 없다.

자, 그러면 어떻게 해야 할까? 이를 생태 시스템에서 그 지혜를 찾을 수 있다. 이른바 홀론(holon)이다. 이는 부분이자 전체라는 개념이다. 조금 더 풀어보면 전체와 떨어진 부분이라는 것이 별도로 있지 않다는 것이다. 왜냐하면 서로 연결되어 있기 때문이다.

이렇게 조직은 부분으로 나눌 수밖에 없지만, 그 부분 속에 전체가 드러나도록 해야 한다. 무슨 말인지 이해되지 않는다면 인간의 몸을 생각해 보자. 신체에는 심장, 폐, 장 등의 하부 장기가 있지만 그 어떤 것도 인간 활동에 기여하지 않는 움직임이란 없다. 그 균형관계가 깨지면 그것이 병이 되는 것이다.

각 장기에 있어 부분 최적화는 곧바로 인간 전체 최적화로 연계되어 있다. 이것이 홀론이며 부분이자 전체인 상황이다. 이를 인위적 시스템인 조직에 적용하기 위한 전제 조건은 무엇일까? 지금까지 우리가 해 왔던 전략은 부분들을 철저히 통제 관리하여 부분 최적화에 함몰되지 않게 하는 것이었다. 이것이 관리 기능의 핵심이었는데 이는 이제 실패로 결론이 났다.

행태주의를 넘어 구조주의로

실체를 형성하는 것은 요소인가 관계인가?

의자가 있다고 하자. 의자는 일반적으로 다리 부분, 앉는 부분, 허리 부분으로 구성되어 있다. 그런데 이 의자를 부분별로 분해해 놓으면 아무도 의자라고 하지 않을 것이다. 그렇다면 의자는 보이는 각 부분들이 아니라 보이지 않는 이들의 관계가 의자를 규정하고 있다고 봐야 한다. 관계를 다르게 맺으면 탁자가 될 수도 있고 장농이 될 수도 있으며 불쏘시개가 될 수도 있다. 또 관계가 일정하다면 요소는 나무가 되었건 쇠가 되었건 종이가 되었건 모두 의자이다. 이렇게 본질은 관계 속에 있다.

사람도 마찬가지다. 얼굴, 몸통, 팔 다리가 각각 제 위치에 관계 맺어 있을 때 사람이라고 한다. 각 부분이 분리되어 놓여 있을 때는 사람이라고 하지 않는다.

　이처럼 어떤 하나의 실체는 보이는 요소뿐 아니라 보이지 않는 관계가 맺어져야 드디어 규정된다. 요소없는 관계만으로도 존재하지 않지만 관계없는 요소 또한 그 실체를 형성하지 않는다. 실체는 요소와 관계라는 둘이 하나가 되어 형성된다.

　따라서, 이제 어느 한 부분만이 강조되지 않기를 바란다. 관계 없는 요소나 요소 없는 관계는 실제로 존재하지 않는다.

　• 구조가 행태를 결정하며, 행태는 구조를 변화시킨다.

P / A / R / T

02

What?
원칙을 세워라.
생명 경영은 무엇인가?

'수많은 변화를 끌어안을 수 있는 이유는 불변하는
한 가지가 있기 때문이다'
(주역)

"아주 어려서부터 우리는
어떤 문제든지 분해하고 나누어서 생각하라고 배운다.
이러한 방법은 분명 복잡한 과제와 주제를 다루기 쉽게 해 주지만,
그로 인해 우리는 눈에 보이지 않는 엄청난 대가를 치른다.
자신의 행동이 초래한 결과를 보지 못하고
전체와의 연관성을 감지하는 타고난 감각을 상실하는 것이다.
그리고
전체, 즉 '큰 그림'을 보려고 하면,
조각난 파편을 머릿속에서 재조립해야 한다."

(P. Senge, 'The Fifth Discipline', 1990)

01

생명 경영은 무엇인가

생명은 순환이다

인류 최고 발명품, 경영

경영이란 무엇일까?

경영의 본질

미국 철학자이자 노벨 평화상 수상자인 니콜라스 버틀러(N. Butler, 1862~1947)는 인류의 가장 위대한 발명품으로 주식회사 기업을 들었다.[1] 물론 선정자에 따라 종교, 정치, 과학, 도시 등 자신들의 분야에서 거론되는 한계가 있다 하더라도 기업을 최고 발명품으로 거론하는 이유는 기업이 갖는 위험 분산을 통한 자원 한계의 극복에 있다.

이는 스톡(stock)을 재고라고도 하고 주식이라고도 하는 이유와도 관련이 있다. 15세기부터의 대항해 시대, 동서양 간 무역선의 출입은 수년이 걸리기도 하는 매우 큰 이만저만한 사업이 아니었다. 그러나, 기후, 도적, 전쟁 등으로 인한 위험을 넘어 상선이 도착하면 그만큼의 큰 부를 축적할 수 있었다. 이 사업에는 당연히 큰 돈이 들었기에 이 돈을 주식의 형태로 일반 시민들에게 투자를 받았고, 수익은 도착한 배에 담겨있는 물건의 양이었으니, 투자의 결과는 곧 선적된 양이었다. 이를 위해 만들어진 네덜란드와 영국의 동인도 회사가 오늘날 기업의 효시가 된다.[2]

그러나 그 기업이라는 하드웨어를 움직이는 진정한 인류 최고 발명품은 경영이다. 경영이 있어 특정한 곳에 특정한 목표를 갖고 이에 전력투구하여 원하는 결과를 창출할 수 있었다.

경영이 일반화되기 전을 생각해 보자. 상대적으로 낮은 인구 밀도로 넓은 지역에 분포되어 다품종 소량생산의 자급자족 생산 시스템이 운영의 전부였다. 이러한 지역, 인력, 생산력의 한계를 일거에 획기적으로 전환시킨 것이 경영이다.

대부분의 사람들이 경영은 돈을 벌기 위한 것이고 경영의 목적은 이윤극대화에 있다고 생각한다. 그러나 이는 반은 맞고 반은 틀리다. 그 이유는 다음과 같다.

먼저, 우리에게 익숙한 경영은 기업경영이다. 이 경우 이윤 극대화를 기업의 목적으로 설정하였다면 다음의 문제에도 답해주어야 한다.

그 첫째는 목적성의 천박함이다. 사람은 숨을 쉬지 않으면 죽지만, 그렇다고 숨 쉬는 것을 삶의 목적으로 설정하지는 않는다. 니체도 생존이 삶의 목적이 될 수는 없다고 보았다. 이는 법적 인격체를 갖춘 기업에게도 해당된다.

둘째는 이윤 극대화는 수단이라는 것이다. 목적이 될 수는 있어도 더 나은 목적의 관점에서는 여전히 수단이다. 더 나은 목적이 제시되어야 한다. 따라서 더 높은 목적을 수립하여 더욱 자발적이고 강렬한 인간 본성의 고차원적 욕구 충족을 향해 설정되어야 한다. 에이브러햄 매슬로(A. Maslow, 1908~1970)의 욕구 단계설이 제시하는 시사점이 적지 않다 하겠다.[3]

마지막으로 누구의 이윤 극대화인가도 짚어 보아야 한다. 이는 분배의 문제와 결부되어 있다. 토마 피케티(T. Piketty, 1971~)는 '21세기 자본'에서 1940년에서 2010년까지의 자본 소득 상위 10%가 전체 부에서 차지하는 비중을 분석한 결과, 미국의 경우 70년까지 30% 수준이었던 것이 이후 50%까지 상승하고 있음을 보여주고 있다. 유럽의 경우도 정도의 차이는 있으나 이와 유사한 패턴을 보여주고 있다.[4]

경영 그리고 그 핵심

경영은 기업뿐 아니라 모든 조직에서 필요하다. 개인, 국가, 세계에 대한 경영뿐 아니라 의료, 복지, 교육 등에도 널리 응용되고 있다.

경영(administration, management)은 조직이 의도하는 바를 되도록 하는 활동을 말한다. 쉽게 설명하자면, '의도하는 바'라는 미션(mission)을 '되도록 한다'는 성과(performance)로 전환하는 활동이

경영이다.[5]

따라서 경영의 2대 핵심은 미션 이해와 성과 달성으로 축약된다. 이제 경영의 서술적 정의를 이해했다면 정의가 내포하고 있는 근본적 질문을 이어가 보자.

미션의 이해, "바른 일을 하고 있는가?"

먼저 '의도하는 바'라는 미션을 이해하기 위해서는 조직의 의도는 곧 누구의 의도인가에 답해야 한다. 바로 고객의 의도이다. 피터 드러커(P. Drucker, 1909~2005)는 오직 고객만이 의도할 수 있다 하였다.[6] 그래서 이를 '바른 일을 하는 것'(doing the right things)이라 한다. 이를 측정하는 지표가 **효과성**(effectiveness)이다.

모든 조직은 다음과 같이 네 가지 상황에 놓인다.[7]

- 상황1: 바른 일을 바르게 하는 경우
- 상황2: 바른 일을 바르지 않게 하는 경우
- 상황3: 바르지 않은 일을 바르게 하는 경우
- 상황4: 바르지 않은 일을 바르지 않게 하는 경우

첫 번째와 마지막 상황은 굳이 언급할 필요가 없는 경우이다. 첫 번째 상황은 매우 바람직한 경우이며, 마지막 상황은 생존하기 어려운 경우이기 때문이다.

그런데 현실은 대부분의 경우 두 번째와 세 번째 상황에 빠져 있다. 즉, 바른 일을 바르지 않게 행하거나, 바르지 않은 일을 매우 바르게 행하는 경우이다. 이 두 경우 중 어느 쪽이 더 큰 문제가 될까? 세 번째이다. 이는 마치 잘못된 질문에 정답을 찾는 과정과 같다. 답이 맞으니 더 이상 고민하지 않음에 근본적인 문제를 갖는다. 그런 측면에서 이는 함정이다. 더욱 놀라운 점은 이 함정에 빠져 있는지를 잘 모르게 된다는 점이다. 조직 존속에 가장 근본적인 한계점이 여기에 있다.

그렇다면, 이 함정에 빠지지 않기 위해서는 어찌해야 하는가? 조직과 개인이 모두 질문할 줄 알아야 한다. 항상 우리 조직은 고객이 의도한 일을 하고 있는지를 물어야 한다. 질문하는 조직만이 지속적으로 존속할 수 있다. 이런 개인을 만들기 위해서 인간을 관리가 아닌 학습의 대상으로 설정해야 하며 조직 또한 학습조직으로 전환해야 한다.

성과의 달성, "바르게 일하고 있는가?"

두 번째 질문인 '되게 하는 방법'은 성과 창출과 직접적으로 관련된다. 이는 곧 '일을 바르게 하는 것'(doing the things right)으로써 이를 효율성(efficiency)으로 측정한다. 그러나 바르게 일함은 효율적으로만 일하는 것은 아니고 형평적(equitable)도 있고 회복력(resilience)도 바르게 일하는 기준이다. 과거에 미래를 예측할 수 있다는 가정하에서는 중복성은 비효율성을 야기시키는 비용이었기에 제거대상이었다. 그러나 초연결의 복잡성 시대가 도래하면서 예측할 수 없는 블랙스완적 충격도 대비해야 하기에 회복력 제고는 새로운 생존 전략이 되고 있다.

다시 돌아와서 이제 두 가지 중요한 구체적 질문을 이어보자. 그 하나가 '되게 하는 수단은 무엇인가?'에 대한 질문이라면 나머지

하나는 '그 수단을 어떻게 활용해야 하는 것인가?'에 대한 것이다.

경영은 미션과 성과를 양축으로 한다

경영은 미션과 성과의 조화속에 온전해 진다. 미션은 개인의 자각을 바탕으로 완성되며, 학습이 그 길을 인도한다. 성과는 조직의 공명을 통해 창출되며, 시스템 이해가 초석이 된다. 그리고 이 둘은 하나로 수렴되어야 한다. 그것이 홀론이다. 부분이자 전체, 이것이 자연의 섭리이다. 이 섭리의 수용이 인간존중의 지속 가능 경영의 요체이다. 이를 보다 자세히 살펴보자.

미션 중심적이어야 한다

미션은 개인의 자각을 바탕으로 한다. 자각이란 '나'보다 더 큰 가치를 받아들이는 과정이다. 광의로는 공적 가치인 사회적 가치의 존중을 의미하며, 협의로는 조직이 일심동체의 경영체로 정렬함을 의미한다.

먼저 광의인 사회적 가치의 존중이다. 모든 조직은 사회의 일원으로서 사회적 가치 제고를 위한 책임감을 가져야 한다. 왜냐하면 조직 성장의 절대적인 크기가 곧 사회로부터 획득되었고 가치 창출은 집합적이기 때문이다.[8]

공적 가치의 중요성에 대한 자각으로 몇 가지 질문을 던질 수 있다. 그 첫 번째는 오늘 우리 개인의 성장과 성공이 순전히 개인의 능력 때문이라고 보는가이다. 그렇다고 한다면 아프리카 등에 수년간 있었을 때에도 이러한 성장과 성공을 담보할 수 있는지를 다시 물어보자. 상당부분 쉽게 답하지 못할 것이다. 질문을 이어 가면 대개의 경우 나의 성장에 미친 사회의 영향력이 70~80%쯤 나온다. 물론 사회가 자신에게만 영향을 미친 것은 아니겠지만 이를 존중하는 경우와 여전히 자신의 능력 때문이라는 의식은 사회 정책을 취함에 큰 차이로 나타나게 된다. 대개 세금을 많이 걷는 국가일수록 사회의 존중이 높다.

두 번째로 이기성에 기초해 의사결정을 할 때 사회적으로 최악의 상황에 도달할 수 있다는 '죄수의 딜레마' 게임의 해법에서도 찾을 수 있다. 즉, 개인의 가치만 최대로 추구할 때보다 상대를 위해 양보할 수 있을 때 전체적으로 더 큰 성과를 얻을 수 있음에 대한 자각이다. 환원주의를 넘어 전일주의에 입각해야 함을 또다시 소환하는 대목이다.

세 번째로 경제성장에 기계와 노동요소가 몇 % 영향을 미쳤을까? 어떤 보고에 의하면 14% 정도라고 한다. 나머지 86%는 새로운 에너지의 발견과 활용이라고 한다면[9], 이를 관리하고 활용하는 힘은 사적 영역에서 나왔을까? 아니면 정부 등 공적 영역에서 나왔을까? 흔히 경제 성장을 시장에 맡겨 두라고 하는데 이러한 논리라면 그 시장의 기능은 14% 한도 안에 그칠 것이다. 공적 영역의 역할이 이토록 중요하다.

따라서 미션화된 조직이란 자신이 하는 일이 정말 가치 있는 일이며, 함께 살아가는 사회를 조금이라도 살기 좋게 만드는데 기여한다는 자긍심으로 일하게 하는 조직을 말한다. 이런 조직이라면 동기부여, 관리감독, 평가 등 경영관리의 여타 기법들이 자연스럽게 녹아 들어 중요하지 않게 된다. 짐 콜린스(J. Collins, 1958~)

가 강조했던 '좋은 조직'을 넘어 이른바 '위대한 조직'의 전형이
된다.[10]

　사회적 가치의 중요성에 대한 자각은 아주 쉽게 말해 맑은 미
션을 갖는 것이고 착하게 사는 것을 말한다. 역사적으로도 '의로
움(사회적 가치)이 이로움(경제적 가치, 개인적 가치)을 앞서야 번영한
다'[11]는 경험은 무수히 얻을 수 있다.

　한 예로 기생충이 눈으로 들어가 실명하게 하는 것을 예방하
는 약을 전 세계 수백만 명에게 공짜로 보급하는 메르크(Merck)가
있다. 이 회사는 분명 자선단체도 아니고 스스로도 그렇게 여기
지 않는다. 그러면서도 1946년부터 2000년까지 시장의 전체 평균
이익을 10배나 상회하는 이익을 내는 회사로 성장하였다. 돈 버는
데 이렇게 뛰어난 실적을 내면서도 자신의 궁극적인 존재 이유가
돈벌이에 있지 않다고 보았다. 설립자의 아들인 조지 메르크 2세
는 회사의 철학을 다음과 같이 피력하였다.

> "우리는 약이 환자를 위한 것임을 잊지 않으려고 해요. 약은
> 이윤을 내기 위한 것이 아닙니다. 이윤은 따라오는 것이고, 우
> 리가 그 점을 잊지 않는 한, 이윤은 결코 나타나지 않은 적이
> 없습니다. 우리가 이 점을 잘 기억하면 할수록 이윤은 더욱 커
> 졌습니다."[12]

　다음으로 협의인 일심동체의 경영체이다. 미션이 명확하다는
것은 곧 조직이 자신의 미션을 비전, 목표, 전략과 운영에 이르기
까지 한 줄로 정렬시켰음을 의미하는 것이다. 조직 정체성의 명료
를 뜻한다. 즉, 모든 구성원이 조직이 존재해야 하는 이유와 가야

할 방향에 대해 명확하게 이해하게 있고 이를 어떻게 실천해야 하는지를 스스로 통제할 수 있는 조직을 말한다.

이렇게 구성원 모두의 행동 방향을 통일하여 한 곳에 조직적 역량을 집중하는 이른바 '일심동체의 경영체'를 구성하게 되면 모든 구성원은 상사나 타인이 아닌 스스로가 무엇을 해야 할지를 아는 규율의 조직문화가 형성된다. 그렇게 될 때 비로소 책임감과 의사결정권이 자연스럽게 위임된다.

이른바 경영자적 비전을 갖고 있는 조직으로 거듭나게 되는 순간이다. 이는 그 어떤 당근이나 채찍보다 효과적이다. 미션의 명확성은 장기적 생존을 위해 그 무엇과도 바꿀 수 없는 최선의 전략이다.

미션을 성과로 전환해야 한다

다음으로 미션을 성과로 전환시킬 수 있어야 한다. 오늘날 현대 경영이 강조하고 있는 최대 이슈 중의 하나가 성과중심의 경영이다.

뚜렷한 미션은 조직이 해야 할 일과 하지 말아야 할 일을 명확하게 구분 짓게 하며, 해야 할 일에만 집중하는 것이 성과중심 조직이 취해야 할 첫 걸음이다. 이에 기초해 다음의 두 가지 이슈에 답해야 한다. 그 첫째가 '성과를 무엇으로 볼 것인가'이며, 두 번째가 '성과를 어떻게 창출할 것인가'이다.

먼저 성과를 무엇으로 볼 것인가에 답해야 한다. 성과를 바라보는 시각에 대해서는 크게 두 가지 측면에서 살펴볼 수 있다.

그 첫째는 성과의 대상에 대한 것이다. 전통적인 조직의 성과 시스템은 재무 중심적으로 전개되어 왔다. 이는 측정의 용이성과 쉬운 이해를 도모할 수 있다는 장점이 있으나, 이미 지나버린 과거 실적에 대한 성과를 평가한다는 점과 조직의 전략과의 연계를 쉽게 파악할 수 없다는 한계도 있다. 따라서 보다 미래지향적이며 결과에 대한 원인을 파악할 수 있는 모니터링이 가능하며, 조직 외부 지향적일 뿐 아니라 전략과 연계된 성과시스템의 필요가 높게 제기되고 있다.

두 번째는 성과의 영역에 대한 것이다. 과거에 성과는 산출(output)중심에서 결과(outcome)중심으로 변화되었다.[13] 이제 그 범주를 넓혀 영향(impact) 및 변화로 확대할 필요가 있다. 영향의 개념에 대한 일반적 합의는 없으나 사회적으로 논의될 필요성은 충분히 높다. 분명한 것은 사회는 삶의 질을 높이고 지속가능한 성장의 방향에서 성과의 범주를 확대 조정할 수밖에는 없을 것이라는 점이다.

의료 서비스의 경우, 산출이 의료기관에 의해 수행된 활동이라면, 결과는 의료기관에 의해 수행된 활동에서 관찰된 효과이다. 이에 반해 영향은 그 활동이 파생시킨 가정, 조직, 환경, 사회전체의 효과라 할 수 있다. 가정 구성원들이 간병에서 벗어나 다시 일상으로 돌아가 경제활동을 지속함으로써 소득이 높아지고 가족 간에 행복감이 더욱 공고해지는 삶의 변화도 의료기관이 창출한 성과로 산정할 수 있게 된다. 과연 어떤 성과의 사회에 살고 싶은가?

다음으로 성과를 어떻게 창출할 것인가에 답해야 한다. 성과는 조직이 같은 방향을 향해 공동으로 협력할때 극대화된다. 공명이다. 성과는 시스템을 통해 발생하며 공명은 시스템 관리의 방향이자 철칙이다. 시스템 에너지의 극대화가 곧 공명이다.

생명 경영의 원칙은 바로 이 부분에 집중하고 있다. 이에 대해서는 본 서 전반에서 자세히 설명하겠다.

나에게 있어 경영은?

나에게 경영은 조삼모사와 같고 백지장도 맞들면 낫다와 같다.

조삼모사

조삼모사란 원숭이에게 도토리를 아침에 세 개 주고 저녁에 네 개를 주니 불만족하여 이를 반대로 주니 만족했음을 뜻한다. 흔히 '치졸한 사기'의 의미로 통용되나 경영학적 측면에서 그 이상의 의미를 찾을 수 있다. 즉, '나'라는 조직이 원숭이에게 만족을 주겠다는 '의도한 바'를 도토리의 제공 순서를 바꿈으로 인해 '되도록 하였다'는 것이다. 이것이 경영이다.

백지장도 맞들면 낫다

경영은 백지장 양쪽에 두 명을 배치하여 맞들게 함으로써 시스템을 형성하고 '낫다'라는 시너지를 창출하는 것이다. 경영은 백지장을 함께 들고자 하는 공동의 목적을 설정한 후, 백지장과 사람이라는 개별 요소를 연결하여 '든다'라는 상호작용을 이끌어 내서 '나음'이라는 시너지 창출로 공동 목적을 달성하게 하는 것이다. 혼자들 수 없는 것을 함께 해서 들었을 때 성취의 쾌감을 떠 올려보라. 경영의 위대함이 보일 것이다.

앞서의 경영 묘사 속에는 또 하나의 중요한 통찰이 숨어있다. 조사모삼과 백지장을 맞들어 나눔을 두고 '답을 찾은 것이라 할 수 있는가?' 아니면 '문제를 해결하였다고 할 수 있는가?'이다. 후자이다.

우리가 경영학을 학습하는 이유가 또한 여기에 있다. 답 찾기가 아닌 문제 해결을 위해 경영학을 배운다. 양자의 차이는 질문을 할 수 있는가의 여부에 달려있다. 질문하지 않는 자는 답 찾기에 빠질 가능성이 크다. 질문은 자기 것에만 한다. 관심이 없는 일에는 질문하지 않는다. 지속적으로 성장하는 조직은 남의 질문에 답을 찾아주는 조직이 아니라, 스스로 질문하고 문제를 해결하는 조직이다.

살아있는 시스템의 경영, 생명 경영

자연은 어떻게 경영하는가?

지속가능성의 살아있는 사례를 들자면 단연코 자연이다. 물론 여기서 자연은 산천초목이라는 요소들을 지칭하는 것이 아니다. 이들이 존재하고 운영되는 방식을 말한다. 자연은 생태 시스템이라는 하나로 연결된 몰가치의 전일적 존재이다.

지속가능성의 완벽모델로 수십억 년간 정비된 자연 생태계가 보여준 경영의 모습은 무엇일까? 오늘의 경영학은 자연에게서 과연 무엇을 배워야 할까?

자연 시스템은 유기적 시스템이다. 모든 요소들이 유기적으로 마치 퍼즐조각처럼 연결되어 있다는 것이다. 자연의 생물학적 시스템은 외부 환경에 적응하는 과정에서 항상성과 자기 조직을 활용하여 성장과 진화를 거듭해 나간다.[14] 이는 인간과 사회 시스템 등 자연 속에서 모든 살아있는 시스템이 보이는 공통의 특성이다.

이러한 측면에서 인간과 사회 시스템은 자연 시스템을 닮을 수밖에 없으며, 자연 시스템과 끊임없이 정보를 주고받으며 상호 의존적으로 작용하는 열린 시스템이다. 열린 시스템은 외부와의 상호 작용이 더욱 빈번하게 발생할 수밖에 없어 더욱 복잡한 시스템으로 전개되지만, 반대로 확대된 상호 작용 덕에 적응력 또한 확대되고 강화된다.

환경 변화는 필연적일 수밖에 없어 시스템이 열린 시스템을 지향할 수밖에 없으며, 복잡해지는 위험을 적응력의 강화로 상쇄해 나감이 지속가능한 시스템의 열쇠라 할 수 있다. 열린 시스템은 더 큰 상위 시스템인 환경과 더욱 큰 시스템을 형성하는 것으로, 이로 인해 획득할 수 있는 보다 큰 시너지로 조직 생존의 레버리지를 강화해야 한다. 이때 윤활유 같은 역할을 하는 것이 조직 학습이다.

따라서 조직 학습은 외생 변수인 환경에 맞서는 최선의 내부 생존 전략이다.

우리 모두는 변화 속에서 약자일 수밖에 없다. 전혀 예측할 수 없기 때문이다. 그렇다고 무방비 상태로 있을 수만은 없다. 자연을 보자. 자연이 오랜 기간 지속가능할 수 있었던 것은 뭔가를 예측하여 대비하였기 때문이 아니다. 어떤 변화가 오더라도 통할 수 있는 본연의 모습이 있었기 때문일 것이다. 따라서 이를 찾아 오늘 우리의 사는 모습과 비교하여 지혜를 얻어야 할 것이다.

자연 생태계 생산법칙

지속가능 발전 및 개발에 대한 관심은 지속가능한 경영의 모색으로 운러(G. Unruh)는 자연 생태계의 생산법칙인 최소 물질의 사용, 업사이클링(upcycling), 플랫폼(platform)의 활용을 적극적으로 수용할 것을 강조하였다.[15] 이를 하나씩 살펴보면 다음과 같다.

첫째, 100개 이상 원소의 합성 물질 사용에 혈안이 되어 있는 기업들의 접근법과 달리 자연 생태계는 모든 생명체 생산에 탄소, 수소, 산소, 질소 등 4개를 사용하고 있다는 점이다. 생산요소가 단순하다.

둘째, 물질 본래의 가치가 손상되는 다운사이클링(downcycling)과 달리 자연은 재료의 특징을 유지한채 성능 저하 없이 재활용하는 업사이클링(upcycling)을 활용하고 있다는 점이다. 즉, 생산과정에서 쓰레기를 만들지 않는다.

셋째, 자연은 삼엽충부터 인간까지 모든 생물 종은 하나의 근본 뼈대를 공유하고 있다는 점이다. 생산틀인 플랫폼이 간결하다는 뜻이다.

이와 함께 노자는 무위자연의 몰가치성에 주목하였다. 노자가 주목한 것은 산천초목의 자연이 아님은 주지의 사실이나 무위자연은 몰가치성을 담고 있다. 여기서 몰가치성이란 억지로 뭔가를 규정하여 보고 싶은 것만 보려하는 의도성을 내려놓은 것으로 볼 수 있다. 보이는 대로 보는 것은 가치 판단을 배제하는 것이다. 본

서에는 보이는 대로 볼 수 있음에 보다 다가가려 한다. 특히 3부에 이를 자세히 이야기 하고자 한다.

자연 생태계에서 배우는 기업 3대 생존 조건

리브스 등(M. Reeves et al)은 자연 생태계에서 배우는 기업 생존의 조건으로 다양성을 확보하고, 중복성을 보전하며 모듈성을 유지할 것을 강조하고 있다.[16] 여기서 다양성이란 사람, 생각, 혁신, 노력의 다양성을 말하며, 중복성은 비즈니스 시스템을 구성하는 요소들의 중복성을 통한 완충작용을 뜻한다. 모듈성은 비즈니스 시스템 내 구성요소 간, 그리고 시스템 간 장벽 또는 느슨한 연결을 의미한다.

① 다양성: 다른 것을 반복해 갖고 있는 성질
② 모듈성: 개별적으로도 기능하지만 전체로도 기능하는 성질, 부분이자 전체
③ 중복성: 같은 것을 반복해 갖고 있는 성질

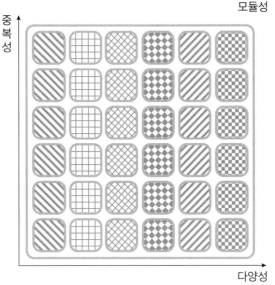

자연의 지속가능 특성

　　한편, 이상의 특성들은 다음의 위험성 해결에 도움을 줌으로써 조직의 지속가능성을 제고할 수 있다고 보았다.

- 다양성 부족에 따른 붕괴 리스크: 산업 내외부의 변화가 기업의 비즈니스 모델을 쓸모없게 만드는 위험
- 모듈성 부족에 따른 전염 리스크: 경제 혹은 비즈니스 생태계의 특정 부분에서 발생한 충격이 다른 부분들로 빠르게 전파되는 위험
- 중복성 부족에 따른 팻테일 리스크: 자연재해, 테러, 정치적 혼란과 같은, 드물지만 커다란 충격이 나타나는 위험

다양성 속에 중복성, 프랙탈

이런 세 가지 특성을 완벽하게 아우르고 있는 자연의 놀라운 마법이 있다. 다양성 속에 중복성이 숨어 있는데 심지어 모듈성까지 형성하고 있다. 바로 프랙탈(fractal)이다. 이는 부분의 구조가 전체의 구조와 닮은 형태로 끝없이 되풀이되는 구조로써 자기 유사성(self similarity)과 순환성(recursiveness)을 특징으로 한다.

프랙탈은 '안티 프래질'의 저자 나심 탈레브(N. Taleb)가 유일하게 현자로 인정한 브누아 망델브로(B. Mandelbrot, 1924~2010)에 의해 처음 명명된 것으로 아무리 복잡한 구조라 하더라도 간단한 법칙의 되먹임만으로도 생성될 수 있음을 설명해주고 있다.[17] 그 대표적인 예들이 나뭇잎 모양, 하천 흐름, 산맥 지형, 구름 모양 등 대부분의 자연 현상들의 모습이 이에 해당한다. 여기서 놓쳐서는 안 될 포인트가 있다. 모듈성이다. 이들은 전체로서 당연히 기능하지만, 이를 형성하는 작은 단위들 그 자체로도 모두 기능한다. 완전한 모듈성의 실현이다. 되먹임 구조를 통해 중복성과 다양성이 힘을 발휘하기 위해서는 모듈성으로 기능해야 함을 간과하지 말아야 한다. 본 서 전장을 통해 계속 강조하겠지만 그 모듈성의 실현이 학습임을 미리 강조해 두고자 한다. 학습이 개인 단위와 부서 단위로 이루어질 때 조직에서 개인과 부서는 모듈을 형성하게 된다. 이것이 조직 학습 전개의 핵심이다.

다음 그림은 '직각 삼각형에서 직각을 구성하는 두 변 a, b의 제곱 합은 빗변 c의 제곱 합과 같다'라는 피타고라스 정리에 의해 프랙탈로 만들어진 피타고라스 나무(Pythagoras tree)이다.[18] 그림 오른쪽에 있는 다양한 모양은 그림 왼쪽에 있는 직각 삼각과 정사각의 규칙적 중복이 만들어낸 결과이다. 이는 실제 건축에도 활용되며, 심지어 아름답기까지 하다.

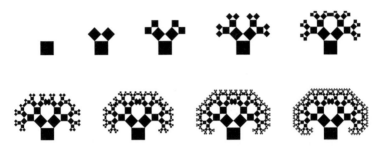

프랙탈의 예

다양성이 왜 중요한가?

특히, 다양성의 중요성에 대해 깊게 생각해 볼 필요가 있다. 이는 자연뿐 아니라 정치, 경제, 경영 등 사회 영역에서도 지속가능성을 담보하는 핵심 특성을 보여주고 있다. 다윈(Darwin)의 진화론에서는 유전자의 다양성이 진화를 이루었음을 거듭 강조하고 있다.[19] 양성생식으로의 진화 등 다양성의 확보가 위기 상황에서 대응력과 생존력을 높이는 비결이었음을 '진화론'을 통해 과학적으로 입증하였다. 존 스튜어트 밀(J.S. Mill, 1806~1873)이 '자유론'을 쓴 이유 또한 다양성의 중요성을 알리기 위한 것이었다.[20] 나의 자유는 너의 자유 앞에서 멈추어야 함이 자유의 범위임을 강조하고, 아무리 잘못된 의견이더라도 그 한 명의 목소리를 막는다면 기꺼이 그를 위해 움직일 것을 역설하며, 소수 의견의 중요성을 들어 다양성 확보가 자유의 근간이 됨을 강조하였다. 또한 팃포탯(tic-for-tac)을 이야기하고 있는 로버트 액셀로드(Robert Axelrod, 1943~)도 처음에는 신사적으로 먼저 협력하지만, 이후부터는 상대가 하는 그대로 따라 함이 제대로 된 협력을 이끌어 낸다는 것을 두 번의 세계 전략 게임을 통해 입증하였다.[21] 이를 통해 액셀로드는 본 전략이 절대적으로 우수한 것이 아닌 평균적으로 우수했음을 강조하며, 다양한 플레이어가 존재해야 협력이 창발될 수 있음을 역설하였다.

이러한 주장들의 공통점은 절대적으로 우수한 해법이나 전략은 없다는 것이며, 그렇기 때문에 질곡의 인생 여정을 따를 수밖에 없다. 그럼에도 불구하고 진화하는 상태가 있고 그렇지 않은 상황이 있는 것은, 여러 이유가 있을 수 있겠지만, 상황이 한쪽으로 치우친 환경 속에 놓여 있지 않기 때문으로 요약할 수 있다. 아무리 선한 의지도 이를 악용하겠다는 집단 속에 있으면 얼마가지 못해 사라지고 말았을 것이다. 평균적으로 우수함의 의미를 되새길 필요가 있다.

다양하고 중복적이어도 괜찮아

다양성과 중복성은 주류 경영학에서 비효율과 비용을 야기하는 핵심 원인들로써 제거 대상임을 주목할 필요가 있다. 변화와 불확실을 완벽히 통제할 수 있다면 다양성과 중복성은 비용 발생의 원인이지만, 그렇지 못할 때 이를 제거해 버린 조직은 급격히 붕괴의 위협에 봉착할 수 있다. 이는 위기 시에 평상시 보유하던 자원보다 더 많은 자원이 소요될 수밖에 없으며, 다양성과 중복성이 이를 대처하는 버퍼 역할을 수행하게 된다.

우리는 이 대목에서 모듈성에 주목할 필요가 있다. 모듈성이라는 것은 개별적으로도 기능을 수행할 수 있지만 이들이 모여서도 전체 역할을 수행할 수 있음을 의미한다. 개별은 개별대로 또 전체를 위해서는 그 일원이 되어 기능하는 모듈성은 부분이자 그 자체가 전체가 되는 특성을 갖는다고 할 수 있다.

이를 경영 측면에서 볼 때 개별 직원은 자율적으로 움직이며, 또 조직 전체의 목적을 위한 일원으로서 스스로 움직일 수 있음을 의미한다. 따라서 상당한 관리 비용을 감소할 수 있는 효과를 발휘할 수 있다. 다양성과 중복성에서 발생하는 비용을 모듈성으로 감쇄시킨다고 할 수 있다. 일본에서 가장 존경받는 3대 경영자[22]중 한 사람이자 경영의 신으로 알려진 인물이 있다. 그는 씨 없는 수박으로 유명한 우장춘 박사의 사위이자 박지성이 뛰었던 J리그 교토 퍼플 상가의 구단주인 이나모리 가즈오(稻盛和夫, 1932~2022)다. 그가 주장한 아메바 경영은 모듈성을 닮아있다. 아메바 경영은 작게 쪼개진 개별 집단의 리더가 독립적으로 경영하며 아메바처럼 환경 변화에 능동적으로 형태와 크기를 바꾸되 최종 성과는 전체 조직으로 수렴하는 경영을 말한다.[23] 이 과정에서 현실적으로 발생할 수 밖에 없는 아메바 간의 경쟁을 중재하는 역할로 그는 인과응보에 기초한 이타 경영이라는 철학을 강조하고 있음도 놓쳐서는 안될 것이다.[24]

이처럼 다양성과 중복성 및 모듈성을 갖춘 조직은 개인의 성장과 조직의 성장이 합치되어 상대적으로 관리의 부담이 경감된 조직이자 블랙스완과 같은 예측할 수 없는 환경 위협에 효과적으로 대처할 수 있는 모습을 갖추었다고 볼 수 있다. 자연을 닮은 조직이다. 앨리 골드렛(A. Goldratt, 1947~2011)은 가장 효율적인 공장이 도산 가능성 또한 가장 높다고 언급한 것과 일맥상통하고 있다.[25]

한편, 학습의 측면에서도 다양성, 중복성, 모듈성은 모두 개인과 조직의 성장을 촉진시킨다. 중복성이 갖는 버퍼의 역할 외에 중복성은 자신의 본질을 찾고자 하는 개별성 확보를 위해 적절한 긴장을 조성한다.

따라서 다양성 확보의 토대가 된다. 그러한 의미에서 다양성은 창조의 토대라고도 할 수 있다. 다양성의 인정은 옳고 그르다라는 흑백적 편 가르기에서 벗어나게 한다. 이로써 대립과 갈등을 줄이는 역할을 하여 공영의 길을 연다.[26]

이렇게 중복성과 다양성은 서로 맞물리면서 긴장을 조성하지만 대립을 줄이는 기묘한 상호 작용을 한다. 이를 통해 모듈성이 확립되는데 밑바탕을 형성한다. 밀(J. Mill)도 동일한 이야기를 자유론에서 전하고 있다. 중복과 다양함이 훼손되지 않도록 자유로워야 함을, 이로써 모듈로서 개인이 사회 속에 관계 맺기를 말이다.

정리하면, 리브스의 연구 결과에 따르면 테일러리즘은 자연의 3대 생존 조건인 다양성, 중복성, 모듈성에 모두 충돌하고 있다.

여기에 운러의 결과를 더해보면 자연도 인간이 의미하는 효율성, 생산성의 개념을 보여준다고도 할 수 있을 것이다. 그러나 그 방식은 인간과 완전히 다르다. 자연은 중복과 다양성에 기초해 무한한 반복과 재생성을 보여주고 있다. 투입 요소의 최소화, 공통의 플랫폼 활용 등 효율이 필요한 곳에서만 효율적이었다. 생산성도 업사이클을 통한 불필요한 쓰레기를 만들지 않는 재생성을 통해 도모하였다. 정말 자연스럽다는 말이 절로 나오지 않는가? 그저 다른 시스템으로 치부하기보다는 혜안을 갖고 자연을 봐야 할 것이다.

오늘날 주류 경영학의 경영관은 '제대로 하게 하겠다', '마찰을 제거하겠다'는 식의 통제적, 부정적 사고에서 벗어나, '적응하자', '제거할 수 없는 하나이다' 식의 공감적, 긍정적 사고로의 전환이 필요하다. 필요한 것만 남기고 나머지는 없애겠다는 사고는 그때는 옳았을지 모르지만 지금은 명백히 틀렸다.

생명 현상과 생명 경영

생명 현상이란?

요소들이 상호의존적 관계를 맺는 순간, 즉 시스템을 형성하는 순간 시스템은 생명체처럼 탄생하고 자라며 성장과 성숙 및 노화를 경험하게 된다. 시스템을 이해하는 가장 중요한 핵심 단어는 '살아있음'이다. 이는 요소 간의 상호의존적 관계로 형성된 순환 구조로 인해 발생하는 다이내믹스이다.

따라서 시스템의 생명현상을 이해하는 것은 매우 중요하다. 생명현상이란 생물체가 나타내는 고유 현상으로 개체와 종족을 유지하고자 하는 특성을 갖는다.

생명체는 세포라는 기본 단위로 구성되며, 이들의 유기적 결합을 통해 복잡하고 조직화된 체계를 갖게 된다. 생명체가 살기 위해서는 끊임없이 필요 물질을 합성하거나 분해하는 화학 반응을 일으켜야 하는데 이 과정에서 반드시 에너지의 출입이라는 물질

대사 과정이 필요하다.

생명체는 외부 환경 변화에 적절히 반응함으로써 시스템내 환경을 일정하게 유지하려는 항상성을 갖는다. 체온, 혈당량, 삼투압 조절 등이 이에 해당한다.

생명 현상의 특징

생명 현상의 가장 큰 특징은 유기적 관계에 있다. 즉, 상호 의존적으로 연결된 부분들이 부분 최적이 아닌 전체 최적화를 위해 움직인다는 뜻이다. 하나의 전체로서 개인은 심장, 폐, 장 등 부분들의 상호 의존적 관계 속에 움직인다. 폐의 활동을 통해 산소가 공급되고 이산화탄소가 배출되며, 입을 통해 공급된 영양분과 결합으로 에너지를 생성하여 혈관을 통해 온 몸 구석구석 필요 장기에 전달한다. 그 어떤 장기가 서로 조율되지 않은 채 과하거나 부족한 활동을 하게 되면 몸은 병들게 되며, 결국 흐름이 약화되어 사망하게 된다. 사는 동안 분당 12~20회의 호흡은 한 번도 멈추지 않는 채 전체 최적화를 위해 개별 장기들과 절묘하게 조화를 이룬다.

심장, 폐 등은 자신만의 최적화를 위해 움직이지 않는다. 무엇보다 개별 장기만으로는 인간 그 자체를 이해할 수 없다. 심장의 무엇을, 또 폐의 무엇을 보고 전체 인간 활동을 그릴 수 있겠는가?

여기서 생명이란 전체적이고 집단적이며 협동적으로 일어나는 현상으로 적응과 성장하는 자연의 모습을 말한다. 적응이란 시스템이 환경 변화에 대응하여 형태, 기능, 생활 습성 등을 변화시키는 현상을 말하며 성장이란 시스템이 오랜 시간 환경 변화에 적응하는 과정에서 나타난 새로운 종으로의 분화현상을 말한다. 생명 현상은 유기체 속에서 이해됨이 타당할 뿐 아니라 필연적이다.

생명 경영이란?

탈근대(post－modern), 초연결시대, 포스트 코로나 또는 위드 코로나 시대의 경영학은 조직과 사회의 지속가능성을 담보할 수 있는가와 관련된다.

생명 경영은 유기체적 인간관과 전일주의에 입각한 지속가능 경영으로 비선형의 동태시스템, 즉, 살아있는 시스템의 경영(management of living systems)을 일컫는다. 생명 경영학에서 생명이란 삶이며, 삶의 질을 최우선적 가치로 받아들이는 경영학을 말한다.

생명 경영학을 소개하는 이유는 경영의 범주에서 변화를 이야기하기 위함이고 이를 어떻게 보아야 할지에 대한 고민을 담고자 함에 있다. 생명이 있다면, 즉 살아 있다면 변화하기 마련이다. 삶은 곧 변화이다. 죽은 것은 변화하지 않는다.

이상적인 것은 상대적으로 변하지 않는 기간이 길 가능성이 많음에 비해, 일상적인 것은 매초 변할 가능성이 크다. 그러한 측면에서 이상은 견디기 쉽고 일상은 견디기가 무척 어렵다. 따라서 그 어려운 일상에 맞서 서있을 수 있는 정신력이 매우 필요하다. '신'을 죽인 니체나 '본질에 앞서 실존'을 강조한 사르트르의 외침은 이 순간을 맞이하고 있는 인간에게 방향타를 제공해 줄 것이다. 경영학이 철학을 필요로 하는 순간이기도 하다.

왜 생명 경영학이어야 하는가

환경이 변했다

과거의 경영활동은 결과물을 얻기 위해 투입물을 집중적으로 관리하는 모습을 보였다. 투입물을 크게 인적, 물적, 재무적, 정보적 대상 등으로 나누고 같은 결과물을 얻음에 있어 이들을 적게 사용하는 것이 최선이라는 효율성(efficiency)의 개념을 낳았다. 효율성의 도모는 곧 '바르게 일하는 것'이었다.

이는 아직도 경영의 근본인데 여기에 몇 가지를 수정 보완하려 한다.

첫째, 당시는 생산품이 모두 판매되던 생산중심 시장이었다. 따라서 생산성 향상이 최고의 덕목이었다. 그러나 오늘날은 소비중심 시장이다. 즉, 생산성보다 판매성이 더욱 중요하다. 생산과 판매 사이에 재고가 있다. 생산중심 시장일 때는 재고는 자산이었으나, 소비중심 시장에서는 그저 비용일 뿐이다.

이는 경영에 있어서도 엄청난 차이이자 변화이다. 왜냐하면 생산물의 단위당 가격을 떨어뜨리기 위한 대량생산활동은 효율적 생산의 모범적 사례이지만 판매가 담보되지 않는다는 측면에서 볼때, 이는 가장 위험한 생산활동이라고도 할 수 있다. 그 중심에 골드랫(A. Goldratt)의 제약이론(theory of constraints)이 있다.[27] 따라서 소비중심 시장에서 효율성은 최고의 덕목이 아니라 하나의 주요 고려사항일 뿐임을 명심해야 한다.

둘째, 동일한 투입물이라 하더라도 동일한 결과물을 양산하지 않는다. 왜냐하면 그 사이에 전환과정이 있기 때문이다. 즉 어떤 전환과정을 갖느냐가 최적 결과물 생산에 핵심이다. 과거에는 그 전환과정은 보이지 않는다는 이유 등으로 블랙박스(blackbox)로 취급하였다.

그러나 오늘날은 그 블랙박스를 해부하여 가시화시키고 관리하기 시작하였다. 그 중심에 마이클 해머(M. Hammer)와 제임스 챔피(J. Champy)의 비즈니스 프로세스 리엔지니어링(process reengineering)이 있다.[28] 이와 함께 개별 프로세스의 합인 시스템을 일반 이론에서 벗어나 조직관리에 차용하는 방향으로 발전하고 있다.

셋째, 조직에서 인간관의 변화이다. 생산성을 중시하며 투입요소에 집중한 과거 경영환경에서 인간은 또 다른 형태의 기계였다. 인권의 성장과도 연관되어 있지만, 과거의 노동자는 사용자와 엄격하게 구별되었다. 또 관리의 효율화를 위해서 인간은 감정(mind)이 없는 것으로 가정함에 무리가 없었다. 감정을 부정한 투입물로써 인간은 곧바로 상호 경쟁을 통한 생산 효율 극대화의 수단으로 자리매김할 수 있었다. 그만큼 대다수의 인간은 생존이 중요한 단계에 있었기 때문이다.

생명 경영에서 문제시하는 경쟁은 진퇴를 결정할 수 없는 경쟁환경을 말한다. 즉, 경쟁할 수밖에 없는 상황에 내몰리는 경쟁을 말한다. 이때의 경쟁은 남과의 비교를 통한 강압적이고 수동적이며 자기 소모적 경쟁이다. 한마디로 이는 고통이다.

한편, 좋은 경쟁도 있다. 경쟁 환경으로의 진퇴를 선택할 수 있는 경쟁, 타인을 반면 교사하여 자신을 성장시키고자 하는 경쟁을 말한다. 탈레브의 안티프레질적 경쟁[29]이며 리프킨의 회복탄력적 경쟁[30]으로, 생명 경영에서 도모하는 경쟁으로 게임이자 도전이다.

그러나 오늘날의 인간은 더 이상 감정을 숨길 수 없는 상황으로 진전되었다. 생존 그 이상을 얻고자 하는 환경변화가 가장 큰 이유이다. 이제는 일터에서 자아성장을 도모하고 공존하고자 하는 환경 속에 고급 인력이 몰려들고 있다.

생명 경영의 지향점

이제 '이윤'을 넘어 '생명'으로 가자. 이는 경영을 바라보는 해석의 문제이지 논쟁의 대상이 아니다. 해석은 관점을 갖고 인식하는 것으로, 해석자의 끊임없는 자기 극복 의지가 존재하는 한, 해석의 과정은 그 끝이 없다고 니체는 지적하고 있다. 그는 끊임없이 기존 해석을 부수고 새로운 해석을 수행할 것을 요구하면서, 기존 해석에의 안주를 죽음으로 이해했다.[31]

우리의 지식은 관점에 의존하기에 주관적일 수밖에 없다. 절대적이고 보편적인 지식은 불가능하다는 점을 인정하면 각종 오류를 긍정하게 되고 지식보다 존재가 우선함을 인정하게 된다. 독일의 실용철학자 리하르트 프레히트(Richard Precht, 1964~)는 세상은 언어에 종속되어 있고 언어는 진실 표현 수단으로 적절하지 않다며 모든 객관적 주장에는 주관적 한계가 있음을 강조한다.[32] 진실은 세상과 완벽히 일치하지 않기에 (과학적 사실 포함) 진실은 타인에 의해 확인되어야 정당성이 확보된다는 그의 주장을 한 번 더 생각하게 된다.

먼저 관리의 대상에서 풀려난 인간을 학습의 대상으로 산정하자. 그 이유는 인간 학습은 관리 비용을 획기적으로 줄일 수 있는 유일한 대안이기 때문이다. 왜냐하면 인간은 생존뿐 아니라 성장하려는 욕구를 기본적으로 지향하기 때문이다. 니체는 이를 '힘(Macht)'에의 의지라고 하였다.[33] 공자는 기쁨의 원천을 학습에 두었다.[34] 인간은 본질적으로 보다 나은 자신의 모습을 그리며, 이를 지향한다. 센게(Peter Senge, 1947~)는 이를 학습조직으로 경영 이론화하였다.[35]

다음으로 사람을 관리의 대상으로 보는 세계관을 벗어난 공백을 시스템으로 채워야 한다. 관리는 시스템을 대상으로 하고, 관리대상에서 벗어난 인간은 학습을 하자. 이것이 생명 경영의 알파이자 오메가이다.

이제 조직에게 날개를 달아주자. 수동적이고 폭력적인 관리와 통제의 기계적 인간관을 벗어버리게 하여 생명체로서 본연의 모습으로 조직을 살려내자. 죽은 기계와 같은 모습에서 상호 작용하는 요소들의 집합된 생명 시스템으로서의 조직으로 말이다.

전일성으로 시스템을 재설계하지 못하고 일의 일부로 전락시켜 노동에서 소외된다면 목표 낮추기, 짐 떠넘기기, 단기 처방 위주로 업무를 처리하게 된다. 언젠가 터질 수밖에 없는 시한폭탄을 만들게 된다는 것이다.[36] 전일적 사고가 요구되는 대목이다.

해법은 그 선상에 있는 것이 아니라 전일적 시각으로 재설계함에 있다. 그것이 생명 경영이 취하고자 하는 접근법이다. 소외된 인간으로 구성된 조직이 지속가능할 수 없음은 불문율이다.

생명 경영의 인간관

개인 비전에 충실한 사람은 생명 경영에서 찾는 구성원들이다. 관리 비용을 줄이는 원천이자 창의력을 극대화하고 조직 학습을 자율적으로 추진할 수 있는 사람이기 때문이다. 이들을 선발해 조직 학습을 얻은 조직이 생명 경영이 추구하는 경영상이다.

생명 경영은 두 가지 측면에서 기존 미국식 주류 경영관과 입장을 달리 한다. 그 첫 번째는 경영 시스템의 초점을 어디에 두느냐와 관계되는 것이고 두 번째는 인간을 다른 투입물과 같이 인적 투입물로 취급할 수 있는가에 대한 것이다.

먼저, 경영 시스템의 초점에 대한 내용이다. 기존의 경영학은 주로 시스템의 요소에 초점을 둔 경영학이다. 즉, 시스템의 에너지 창출 전략을 요소 중심적으로 전개하였다. 따라서 개별 요소의 생산성, 요소 간의 경쟁, 인사/생산/정보/재무 등 투입요소별 개별적 관리방식의 전개 등이 특징을 이룬다. 반면에 관계에 집중하는 생명 경영은 협력, 팀워크, 공유비전, 문화, 프로세스 등에 집중하는 모습을 띈다. 이때 장점은 요소 중심의 경영에 비해 더 큰 시너지를 발생시킬 수 있다는 점이다.

다음으로는 인간을 투입 요소로 볼 수 있는가에 대한 내용이다. 인간을 개별 요소로 본다는 것은 요소 생산성 향상 명목으로 자연스럽게 경쟁의 대상이 된다. 경쟁은 스스로 참여하고 스스로 그만둘 수 있을 때만 성장의 밑거름이 된다. 그러나 인적 요소로써 생산성 향상을 위한 경쟁은 원치 않게 시작되며, 그 구도에서 스스로 벗어날 수 없다는 측면에서 심각한 문제를 수반한다. 반인간적이라는 뜻이다. 이를 무마하기 위해 경영학적 온갖 수단들이 동원되고 적용되는 피곤함에서 조직은 벗어날 수 없다. 궁극적으로는 그 엄청난 관리비용으로 결국 조직은 쇠망의 길로 접어들게 되는 것이다.

돈이나 자재, 정보는 본질을 가진 기계적 시스템이나 인간은 본성을 가진 유기적 시스템이다. 본질은 그 자체로 쓰임새가 정해져 있는 존재에 있으나 본성은 의식을 갖고 스스로가 그 쓰임새를 만들어 가는 존재에게 있다. 기계가 사람이 아니듯이 이들을 모두 투입 요소로 취급하는 것은 곧 인간을 기계로 취급하는 것이다. 타인이 나를 바라보는 시선이 기계에 머무를 때 나에게 자유가 허용될 수 있을까? 이런 시선이 당연한 곳에서 나는 언제까지 존재할 수 있을까? 그 조직은 무슨 영광을 도모할 수 있겠는가?

따라서 생명 경영은 인간을 관리를 요구하는 투입물의 대상에서 풀어 학습의 장으로 이동시키려는 것이다. 인간을 관리하는 경영보다 협력하고 학습하는 조직 시스템에서의 시너지가 훨씬 강력하다. 인간이 조직과 사회, 공동체를 구성하는 근본적인 이유가 이 힘을 발휘하기 위해서이다. 앞에서 살펴본 인간은 그 자체로 관리할 수 없을 뿐 아니라, 불완전한 관리가 파생시키는 온갖 왜곡에서 벗어남이 지속가능 경영의 핵심 요체이자 시작점이다.

시스템으로서 인간과 자본주의의 공통점은 무엇일까? 살아있다는 점이다. 살아있다는 것은 곧 죽지 않으려 한다는 점과 완전히 일치한다. 죽지 않기 위해서 벌이는 모든 행태가 이 둘은 닮아 있다.

자본주의라는 거시 시스템으로써의 특징을 밝힌 칼 마르크스와 인간이라는 미시 시스템으로써의 특성을 밝힌 아브라함 매슬로는 닮아 있다. 마르크스가 경제를 하부구조로 설명한 점[37]과 매슬로의 의식주를 최하 저층 욕구라 한 점[38]이 그렇다. 이 토대가 충족되어야 문화라는 상부구조가 온전할 수 있다는 점과 저층 욕구가 충족되어야 상위욕구로 이전될 수 있다는 흐름이 공통적이다.

생명 경영, 그 가치와 원칙

생명 경영 가치

비움, 순환 그리고 창조

여백의 아름다움이라는 말이 있다. 비어있음을 찬양한 글이다. 왜 비움을 아름답다 하였을까? 아마 채워져 있다면 함께 할 틈이 없었기 때문인 것이다. 즉 내가 없다는 것이고 나를 생각할 여지가 없다는 것이다.

노자의 도덕경은 온통 비움의 가치를 말하고 있다.[39] 나에게 노자의 도덕경은 철저히 익힘에 대한 책으로 읽힌다. 노자의 말이다.

> 학을 채움이라면 도로부터 얻어 자신 몸에 축적한 것을 덕이라 하였다.[40]

노자는 비움을 도덕이라는 이름으로 정교하게 다듬었다. 도로써 비우라고 한다. 그리고 체화하여 덕을 만들라 한다. 단순히 배운 것을 소화하여 비워가는 과정을 익힘으로 설명하기보다 '도'라는 방향을 제시함으로써 아무거나 축적으로 비워서는 안됨을 주지하고 있다고 읽는다. 비우고 비우면 무위의 경지에 이르게 되어 되지 않음이 없다고 하였다.[41] 채움의 대상이 세상이었다면 비우지 않으면 세상이 시키는 대로 살아갈 수밖에 없다. 하여 비움은 철저히 자신이 되어가는 과정을 말하고 있다.

그런데 노자는 그 비움의 노하우를 전수하고 있다. 도로써 비우라고 해놓고 그 도를 도덕경 마지막 자리에다 친절하게 부쟁(不

爭)을 이야기하고 있다. 경쟁하지 않는 것, 남을 의식해 자기를 소모하지 않는 것, 남과 나로 나누지 않는 것, 나눌 수 없는 것이기에 나누려 삶을 허비하지 않는 것, 즉 모든 것은 연결되어 있다는 것이 노자가 이야기하려는 비움, 도의 모습이다. 이를 아는 것이 비움이자 익힘이다.

노자는 비움을 기가 막히게 멋지게 풀어내고 있다. 비우는 이유를 순환을 위해서라고 하였다. 비워있어야 순환하며, 순환해야 창조, 새로움, 지속이 생긴다고 보았으며, 이로써 생명이 유지된다고 하였다. 이때의 순환을 단순한 반복이 아닌 창조의 리듬이라 칭하면서 순환 없는 생명과 창조는 없다고 강변한다.

이는 생명 경영에서 갖는 매력에 그대로 부합한다. 시스템의 형성은 순환을 보게 하기 위함이었고 학습의 강조는 비워야 함이었기에, 그 빈 공간이 있어야 순환이 일어나고 거기서 생명이 발현한다는 흐름과 맥이 통하고 있었다. 그렇게 형성된 생명이 곧 자신을 만들어가는 것이기에, 이것이 자연의 섭리고 자연을 닮은 인간이 살아가는 이유로 보여진다.

• 비움 – 순환 – 창조 – 생명 – 나

이제 이 모습은 노자만의 이야기가 아니 없음을 보게 된다. 소크라테스(Socrates, BC 470~BC 399)의 논박술 뻴샘도 이와 같으며[42], 대리석 속에서 다비드를 보고 그를 풀어줄 때까지 불필요한 부분을 제거했다는 미켈란젤로(Michelangelo, 1475~1564)의 설명[43]이나 삶에서 추상적인 선을 지향하지 말고 구체적인 악을 제거하라는 칼 포퍼(K. Popper, 1902~1994)의 지적[44]도, 모두 배움으로 채운 것을 익힘으로 비우고 빼버릴 때 내가 만들어짐을 강조하는 표현들이라 느껴진다.

먼 곳을 찾아 헤매고 있는 진리의 모습은 결국 공기처럼 사방천지에 널려 있는 너무나 익숙한 단어, 학습에 있는 것이 아닌가를 다시금 느끼게 한다.

모두들 그렇게 학습을 이야기하고 있었다. 그 본질은 모든 것은 연결되어 있다는 것이며 그로 인해 변한다는 것이었다. 그것이 상도이며, 이를 이해하는 것이 익힘이고, 이를 현대어로 해석한 것이 시스템이었다. 따라서 도란 시스템을 이해하는 것으로, 시스템 사고가 곧 도에 이르는 철학으로 받아들여진다.

'그래... 내가 말하고자 하는 바는 학습의 분별이 아니라 조화였어. 배우고 도덕하면 아낌이 생겨 허(虛)가 확대되고, 이로써 생명이 순환하게 되면 빠르게 회복할 수 있는 거야. 그렇게 되면 이루지 못함이 없을 정도로 레버리지가 강한 지점이 돼. 결국 생명의 순환이 회복력의 토대구나. 흐름에 모순이 없음이야'

이상의 철학적 접근을 토대로 경영에서 실제 활용하기 위한 통찰을 중심으로 정리하면, 생명 경영이 지향하는 방향은 크게 두 가지이다.

첫째, 행위의 패턴을 통해 이를 발생시킨 구조를 파악하고자 한다. 이는 곧 환원주의 시각을 넘어 전일주의 시각을 중시함을 의미한다. 요소를 넘어 관계를, 또 정적임을 넘어 동적임을 우선시함과 동일하다. 관계중심의 동적인 전일주의 시각은 변화를 당연한 것으로 받아들이며 인간중시의 지속가능성을 끊임없이 모색하고 창발 가능성을 인정함을 특징으로 한다.

둘째, 구조의 변화를 통해 행위의 패턴을 변화시키고자 한다. 이를 위해 학습의 중요성을 강조한다. 경영에서의 학습은 개인 학습 외에 조직 학습이 있으며, 이 둘을 동시에 수행한다. 학습은 '학'과 '습', 즉 배움과 익힘으로 구성되며 배움의 완성을 익힘에 둔다. 하여 개인 학습은 익히는 개인을 지향한다. 조직 학습은 이를 팀 중심으로 수행함을 기본으로 한다. 팀이라는 보다 큰 시스템과 공유된 비전의 구축을 통해 학습 효과를 배가시키기 위함이다.

이상을 통해 생명 경영의 10대 핵심 단어는 다음과 같다. 본 서 전반에서 계속 등장하는 단어들로써 줄이고 줄인다면 결국 이 단어들이 연결된 한두 줄의 스토리만 남을 것 같다.

- 전일주의 holism
- 관계 relations
- 역동성 dynamics
- 인간 human
- 지속가능성 sustainability
- 창발 emergence
- 학습 learning and mastering
- 구조 structure
- 시스템 system
- (공유) 비전 shared vision

생명 경영 원칙

생명 경영은 현재 인간 관리의 단일 차원 경영의 한계를 알리고 시스템과 학습의 중요성을 소개한 뒤, 인간은 학습으로, 관리는 시스템으로 연계시키는 다차원으로 전개해야 함을 지향하는 경영이다. 이를 위해서 본 서는 유기체적 인간관과 전일주의에 입각한 지속가능 경영학을 소개하고자 하며 다음과 같은 가치를 지향한다.

- 첫째, 지속가능한 경영, 조직 및 사회를 궁리하는 것이며,
- 둘째, 전일주의적, 시스템적 가치에 대해 고민하는 것이며,
- 셋째, 좁은 소비를 넘어 넓게 삶과 함께 하는 경영학이며,
- 넷째, 경제적 가치와 함께 사회적 가치를 조직기반의 경쟁력으로 활용하는 경영

이러한 생명 경영은 학습과 시스템이라는 양대 축을 토대로 다음과 같은 4대 접근법을 통해 전개된다.

첫 번째로 인간은 관리의 대상이 아님을 살펴보고자 하자. 이를 위해 먼저 인간이 관리의 대상이 된 이유부터 살펴보자. 이는 인간을 어떻게 이해하고 있는가에 대한 인간관 이야기이자 세계관 이야기이기도 하다. 따라서 변화를 바라보는 시각에서 출발해서 인간을 관리의 대상으로 놓으면 안 되는 이유로 마무리할 것이다.

두 번째는 관리의 대상인 시스템에 대한 이야기이다. 관리의 대상에서 인간을 풀어 놓았으니 그 자리를 차지해야 하는 뭔가가 있어야 한다. 그것이 시스템이다. 당연히 먼저 시스템이 무엇인지부터 소개할 것이다. 그리고 일반적으로 시스템이라 하면 죽어 있는 기계 시스템을 먼저 떠올리지만 살아있는 유기 시스템도 있음

을 강조하고자 한다. 생명 경영에서 대상으로 하는 시스템은 유기 시스템이다. 살아있는 시스템은 어떤 특성을 갖고 있는지, 왜 이 시스템을 깊이 통찰해야 하는지로 논의를 전개할 것이다.

세 번째는 인간은 학습의 대상이 되어야 한다는 것에 대한 이야기이다. 관리의 대상에서 벗어난 인간은 어찌해야 하는 가에 대한 내용으로 학습에 대해 이야기 하고자 한다. 너무나 흔하고 진부한 표현으로 들릴지 모르겠지만, 학습을 인간 성장의 토대이자 모든 살아있는 시스템의 환경과의 정보 교환 과정으로 폭넓게 접근하고자 한다. 그 속에서 학습에 대한 일부 오해도 언급하고자 한다. 학습은 관리를 대체할 수 있는 유일한 대안으로 조직 성장과 지속가능성 담보에 최적임을 소개하고자 한다.

마지막으로 학습은 핵심가치를 업무에 녹여 흐르게 하는 것임을 이야기하고자 한다. 여기서의 학습은 시스템 학습, 즉 조직 학습을 말하며 이는 크게 핵심가치, 업무, 흐름이라는 주제어로 전개될 것이다. 핵심가치를 이해하기 위해 미션과 비전을, 업무를 이해하기 위해 프로세스를 이야기할 것이며, 이들의 공통점인 상하, 좌우를 흐름으로 받아들이고 여기에 살아있음과 시스템의 공통 특성인 순환을 연계시켜 공통어 '흐름'으로 학습을 풀어보고자 한다. 이 공통어를 핵심어로 전개하고 있는 경영학 이론들을 묶어 소개하면서, 보다 구체적인 조직 학습의 이론과 방법 소개로 마무리할 것이다.

- 첫째, 인간은 관리의 대상이 아니다(인간론)
- 둘째, 관리의 대상은 시스템이다(시스템론)
- 셋째, 인간은 학습의 대상이다(학습론)
- 넷째, 조직에서의 학습은 핵심가치를 업무에 녹여 흐르게 하는 것이다(운영론)

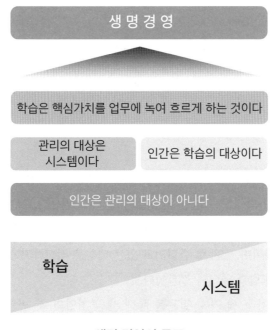

생명 경영의 구조

Chapter

02

원칙 1 인간은 관리의 대상이 아니다

인간은 만물의 영장인가? 자연의 일부인가?

우리는 아직도 인간을 관리할 수 있다고 믿는다. 이는 무지와 혼동의 소치이다. 관리가 의미하는 바를 제대로 알지 못하였기에 무지한 것이며, 실제로 관리되고 있는 대상을 적시하지 못함에 따른 혼동이 함께 일어난 결과이다.

이제 아래 세 가지 질문을 통해 생명 경영의 첫 번째 원칙을 설명하고자 한다.

첫째, 인간 관리의 한계는 무엇인가?

둘째, 인간을 움직이게 하는 본연의 힘은 무엇인가?

셋째, 조직 붕괴의 내재적 근본 이유는 무엇인가?

원래 인간은 관리할 수 없다

본질 충돌과 인간 소외

본질의 충돌

모든 기업과 조직에는 본질이 있다. 만든 자가 있으며 존재의 이유인 미션이 있다. 그 안에 본질이 없는 개인이 참여하면서 역할이라는 이름으로 조직의 본질을 강요받는다. 이는 본질과 비본질 간의 충돌로써 조직 안에 인간이 겪는 불행의 근본 원인이 된다.

이를 최소화하는 방안은 조직과 만나는 개인이 조직 본질의 수동적인 강요 대상자가 아닌 개인 비전의 능동적인 참여자로 선발되는 것이다. 이것이 지속가능한 조직이 되기 위한 원천적인 토대이다.

그러나 대개의 경우 현실은 개인 비전이 아닌 능력을 보고 선발한다. 이유는 크게 두 가지이다. 조직이나 개인 둘 중에 어느 하나가 비전을 갖고 있지 않거나 아니면 둘 다 비전이 없기 때문이다.

먼저 조직이 비전이 없는 이유는 표리가 부동하기 때문이다. 즉, 내심 이윤 극대화만을 위하지만 이를 전면에 내세우지 못하기 때문에 비전이 형식에 그치기 때문이다.

개인이 비전이 없는 이유는 학습과 절대적으로 관련이 되는데 배움에 그쳤거나 배움 자체가 취약하기 때문이다. 배움의 목적인 익힘이 없는 개인은 비전이 없다. 비전은 되고 싶은 자신의 미래상이다. 한마디로 되고 싶음이 없기에 만들고자 하는 자신의 본질이 없다하여 수동적으로 조직의 본질을 수용하고 마는 것이다.

그런 조직과 개인이 만나는 상황은 최악이다. 이것이 오늘날 조직상의 대부분을 차지한다. 이런 환경 하에서는 비전 없는 개인을 비전 없는 조직이 고용이라는 이름하에 도구화 한다. 그래서 나온 것이 인적 자원론이다. 이에 근간하는 조직은 공허하고 위태하다. 오늘날 조직 경영기법은 무엇을 도모하고자 하는 지도 모른채 인간을 관리의 대상으로 취급하고 있다.

비본질의 개인이 본질을 가진 조직에 참여하는 이유는 하나이다. 더 큰 조직이라는 시스템에 하부 시스템으로 연결되기 위한 것으로 자신의 비전을 실현할 레버리지를 얻고자 함에 있다. 이 목적이 결여된다면 개인은 단순한 봉급생활자로 조직 목표 실현에 하청인이 된다. 그러기에 조직은 자신의 목표 실현을 위해 관리, 통제와 같은 폭력적이고 비인간적인 활동을 가감 없이 전개시킴으로써 조직의 영속성(going concern)을 스스로 무력화시키는 모순 속으로 빠져든다.

인간 소외

현대 철학을 열었다는 평가를 받는 3인의 철학자 니체(Friedrich Nietzsche, 1844~1900), 프로이트(Sigmund Freud, 1856~1939), 마르크스(Karl Marx, 1818~1883)의 인간관은 소크라테스로부터 플라톤으로 이어져 오면서 형성된 이성적이고 논리적 존재로써의 인간관에 반기를 들고 있다. 인간은 비이성적 존재이며, 불완전하며 미지 영역에 속한다고 보았다.

특히, 영국의 BBC가 세계에서 가장 영향력을 미친 철학자로 선정한 칼 마르크스는 기존 철학자들과 달리 세계를 해석하려 들지 않고 이를 변화시키고자 하였다.[1] 당시로는 혁신적인 인간관이라 할 수 있는, 기존의 '인간은 무엇인가'에서 벗어나 '무슨 일을 하는가'로 물어야 한다고 설파하였다.

따라서 인간의 고유 특성은 따로 있는 것이 아니라 자신이 하고 있는 노동에 따라 어떤 생산물을 만드는가로 규정된다고 보았다. 그가 1844년에 펴낸 '경제학, 철학 초고'에서 "인간은 자신이 창조한 것을 통해 자신을 직관한다"고 하였다.[2]

그런데 그는 이 과정에서 '누구를 위한 노동인가?'라는 물음을 통해 인간 소외의 문제를 거론하고 있다. 19세기 그가 언급한 인간 소외 현상은 오늘날 직장인들이 겪고 있는 직장 생활에서의 괴로움과 그대로 이어지고 있어 그의 혜안에 놀랍기까지 하다. 그가 분석한 4가지의 인간 소외 현상을 살펴보자.

그 첫 번째가 노동 생산물로부터의 소외이다. 자신이 만들었지만 자신의 소유가 아님에서 오는 소외로써 생산물에 대한 애정 하락의 원인이 된다고 보았다.

두 번째는 노동으로부터의 소외이다. 이는 자신이 하고 있는 노동이 즐겁지 않음에서 오는 것으로 임금 때문에 어쩔 수 없이 그만두지 못하는 현실을 설명하고 있다.

세 번째는 분업과 유급 노동에서 오는 소외이다. 이는 무슨 일을 하고 있는지 모른 채 돈만 보고 일하는 기계 부품 같은 현실을 설명하고 있다.

마지막으로는 인간다움으로부터의 소외이다. 직장 내 인간관계가 경쟁자로만 인식되고 돈으로만 평가받는 현상과 관련이 된다. 급여 수준이 인생의 성공을 설명하는 유일 잣대가 됨을 설명하고 있다.

그러나 이상의 소외 현상도 한 가지 이유에서 파생된 행태들에 기인한다. 바로 환원주의다. 시스템을 형성하는 관계를 외면하고 요소 생산성 위주로 자행된 분업과 전문화, 그리고 그 토대인 비자발적 경쟁이 발생시킨 부작용들이 그것이다.

오늘날 발표된 대부분의 새로운 경영기업은 인간 소외를 관리하기 위한 방법들로 넘쳐난다. 그러나 직장에서 인간 소외 현상을 치유하기는 쉽지 않다. 그 첫 번째 이유는 직장이라는 시스템 설계의 기본 시각이 환원주의에 기초하기 때문이며, 두 번째는 살아 있는 시스템이 갖는 자생력 강화에 따른 문제 때문이다.

시스템 설계 시 환원적 시각에 기초하면 기대와는 달리 시스템은 살아있기에 쪼갬과 경쟁이 확대될수록 인간 소외는 그 극대점을 향해 심화되게 된다. 일에서 얻는 보람과 성취의 즐거움은 자신이 무슨 일을 하고 있으며 그 일의 결과에 대한 피드백이 주어질 때 발생하는데 환원성은 이를 상실케 한다. 개인은 일의 일부로 전락하여 전체를 보지 못하게 되고 전문성이란 미명 하에 단순작업의 무한 반복으로 지쳐버리게 되는 악순환에 갇히게 된다.

인간 관리의 한계

링겔만 효과와 인간 관리

독일의 심리학자 맥시밀리언 링겔만(M. Ringelmann, 1861~1931)은 줄다리기 실험에서 한번에 100의 힘을 내는 사람이 둘, 셋, 여덟이 잡아당길 때 각각 93%, 85%, 64%의 힘만 쓰는 것을 발견하게 된다. 이는 조직의 규모가 커지고 복잡한 상황이 되면 개인당 공헌도가 떨어지는, 1＋1이 2가 되지 못하게 되며, 이러한 현상을 링겔만 효과(Ringelmann effect)라 한다.[3] 이 효과는 관료조직의 문제점을 이야기할 때 자주 등장한다. 이 현상이 벌어지는 원인은 간단하다. 특히, 익명성이 보장될수록 나 하나쯤은 덜 노력해도 괜찮겠지라는 생각에서 비롯된다. 시너지를 선순환이라 한다면, 링겔만 효과를 역시너지이자 악순환이라고도 한다. 링겔만 효과가 중요한 이유는 결국 이를 막기 위한 관리행위에 정당성을 부여하고 있기 때문이다.

역시너지가 발행하는 상황은 익명성뿐만 아니라 다양하게 발생한다. 그 대표적인 원인으로 부서 이기주의, 개별적 인센티브제, 업무의 종속성, 집단 내 권력관계, 커뮤니케이션 부족 등이 있다. 이들 대부분은 환원적 분리가 낳은 병폐들이다.

사르트르에게 인간은 '무'이다. 그는 사물과 같이 본질을 가진 것을 '존재'라고 지칭하면서 의식을 통해 스스로 본질을 만들어 가는 탈존의 인간을 그렇게 지칭하였다.[4] 그에게 있어 자유는 고정된 역할에 얽매이지 않은 무본질의 필연으로 보았는데, 타인의 시선이 이를 끊임없이 제압하려 한다고 보았다.

이를 벗어나기 위해서는 타인과 경쟁하는 지옥을 맛보거나 아니면 스스로 타인에게 종속되어 사물화 되어버릴 수밖에 없는데, 이렇게 사물 흉내를 내는 인간을 구토를 일으키는 혐오의 존재로 묘사하고 있다.[5] 따라서 조직 속의 인간은 타인으로 인해 자유를 박탈당하고 통제 하에서 조직에 순응하든지, 아니면 구토를 일으키는 조직 부적응자로 남든지 선택해야 한다고 보았다.

인간을 관리의 대상으로 보는 시각은 인적 자원관과 동일하다. 인간을 물적, 금융, 정보 등과 같은 종류의 자원으로 취급하는 시각은 과거 공장형 대량 생산 시대의 유산으로 1인당 국민소득이 일천했던 시대의 인간관이다.

　　당시 공장 근로자는 신분제 사회에서 하층을 구성하고 있었으며, 인간으로서의 권리가 미약했을 뿐 아니라 생산성 증가를 위한 직접적 수단으로 밖에 간주되지 않았었다. 즉, 이는 기계적 인간관의 반영으로 인간은 기계와 같이 관리되고 통제되어야 할 수동적인 대상이며 윤리와 배려가 결여된 몰가치적 대상이었다. 이러한 인간관은 주류 경영경제학의 인간관으로 '전체는 언제나 부분의 합과 같다'는 환원주의에 입각한 요소로써의 인간관이자 효율성 강조의 부분 최적화(local optimum)에 기초한 인간관이라 하겠다.

　　그러나 오늘날의 인간은 고객으로서 만족을 누릴 권리뿐 아니라 조직 내 생산자로서 만족을 누릴 권리를 보장받고자 하며, 그 여부가 조직생존과 직결되고 있다. 인간은 더 이상 기계와 같은 존재가 아니라 자율적이며 더불어 일함으로써 내재된 잠재력을 최대한 발휘하고자 하는 자기실현적 유기체이다. 이러한 인간관은 주류 경영경제학의 인간관에 반해 '전체는 부분의 합 그 이상'이라는 전일주의에 입각한 관계로써의 인간관이자 효과성 강조의 전체 최적화(global optimum)에 기초한 인간관이라 하겠다.

인간관리의 한계

본질을 추구하는 조직과 비본질의 인간이 만나야 하는 최악의 상황을 주류 경영학은 관리로 해결하려 하였다. 그러나, 인간을 관리의 대상으로 놓으면 다음과 같은 심각한 오류에 봉착한다.

첫째, 인간은 결코 관리할 수 없다. 관리란 계획 – 실행 – 통제의 프로세스를 말하는데 사람을 관리한다고 함은 사람이 해야 할 일을 관리하는 것으로, 무엇을 할 것이며 어떻게 할 것이며 얼마나 했는지가 그 대상이 된다. 이때 사람을 가장 효율적이고 효과적으로 관리하기 위해 '기계적 인간관'을 강압할 수밖에 없어 인간의 개성과 능력 등의 차이를 축소하거나 무시하는 인간성 말살의 결과로 귀결될 수밖에 없다. 관리라는 미명하에 기계관이 인간 내면까지 뚫고 들어옴을 직시해야 한다.

둘째, 인간의 개별성을 무시한 채 동질적 관리 수단을 적용하려 든다면, 인간은 고객과 조직이 아닌 스스로의 방어에 집중하게 된다. 조직의 성과는 개인이나 부서와 같은 부분이 아닌 조직 전체 관점에서 실현된 결과물일 수밖에 없음에도 불구하고 관리의 대상인 인간에게 두면 부분 최적화에 함몰되는 문제를 지속적으로 야기하게 된다.

셋째, 인간의 행위는 구조의 산물인 경우가 대부분이다. 좌우의 높낮이가 다른 길을 걷는 인간은 절뚝일 수밖에 없다. 이를 보기 싫다하여 다른 사람으로 교체해도 동일한 결과가 나타난다. 따라서 경영자는 절뚝거리는 직원을 기대한 것이 아니라면, 직원 교체 이전에 좌우 높이가 다른 길을 같은 높이로 맞춰주는 것이 해법임에 주목해야 한다. 행태는 구조의 산물이기 때문이다.

사람을 움직이는 힘

아리스토텔레스, 이미 고대부터 알고 있었다

아리스토텔레스는 수사학에서 경영의 핵심 원리를 간명하게 설파하고 있다. 사람을 움직이게 하기 위해서는 로고스(logos)인 논리, 에토스(ethos)인 윤리, 파토스(pathos)인 열정이 필요하며, 특히 타인의 행동을 바꾸기 위해서는 설득보다 이해를 또 이해 보다 공감이 중요하다는 것을 강조하고 있다.[6]

결국 조직 경영이란 사람을 움직이게 하는 것이기에 관리의 대체 수단으로써 논리 외에도 윤리와 열정의 가치에 주목할 필요가 있다. 사람은 논리만으로 움직이지 않기에 이들을 어떻게 활용할 것인가는 조직 경영에서도 타당하다는 명분 이상의 의미가 주어져야 할 것이다.

논리력은 오늘날 정규 교육에서 강조되고 있음에 반해 윤리와 열정은 상대적으로 미약할 뿐 아니라 조직에서 쉽게 함양되지도 않기에 더욱 문제가 된다. 따라서 선발과정에서 조직이 지향하는 가치인 핵심 가치 안에 이를 포함하여 천명하고, 이에 동조하는 후보자를 가려 선발함이 매우 필요하다. 특히, 열정의 척도인 개인 비전이 조직 비전과 부합하는 후보자를 찾아내는 것이 선발의 관건이다. 이는 고비용의 관리 행위를 축소하고 공동체 의식 발현과 규율 문화 정착을 통한 조직 레버리지 극대화에도 긴요하게 작용하게 된다.

매슬로, 다양한 욕구가 있다

미국의 심리학자 에이브러햄 매슬로(Abraham H. Maslow, 1908~1970)가 자신의 저서 '동기와 성격(Motivation and Personality, 1954)'에서 소개한 욕구 단계설(hierarchy of needs)은 인간 심리 현상에 대한 통찰을 제공하고 있어 경영분야뿐 아니라 인간 삶 전반에서 광범위하게 소개되고 있다.[7]

본 이론은 인간의 욕구를 최하의 생리적 욕구부터 안전 욕구, 애정 욕구, 존경 욕구를 거쳐 맨 마지막에 자아실현의 욕구까지 인간의 욕구를 단계로 소개한 점에서 의의가 크다 하겠다.

매슬로의 단계이론에서 눈여겨 볼 점은 1, 2단계는 상대적으로 개인적 차원의 욕구라고 한다면, 3, 4단계는 사회적 차원의 욕구이다. 개인적 차원의 욕구를 육체적 생명에 대한 욕구라고 한다면, 사회적 차원의 욕구는 사회적 생명에 대한 욕구이다. 육체적 생명은 동물이지만 사회적 생명은 인간다움이다. 이는 육체적으로 살아있건 그렇지 않건 간에 살아있을 수 있는 생명이다. 톨스토이(Lev N. Tolstoy, 1928~1910)가 '안나카레니나(Anna Karenina, 1873)'에서 말했던 영원히 살아라고 하는 그 생명이다.

또 하나의 중요한 점은 욕구의 5단계는 다시 개인적 차원으로 회귀한다고 할 수 있다. 그러나 이때 욕구는 단순히 육체적 생명이나 사회적 생명에 대한 욕구가 아니다. 정신적 생명에 대한 욕구이다. '나'라는 본질을 만들어 감에 따른 욕구이다.

공자는 인생 3락에서 남이 알아주지 않아도 화내지 않음을 군자라 하였다. 애정을 갖고 있는 사람이 있다는 것, 그리고 남에게 존경을 받는 것이 얼마나 중요하고 또한 어려운 일인가를 알 수 있게 해 준다. 에리히 프롬이 직시하고 있는 사회적 생명의 중요성이 재차 강조되고 있다고 하겠다.

경영이 무엇이어야 하느냐에 매슬로는 고층 욕구 충족으로 승화할 것을 제시하고 있다고 보여진다. 조직에도 급이 있고 격이 있다. 조직에 참여하는 이유가 단지 저층 욕구 충족으로만 흐른다면 조직도 참여하는 개인도 불행한 일일 것이다. 조직도 사회도 공동체로서 역할을 소홀히 할 때, 또 관계 구축에 초점이 주어지지 않을 때 고층 욕구를 충족할 동인은 줄어들게 된다.

개인도 조직도 사회도 저층 욕구만이 충족의 대상이 되는 상황에 머물게 된다면 그런 조직과 사회를 살아가는 개인은 과연 행복할 수 있을까? 현재 나의 조직의 사명은 나에게 어떤 욕구 충족의 기회를 선사하고 있는가?

조직은 붕괴하게 되어 있다

조직은 필연적으로 붕괴하게 되어 있다. 그 첫 번째 이유는 조직체가 환경으로부터 유용한 에너지를 끌어내는 것이 점차 어려워지기에 많은 비용이 소요되기 때문이다. 이에 대해서는 앞에서 엔트로피 증가 법칙으로 설명하였다. 여기서 설명하려는 것은 두 번째 이유로써 이는 인간 관리와 관련 되어 있다. 인간을 관리하는 한 조직은 내재적으로 붕괴하게 되어 있다.

플라톤의 이원론에 기초한 환원적 시각은 인간의 행위와 본성을 명확하게 분석하여 이해할 수 있기에 인간을 관리할 수 있다고 본다. 관리 행위란 스위치 작동으로 기계를 움직였다 세우는 것과 다름없다. 인간을 관리하겠다는 것은 곧 인간은 기계와 같아야 함을 전제하는 것이다. 이러한 몰인간성의 지향은 인간으로서 감당할 수 없기에 지속가능할 수 없다.

이 불가능을 가능하게 하기 위해 경영학은 관리 기법이라는 미명하에 끊임없이 '당근과 채찍'을 개발하여 적용하고 있다. 종업원은 그 몰인간성에서 벗어나려 몸부림치고, 관리자는 끊임없이 인간 탐욕을 건드리며 기계가 될 것을 강요하고 있다. 악순환의 고리는 공식적 관리비용인 회계상 명목뿐 아니라 무수한 의사소통의 부재, 부서 간 칸막이와 이기주의, 무사안일의 관료주의, 목표 낮추기, 짐 떠넘기기, '업'이 아닌 '무' 중심적인 업무 행태, 조직 내 권력과 갈등, 문제 해결을 위한 외부 컨설팅 의존 등 이루 헤아릴 수 없는 비공식적 관리비용을 파생시킨다. 결국 조직 성장에 따라 기하급수적으로 증가한 관리 비용은 조직 목줄을 옭아매는 사망 원인이 된다.

사회 심리학자인 에드워드 데시(Edward Deci, 1942~)는 관리의 핵심인 채찍과 당근은 인간의 창조적 문제 해결 능력을 현저하게 훼손한다고 하였다.[8] 성과급의 지급은 투입한 노력에 비해 가장 높은 성과급을 받는 과제의 선택으로 종결되어 짐을 밝히고 있다. 이는 이미 잘 알려진 내용이기도 하다. 학교에서 독서 크레딧을 지급하자 만화나 분량이 얇은 도서로 편중된 독서가 전개되었다는 보고는 적지 않은 반향을 일으켰다. 명저의 탐독을 줄이는 결과가 나타났다는 뜻이다.

조직에서 창조성을 얻고자 한다면 성과급 지급으로는 한계가 있음을 알아야 한다. 자발적인 도전의식 함양이 알파이자 오메가이다. 결국 또 조직 학습이다. 대가를 얻을 속도만 높이는 조직을 원하는가, 가치 있는 생산을 원하는가? 학습 조직의 조건인 책임감과 심리적으로 안정적 조직이 그래서 필요한 것이다.

결국 채찍과 당근의 조직 관리는 관리비 급증만 불러 올 뿐이다. 조직의 복잡성으로 인해 조직이 성장할수록 급팽창하게 되어 있다. 이를 또 다른 채찍과 당근으로 커버하기에는 조직이 너무 피곤해지게 된다. 효과도 없을 뿐 아니라 역효과까지 불러일으킨다는 채찍과 당근 효과에 아직도 조직은 함몰되어 있다. 근시안적이기 때문이다.

기업 성장의 한계 기저에는 인간 관리가 자리 잡고 있다. 따라서 인간을 관리의 대상에서 풀어 놓아야 한다. 원래 관리할 수 없는 것을 관리하려 했던 오류에서 벗어나 진정한 관리 대상인 시스템에게 그 자리를 양보해야 한다.

시스템 관리는 원래부터 관리해 왔던 것인데 그 실체를 직시하지 못했던 것이었다. 조직을 관리의 대상으로 놓았으면서도 무엇을 관리하고 있는지 또 어떻게 관리해야 하는지 몰랐음을 인정할 때이다.

다음 장에서 시스템이 무엇이며, 이를 어떻게 관리해야 하는지에 대해 이야기하고자 한다.

원칙 2 관리의 대상은 시스템이다

뭉치면 살고 흩어지면 죽는다

인간을 관리의 대상에서 놓아준 바로 그 자리의 주인공은 시스템이다. 조직에서 시스템을 관리의 대상으로 놓은 한 시스템은 철저히 관리되어야 한다. 그러나 이 시스템은 죽은 시스템이 아니라 살아있는 시스템임을 잊지 말아야 한다. 죽은 시스템 관리자가 엔지니어(engineer)의 역할을 수행했다면 살아있는 시스템의 관리자는 디자이너(designer)가 되어야 한다.

이제 아래 두 가지 핵심 질문을 통해 생명 경영의 두 번째 원칙을 설명하고자 한다.

첫째, 시스템이 살아있다는 것은 무슨 뜻인가?

둘째, 살아있는 시스템의 관리는 기존과 달리 어떻게 접근해야 하는가?

시스템과 시스템 철학

시스템의 이해

시스템 개념과 특징

시스템(system)의 어원은 '함께'의 'sy(with)'와 '두다'의 'stem(to place)'의 합성어로 '함께 두다'를 의미한다.[1] 시스템은 그냥 둔 것이 아닌 함께 둔 것으로 어떤 목적성을 갖는다. 하여 시스템을 어떤 목적을 달성하기 위해 개별 요소(element)의 상호 의존적 관계(relation)로 형성된 통일된 전체(unified whole)라고 한다. 앞에서도 이야기 하였지만, 상호의존적 관계로 구성된 하나의 전체가 시스템이다.[2] 시스템이란 에너지가 흐르는 통로이며, 관리자란 이 흐름을 통제하는 자를 말한다. 시스템을 관리한다는 말은 시스템이란 통로를 따라 흐르는 에너지의 흐름을 관리하는 것을 말한다.

대표적인 시스템 학자로는 메도즈와 센게 등이 있다. 도넬라 메도즈(D. Meadows, 1941~2001)는 시스템을 행태의 특정한 집합을 생산하는 패턴이나 구조 안에서 시종 일관되게 조직화되거나 상호연결되어있는 요소 또는 부분의 집합으로 설명하였고,[3] 피터 센게(P. Senge, 1947~)는 공통의 목적을 갖고 지속적으로 상호 영향을 미치기 때문에 구성요소들이 잘 맞는 인지된 전체로서 시스템을 정의하였다.[4]

따라서 시스템을 이해하기 위해서는 목적, 요소, 관계의 특징을 살펴보는 것이 핵심이 된다. 이들이 중요한 이유는 모두 시스템의 변화에 직접적인 영향을 미치기 때문이다. 그중에서도 목적이 가장 강력한 변화를 일으키며, 다음으로 관계이며, 마지막으로 요소이다. 따라서 목적에 영향을 미치는 최고 리더의 의사결정, 조직의 규칙 등은 개별 요소보다 레버리지가 강하다.

- 시스템 = 목적 + 요소 + 관계

이에 따라 시스템은 다음과 같은 특징을 갖는다.

먼저, 시스템은 목적(purpose) 또는 기능을 갖고 있다. 시스템의 목적은 부분에는 없는 전체로서의 특성을 내포한다. 예를 들어, 자동차의 목적은 사람 또는 사물의 이동이다. 이는 바퀴나 엔진 등 기타 부분들은 나타내지 않는 오직 전체로서의 자동차에만 부여되어 있는 목적이다.

다음으로, 시스템이 목적을 수행하기 위해서는 여러 부분이 있어야 한다. 어떤 하나의 부분이 제거되었음에도 그 목적을 수행할 수 있다면 이는 시스템이 아니다. 예를 들어, 도구상자에서 한 도구를 제거했는데도 도구상자라면 이는 시스템이 아니라 그냥 모음일 뿐이다.

셋째, 부분이 정렬되는 순서는 시스템 성능에 영향을 준다. 도구상자에서 도구의 위치가 어디에 있는지는 문제가 없다. 자동차의 부품이 무작위로 배치되어 연결되었다면 자동차가 움직일 수 있겠는가?

넷째, 시스템은 피드백을 통해 안정성을 유지하려 한다. 모든 시스템은 피드백으로 구조화되어 있는 피드백들의 집합이다. 피드백의 주요 역할은 시스템이 원하는 상태에 있을 수 있도록 정보의 전송과 반환을 반복하게 한다. 예를 들어, 운동을 해서 체온이 올라가면 땀을 흘려 정상 온도로 회복하는 기능을 인체라는 시스템이 갖고 있다. 조직의 관리통제가 대표적인 시스템의 피드백이다.

시스템 종류

모든 시스템은 투입, 전환, 산출과 피드백이라는 공통의 구조를 갖는다.[5]

- 투입(input): 다른 시스템으로 부터 받은 자원, 에너지, 정보 등을 말함
- 전환(throughput): 투입을 산출로 변환하는 과정
- 산출(output): 성과물
- 피드백(feedback): 산출의 결과를 새로운 투입으로 전달 또는 반영하는 과정으로 변화와 학습의 원천

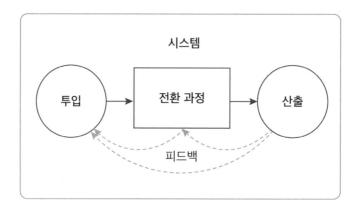

시스템의 일반 구조

오늘날 시스템이라고 하면 흔히 기계 시스템을 가장 먼저 연상한다. 시스템의 가장 단순한 모습은 기계이다. 전구, 건전지, 스위치라는 개별 요소(투입물)가 상호 연결(변환 과정)되어 빛(산출물)을 밝히는 전등 시스템을 나타내고 있다. 개별 요소만으로는 결코 빛을 발할 수 없지만, 상호 연결되어 빛이라는 상승효과를 창출하고 있다. 프로야구팀의 구성도 시스템이다. 선수, 코치, 심판, 운동장, 운동 장비, 관중 등의 개별 요소가 경기 규칙, 작전, 포지션, 의사소통, 공격과 수비 기술 등의 선수와의, 선수와 코치와의, 선수와 운동 장비와의 상호작용을 통해 리그 우승이나 연봉 등의 목적을 달성하고자 한다.

전등 시스템의 구조

기계라는 하나의 전체 시스템은 부분으로 분해할 수도 있고 다시 부분을 조립해 전체로 환원할 수도 있다. 전체와 부분이 서로 환원될 수 있는 시스템은 진화가 없으며, 후에 살펴보겠지만 창발 현상이 없다. 기계적 특성을 가진 시스템의 대표적 특징이다.

이제 시스템을 조금 더 세분화해 보자. 시스템을 전체와 부분으로 구분하였을 때, 시스템 사고의 선구자인 러셀 애코프(Russell L. Ackoff, 1919~2009)는 의도성(purposeful) 여부에 따라 다음과 같은 4 종류의 시스템으로 구분하고 있다.[6] 여기서 의도성이란 시스템이 더 나은 이상적인 상황을 추구하는 의도나 목적을 갖는다는 것을 뜻한다.

전체와 부분 모두 의도성을 갖고 있지 않으면 시계와 같은 기계 시스템이며, 둘 다 있으면 조직과 같은 사회 시스템이다. 의도성이 전체에만 있으면 인간 시스템이며, 부분에만 있으면 자연 시스템이라 한다.

앞에서 살펴본 환원주의적 시각이 효과적으로 적용될 수 있는 시스템은 의도성이 전체에 없을 때의 경우이며, 이것이 있을 경우 전일주의적 접근이 보다 유효한 분석수단이라 할 수 있다. 따라서, 시스템을 구분하고 그 특성을 고려한 접근방법이 필요하다.

		전체 의도성	
		없음	있음
부분 의도성	없음	기계 시스템 (결정적)	인간 시스템 (유기적)
	있음	자연 시스템 (생태적)	사회 시스템 (사회적)

시스템의 종류

일반 시스템 이론과 특징

시스템은 이러한 기계 시스템만 있는 것이 아니다. 유기 시스템도 있다. 이를 최초로 주창한 사람이 약 2500년 전에 아리스토텔레스(Aristotle, BC 384~BC 322)이다. 그는 '부분을 모아 놓은 것 이상의 존재'로써 부분에는 없는 무언가 새로운 기능을 만들어 내는 능력으로 요소 간의 지속적 관계라는 구조가 있음을 발견하였다.[7] 이렇게 부분에는 없는 뭔가 새로운 기능을 창발(emergence)이라 한다. 창발로 인해 시스템의 개별 요소를 안다고 해서 시스템의 행동을 알 수 있는 것은 아니다.

기계 시스템과 유기 시스템을 구분짓는 근본적인 차이점은 시스템의 개방성 여부에 있다. 폐쇄 시스템(closed system)은 시스템이 환경으로부터 격리되어 환경의 영향이 무시되는 시스템임에 비해 개방 시스템(open system)은 외부환경과 끊임없이 상호작용하는 시스템을 말한다.[8] 이로 인해 개방 시스템이 폐쇄 시스템에 반해 훨씬 더 복잡하며, 피드백을 통해 환경과 균형상태를 유지하려고 한다. 조직 시스템의 경우, 자원, 에너지, 정보를 받아들이고 이를 전환시켜 재화와 서비스를 산출한다.[9]

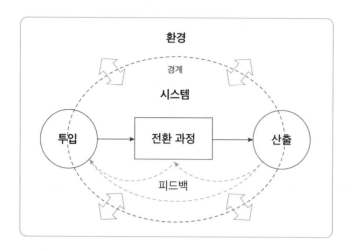

환경

경계

시스템

투입 → 전환 과정 → 산출

피드백

유기 시스템의 구조

유기적 시스템에 대한 대표적 학자로는 일반 시스템 이론(general system theory)을 소개한 오스트리아의 생물학자인 베르탈란피(L. von Bertalanffy, 1901~1972)가 있다. 그는 과학적 방법론으로서 시스템 개념을 부활시킨 연구자로서 시스템은 환경에 개방되어 있어 환경과의 상호작용을 통해 전체적이며 역동적이고 능동적인 특성의 유기체 모습을 갖게 됨을 강조하였다.[10] 이는 서양 문화를 지배해 온 선형적 인과 패러다임과는 대조적으로 인과율에 대해 상호적 견해를 제시한 것으로 실재에 대한 기계적 모형을 벗어난 현상들을 과학적으로 이해하려는 노력의 결과로 나타났다.

유기 시스템의 환경 개방성은 시스템이 역동성과 능동성을 갖고 있음을 의미한다. 먼저 시스템의 역동성은 피드백 구조에서 나온다. 피드백이란 원인이 결과에 영향을 주고 다시 결과가 원인에 영향을 미치는 인과 간 상호 결정 구조를 의미한다. 이는 시스템이 자신의 행동으로 인한 정보를 모니터링하여 인과관계의 상호 수정을 통해 스스로를 적응해 나가는 학습의 과정이자 분화의 과정을 말한다. 스스로를 안정시키거나 변화시키려는 유기 시스템의 기본적인 모습이다. 즉, 유기 시스템의 모습은 미리 만들어져 있는 것이 아니라 상호작용으로 형성되어 끊임없는 반복의 결과로 형성된다.

그 피드백이 되어야 개방형이 된다. 개방 시스템이 정태적이라는 말은 모순이다. 피드백은 부분들이 상호작용한다는 것으로 이를 통해 시스템의 상호 안정과 성장이 가능하다.

다음으로 시스템의 개방성은 능동적 성격을 갖는다. 능동적이라는 말은 자율적이라는 의미로써 독립적이라는 의미와는 차이가 있다. 외부 환경에 영향을 주기도 하지만 받기도 하기 때문이다. 개방 시스템은 초기 조건이 중요하다거나 선형적 방식으로 작동한다는 가정과도 모순적이다. 초기 조건이 최종 산출을 결정한다거나 동일 입력에 동일 산출인 선형적 방식은 수동적이라는 의미이며, 이는 생명 시스템의 본성에 위배된다.

유기 시스템의 특징

폰 베르탈란피는 일반 시스템 이론과 불교가 여러 부분에서 유사한 성격을 갖고 있음을 보여주었다. 아울러 생물학자로서 그가 주목한 것은 부분들이 아니라 전체와 부분 간의 상호작용이었으며, 또 부분의 실체가 아닌 전체라는 조직이었다. 그는 원자론적 연구 방법이 넘어야 할 한계를 명확히 인식하고 있었다. 또한 유기체를 전체 또는 시스템으로 간주해야 할 필요성을 강조하며, 생물학의 유기체적 사고방식을 주창하였다.[11]

특히, 그는 전체를 설명함에 있어서 시스템이 가장 적절함을 발견하였다. 시스템은 사물이라기보다는 사건들의 패턴이었고 시스템의 성격은 요소의 성질보다 조직에서 나옴을 깨달았다. 그는 시스템이 '역동적으로 상호작용하는 흐름'으로 구성되어 있음을 강조하면서, 시스템의 비누적적 성격으로 인해 구성 요소로 환원될 수 없다고 설명한다. 패턴으로써의 시스템은 어느 한 부분이라도 더하거나 빼 버리면 전체가 변형되거나 바뀜을 강조하였다.[12] 그러므로 시스템은 부분의 합 그 이상이 된다. 여기서 말하는 '그 이상'이라 함은 부분들이 상호의존에 의해 발생하는 새로운 단계의 작용을 말한다. 이 작용은 시스템의 구성단위들 각각에 대한 독립적 연구에서는 사라지게 된다.

자연 속에서 발견되는 조직화된 전체인 시스템들은 외부 환경과 끊임없이 물질, 에너지, 정보를 교환하는데 이를 순환(feedback)이라 하며, 이를 통해 스스로를 유지하고 조직하는 열린 시스템(open system)으로 기능하게 된다. 이 교환과 변형이 시스템의 생명이며 연속성이다. 열린 시스템은 끊임없이 유입과 유출이 일어나는 흐름의 상태에 있음을 말하며, 이를 통해 서로 상반되는 항상성을 유지하려는 성향과 구조 변형과 조직 증가라는 창조적 자기조직화 과정을 갖는다. 따라서 시스템을 이해한다고 함은 안정성을 유지하면서 스스로를 조직하는 과정을 이해하는 것이며, 이에 일반 시스템 이론이 커다란 기여를 하였다.

한편, 인과를 상호적으로 보면 인연이다. 인과가 따로 떨어져 있지 않게 된다. 원인만 있거나 결과만 있을 수 없다. 원인이 곧 결과이며, 결과가 곧 원인이다. 그래서 인과는 이어져 있게 된다. 인연이다.

부모가 아이를 만들었지만 아이가 있어야 부모가 되는 것이다. 부모가 원인이고 아이가 결과이지 않다는 뜻이다. 의존해 함께 나타난다. 세상의 모든 것은 상호의존적이다. 따라서 모든 것은 평등하다.

인과의 방향이 한쪽으로만 흐르는 세계에서는 평등이 있을 수 없다. 그 속에 평등을 찾는다면 허상에 갇히게 된다. 나누면 안과 밖, 위와 아래가 생긴다. 결국 이들은 대립하여 갈등이 발생하고 폭력적으로 될 수밖에 없다. 따라서 나누면 안 된다. 실제는 나누어져 있지 않는데 관념적으로 나누어 그 속에 갇히면 공멸에 들어간다.

시스템 사고의 연구자이자 지구의 미래를 예측한 기념비적인 도서인 『성장의 한계(the limit of growth, 1972)』의 저자인 메도즈(D. Meadows, 1941~2001)는 고도로 기능하는 시스템은 다음의 세 가지 특징을 갖는다고 보았다.[13]

첫 번째는 회복탄력성(resilience)이다. 회복탄력성은 활용 분야에 따라 다양한 의미로 쓰이나 일반적으로 시스템이 외부 충격으로부터 복원, 복구, 회복하는 능력을 말한다. 시스템이 회복탄력성이 있다는 말은 곧 시스템이 피드백 루프들의 집합이라는 뜻이기도 하다. 회복탄력성은 한 루프가 실패하면 다른 루프가 이를 대체함으로써 일어난다.

두 번째는 자기 조직화(self-organization)이다. 시스템은 다양한 피드백 루프의 역동성이 서로 맞물리면서 학습과 진화가 일어나며 복잡해지는데 이를 자기 조직화라 한다. 자연이 보여주는 프랙탈 기하학과 수소, 산소, 질소, 탄소 등의 5종의 원소가 만물을 만드는 것이 대표적 사례이다.[14] 이후 소개할 페르 박(Per Bak, 1948~2002)의 모래더미 실험도 이를 보여주고 있다. 모래 알이 쌓이는 국소적 상호작용만으로도 임계상태에 이르게 되고, 이 경우 한 알의 모래가 떨어지는 아주 작은 변화에도 모래더미가 붕괴되는 큰 변화를 이끌 수 있다는 것이 시스템 기저에 깔려 있다.

세 번째는 계층(hierarchy)이다. 모든 시스템은 계층으로 배열되는데 이것이 가능한 이유는 부분이자 전체의 모습인 모듈을 띄기 때문이다. 앞서 언급한 회복탄력성과 자기 조직화가 가능한 이유도 계층 때문이다. 한편, 시스템이 계층을 형성한다는 것은 하위 시스템이 있고, 그 하위의 하위 시스템이 있다는 말이다. 이는 곧 시스템마다 고유 목적을 갖고 있기에 전체 시스템 상에 여러 목적들이 존재할 수 있으며, 이러한 이유로 전체 시스템의 목적을 정확히 구현하기에 적지 않은 어려움이 발생된다. 한편 계층의 오작동이 전체 목표를 구현하지 못하게 하는 이유가 되기도 한다. 계층 오작동의 대표적인 사례가 부분 최적화의 추구이며, 암의 발생이다.

메도즈는 시스템의 지속가능성을 담보하기 위해서는 회복 탄력성과 자기 조직화 및 계층에 대한 이해가 필수임을 강조하였다.

조애너 메이시(J. Macy, 1929~) 또한 일반 시스템이론(general systems theory)과 불교가 공통적으로 상호 인과율과 자연 시스템의 법칙에서 뚜렷한 일치를 보이고 있음을 밝히고 있다.[15] 원인과 결과의 상호관계로 정의되는 인과율(causality, 인과관계, 결정성, 결정은 동일어)은 어떻게 해서 변화가 일어나는지를 설명하고 있다. 기존의 선형적이고 단일 방향적으로 규정하였던 인과율에서 벗어나 현상들의 의존적 상호발생(dependent co-arising)으로 파악하고 있음에, 부처가 깨달은 연기법과 현대 시스템 이론의 상호인과율이 맥락상 동일함을 강조하고 있다.

메이시(J. Macy)는 시스템의 특성을 다음의 네 가지로 지적하였다.[16]

첫 번째는 비누적성이다. 시스템을 구성하는 요소 중 일부를 빼거나 더하면 더 이상 시스템이 아님을 의미한다. 즉, 시스템은 단순히 쌓아 놓은 것이 아니라는 말이다. 이를 좀 어렵게 말하면, 시스템의 패턴을 변화시키지 않는 이상 부분들로 환원될 수 없다는 것과 같은 의미이다.

두 번째는 항상성이다. 시스템은 자신을 안정화시키려 한다. 외부 환경으로부터 자극을 받으면 시스템 내부의 가치 및 지향점과 비교하여 그 차이를 최소화하려는 경향을 말한다. 이를 시스템의 음의 피드백 효과라고 한다.

세 번째는 자기 조직화이다. 이는 항상성과 반대의 개념으로 그 차이가 안정화되지 않으면 새로운 패턴을 찾게 됨을 말한다. 이를 통해 시스템은 분화되면서 복잡해지게 된다. 이를 시스템의 양의 피드백 효과라고 한다.

마지막으로는 부분이자 전체이다. 어떠한 시스템이건 그 자체로 전체이지만 더 큰 시스템의 부분으로써 상호작용하고 있음을 의미한다.

이상의 특징은 시스템을 비환원시킨다. 따라서 시스템의 부분을 통해 시스템 전체를 이해할 수 없다. 나누어 이해하려는 분석 방법은 시스템 이해에 적합하지 않다.

시스템 사고의 이해

시스템 사고의 개념

조직 전체를 이해하기 위한 쉽고 간단한 방법이 있다. 조직이 무슨 일을 하고 있는지 한 눈에 볼 수 있게 구조도를 그려보는 것이다. 이는 조직을 제조, 인사, 재무회계, 마케팅 등 기능에 기초한 부서의 관점에서 벗어나 전체 시스템과 기능이 연결된 프로세스 관점으로의 전환을 자연스럽게 유도한다.

시스템 전체를 포괄적이고 직관적으로 봄으로써 시스템을 건강하게 만드는 학문을 시스템 사고, 철학이라 하며, 1950년대 MIT의 제이 포레스터(Jay Forrester, 1918~2016) 교수의 시스템 동역학(system dynamics)에 뿌리를 둔다.[17]

시스템 사고(systems thinking)는 전체는 하나라는 전일성에 기초하여 시스템의 작동 방식을 직관적이자 포괄적으로 이해하고 이를 효과적으로 변화시킬 수 있는 레버리지라는 전략을 발견하기 위한 사고방식이자 철학이다.[18] 시스템 사고는 오르가니즘(organism)이라는 유기 시스템을 대상으로 한다. 즉, 메커니즘(mechanism)이라는 기계 시스템이 사고 대상이 아니라는 말이다.

양자의 가장 큰 차이는 다음 그림과 같이 사고의 순환성에 있다. 기계적 사고는 원인과 결과는 분리되어 있다는 환원적이자 일방적 사고를 따름에 반해 시스템 사고는 그 둘이 따로 떨어져 있

지 않고 순환하기에 이전 사건의 결과가 다시 이후 사건의 원인이
된다는 관점을 따른다.

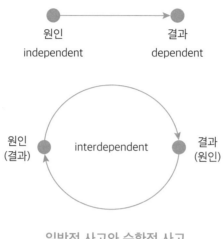

일방적 사고와 순환적 사고

시스템 사고의 특징

두 사고의 차이는 실로 커다란 가능성을 열어놓게 된다. 그 첫
번째가 행태를 무엇이 결정하는가이다. 환원주의에서 '행태는 행
태가 결정한다'고 본다. 그러나 전일성에 기초한 시스템 사고는
'행태는 구조의 산물'로 본다. 이는 경영에서도 큰 차이를 두게 되
는데, 행태가 행태를 결정한다고 보면 행태의 주체인 인간을 관리
하겠다는 발상으로 자연스럽게 이어지게 되나, 그 행태를 구조가
결정한다고 보면 인간 관리의 중압감에서도 벗어날 뿐 아니라, 행
태보다 단순한 구조에 초점을 맞출 수 있어 소크라테스의 빼기 사
고를 수용하게 된다.

다음으로는 순환성의 인정으로 역동성의 출현을 보게 된다. 이는 보다 자연의 섭리에 가깝다. 환원적 사고는 일방향의 선형을 강조함에 비해 시스템 사고는 순환의 비선형 곡선을 담아내고 있다. 이는 죽어있는 기계와 살아있는 생명을 구분짓는 핵심적 기준이 된다.

또한 시스템 사고는 일시적이거나 부작용을 고려하지 않은 해법의 한계를 극복함에 도움을 준다. 이는 행태가 아닌 구조를 이해하고 찾아가는 과정에서 인과관계의 순환을 고려하는 과정에서 자연스럽게 얻어지는 부산물과 같은 것이다. 그 과정에서 시스템의 경계가 확장되거나 명확해지며, 인과관계상의 시간 지체가 있음을 목격하게 된다.

센게(P. Senge)는 다음과 같이 시스템이 보이는 주요 현상을 통해 시스템의 이해가 중요함을 강조하고 있다.[19]

- 나와 분리된 '외부 요인'이란 없다. 모두가 단일 시스템의 일부일 뿐이다
- 코끼리를 반으로 쪼갠다고 작은 코끼리 두 마리가 되지는 않는다
- 살아 있는 시스템, 즉 생명체는 부분이 아닌 전체로서 완전해진다
- 전체를 이해한다는 것은 핵심 부분 간의 상호작용을 이해함을 말한다
- 시스템 사고는 순간만 보게 하는 정적 사고를 극복하게 하여 딜레마(양자택일)를 해결할 수 있는 레버리지를 찾게 한다

왜 시스템적으로 사고해야 하는가?

시스템 사고의 강점은 비즈니스 환경에서도 그대로 활용할 수 있다. 그 첫째는 더욱 복잡해지고 있는 비즈니스 시스템을 이해함에 있어서 어떤 방법론보다 전체적 구조 파악에 도움을 준다는 점이다. 둘째는 경영이 무엇을 해야 하는지에 대해 새롭고 구체적이며 실천적인 통찰을 제공하고 있다는 점이다.

먼저, 시스템 사고는 복잡하고 비선형적이며 상호 연결된 비즈니스 시스템을 이해하는데 새로운 시각을 제공한다. 원인과 결과의 구조를 드러냄으로써 시스템을 더 잘 이해할 수 있다. 현재 산업 시스템의 많은 주요 도전들은 동적 시스템을 이해하고 관리할 수 없기 때문에 발생하고 있다. 이로 인해 스스로가 내린 무수한 의사결정들이 파생시키는 의도하지 않고 장기간에 걸친 결과에 속수무책인 경우가 더욱 확대되고 있다.

이는 다음의 이유에 크게 연유하고 있다.

첫째는 상대방 경쟁자와 공통의 시공간 속에 있음을 인식하지 못하거나,

둘째, 의사결정의 범주를 좁게 해석하여 시스템이 파급하는 작용을 부작용으로만 치부하거나,

셋째, 의사결정에 따른 파급력이 돌아오는 데까지 소요되는 시간 지체를 바로 보지 못하거나,

넷째, 개입해야 하는 상황과 그렇지 못한 상황에 대한 상황 판단 인식이 부족해 무리하게 개입해서 시스템이 갖는 자연 치유의 효과를 얻지 못하는 등이 대표적으로 해당한다. 이 모두는 복잡하고 비선형이며 상호 연결된 비즈니스 시스템의 특성을 직시하

지 못하기 때문에 발생하는 전형적인 시스템 사고 부재의 부작용들이다. 시스템 사고는 고립된 부분이 아닌 시스템의 여러 요소에 초점을 맞추어 조감도를 파악하고 전체 그림을 관찰하여 통찰함에 강력한 영향력을 제공한다.

이상의 한계에 대해 다음과 같은 센게(P. Senge)의 통찰을 되새길 필요가 있다.

> "아주 어려서부터 우리는 어떤 문제든지 분해하고 나누어서 생각하라고 배운다. 이러한 방법은 분명 복잡한 과제와 주제를 다루기 쉽게 해주지만, 그로 인해 우리는 눈에 보이지 않는 엄청난 대가를 치른다. 자신의 행동이 초래한 결과를 보지 못하고 전체와의 연관성을 감지하는 타고난 감각을 상실하는 것이다. 그리고 전체, 즉 '큰 그림'을 보려고 하면, 조각난 파편을 머릿속에서 재조립해야 한다."[20]

시스템 사고가 주목받는 이유는 간단하다. 개별 요소와 그들 간 관계로 구성된 시스템을 분해해 버리면 단절된 개별 요소에는 다음과 같은 결정적인 문제가 발생한다.

첫째, 관계로 인한 현상은 요소 안에는 없다. 이는 결과가 이미 원인 안에 있다는 환원주의자들의 결정론 주장과 배치된다. 페르 박(Per Pak)은 모래더미 사태로 이를 설명하고 있다.[21] 한 알의 모래가 더미위로 떨어져 일어나게 되는 모래더미 사태의 원인은 떨어진 한 모래알 안에 있는 것이 아니라 그 밑에 있는 모래더미에 있다. 아래 있는 모래더미를 하나의 시스템이라 보았을 때 그 시스템 자체가 이미 붕괴라는 임계점을 향해 치닫고 있었으며, 그때

떨어진 하나의 모래알은 이에 빌미를 제공했을 뿐이다.

둘째, 요소라는 부분은 전체를 특성 짓는 성질을 갖고 있지 않다. 전체는 요소에서는 나타나지 않는 새로운 특성이 나타나는데, 이를 복잡계 연구자들은 창발(emergence) 현상이라 한다. 대부분의 자연과 사회에서 쉽게 목격할 수 있는 이 현상은 개별이 아닌 오직 집단에서만 나타나기에, 종합적이며 전일적 모습을 보인다. 모든 문화와 진화 현상들이 이에 의함이다.

셋째, 부분(요소)에 최적이 전체적으로 나쁠 수 있다는 죄수의 딜레마 현상이다. 이는 각 부분이 최적화되어 있어도 부분간 상호작용이 원활하지 않으면 전체의 성능이 저하될 수 있음을 나타낸다. 팀보다 위대한 선수는 없다는 것이 그 한 예이다.

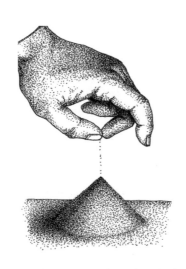

페르 박(Per Bak)의 모래더미 실험

시스템을 이해해야 하는 진정한 이유는 바로 과정이라는 점이다. 우리는 결과를 예측할 수도 없고 더구나 좌지우지할 수도 없다. 다만 우리가 할 수 있는 일은 바라는 결과를 얻기 위한 과정에 대한 집중뿐이다.

이는 그대로 미래에도 적용된다. 미래는 예측할 수도 없을 뿐만 아니라 현재에 구현할 수도 없다. 현재의 최선은 바라는 미래를 구현할 수 있는 과정의 설계와 구축뿐이다. 바로 시스템의 이해가 우리가 할 수 있는 최선이다. 바라는 행태를 얻기 위해서는 그에 걸맞은 구조를 갖추어야 함을 재차 강조한다.

미국의 컴퓨터 과학자이자 PC의 아버지로 불리는 앨런 케이(Alan kay, 1940~)는 미래를 예측하는 최선의 방법은 미래를 만들어 내는 것이라고 하였다.[22] 미래는 예측이 대상이 아니다. 이해의 영역이다. 이는 시스템 철학이 지향하는 바와 같다.

아무리 정교한 방법론을 쓰더라도 미래 예측의 정확도를 제고하는 것은 불가능하다고 본다. 퍼져 나가는 미래를 대하는 태도는 퍼짐의 반대로 가야한다. 원점의 방향이고 축소의 방향이며 빼기의 방향이다. 이것이 복잡성(複雜性)의 잡(雜)의 복(複)을 줄이는 길이다. 행태의 반대 방향으로 가야 한다. 그곳에 미래가 자라고 있는 현재의 구조가 있다. 이를 이해하려 함에 무게의 중심을 둔다. 이해된 현재의 구조, 즉 현재의 시스템은 원하는 방향으로 재설계할 수 있으며 이를 통해 바람직한 미래상을 창조할 수 있다는 믿음이 필요한 순간이다. '행태는 구조의 산물'임을 활용할 줄 알아야 한다.

이는 마치 길을 찾는 것이 아니라 길을 만드는 것이 삶의 목적이 되어야 한다는 주장과도 그 맥을 같이 한다. 길이란 찾으라고 있는 것이 아닌 만드는 것이라는 관점은 인간관에서 나온 것이다. 인간은 본질이 원래 정해져 있는 것이 아니라 본질을 만들어가는 존재라는 것이 바로 그것이다.

그 본질을 만들어 가기 위해 갖는 개개인의 삶의 비전이 본질을 가진 기업의 사명과 부합할 때 본질−비본질 간 충돌을 완화시킬 수 있는 유일한 길이 아닐까 싶다. 이것이 생명 경영에서 하고자 하는 이야기의 전부이기도 하다.

시스템의 기본 행태와 구조

시스템의 기본 구조, 균형과 강화

시스템이 일으키는 변화는 시스템의 개별 요소들의 상호 의존적 인과 관계에 의한 순환 때문에 일어난다. 이렇게 변화가 내포하고 있는 비선형의 속성과 상호의존성을 피드백 루프(feedback loop)라는 방법으로 표현할 수 있으며, 이를 시스템의 구조라고도 한다.[23]

피드백 루프는 시스템이 보이는 창발과 진화라는 무질서속에 질서를 만들어내는 원천으로써 질서 그 자체이기도 하다. 피드백 루프에는 크게 두 종류가 있다. 하나는 같은 피드백 방향을 갖는 양의 피드백 루프(positive feedback loop)와 또 하나는 반대 피드백 방향을 갖는 음의 피드백 루프(negative feedback loop)이다. 이를 각

각 강화의 질서와 균형의 질서라고도 한다. 시스템은 강화를 활용하여 진화하거나 균형의 통제를 통해 복원력을 갖추는 등 스스로 조직화한다.[24]

이를 자세히 살펴보자.

먼저, 강화 피드백 루프 또는 강화 프로세스(reinforcing process)라고도 하는 양의 피드백 루프는 같은 방향으로 계속 피드백 되기에 시스템을 성장, 폭발 또는 쇠퇴, 붕괴라는 증폭을 일으키는 엔진 역할을 한다. 변화의 인과 구조가 좋은 결과를 낳는 방향으로 되풀이 되면 선순환(virtuous cycle)이라 하며, 그 반대인 경우를 악순환(vicious cycle)이라 한다.

한편, 균형 피드백 루프 또는 균형 프로세스(balancing process)라고도 하는 음의 피드백 루프는 시스템의 행동을 원하는 상태로 목표를 추구하게 하고 안정과 유지 및 조절시키는 안정제이자 브레이크 역할을 한다. 경영 통제관리와 실내 온도 조절계가 대표적이다. 균형 프로세스가 시간 지연을 만나면 왔다 갔다 하는 진동으로 이어질 가능성이 있다.

모든 자동차 시스템은 엔진과 브레이크를 갖고 있다. 브레이크 없는 자동차는 있을 수 없다. 국가 시스템도 경제라는 엔진과 복지라는 브레이크를 양대 축으로 하여 전개된다. 세상에 어느 하나만 존재하는 시스템은 존재할 수 없다.

다음 그림에서 인과관계가 같은 방향으로 이루어지면 + 또는 S(same way)로 나타내며, 반대 방향이면 − 또는 O(opposite way)로 표시한다. 하나의 피드백 루프 안에 −(O)의 숫자가 짝수이면 강화 루프, 홀수이면 균형 루프를 나타낸다.

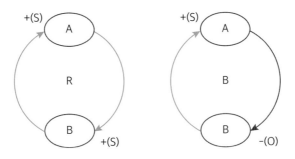

시스템의 기본 구조

시스템의 기본 패턴과 그 구조

시스템의 기본 구조는 그 자체로, 또는 서로 결부되나 시간 지연을 만나면서 다음과 같은 4가지의 기본적인 공통 형태가 나타난다.[25] 이를 시간의 흐름에 따른 시스템 형태의 변화를 보여주는 그래프라 하여 행위변화도(behavior over time diagram, BOT diagram)라 한다. 이는 가로축에 시간, 세로축은 관심 변수의 값을 표시한다.

시스템의 기본 패턴을 파악하는 것은 시스템의 구조를 이해함에 있어 매우 중요하다. 시스템의 행태를 통해 구조를 찾고 구조의 변화를 통해 행태 변화를 유도할 수 있기 때문이다.[26]

시스템의 기본 행태는 지수적 성장형, 목표 추구형, S자 곡선형 및 진동형으로 정리할 수 있다.

- 지수적 성장형(exponential growth): 시간이 지남에 따라 기하급수적으로 증가하는 행태

- 목표 추구형(goal−seeking): 시간이 지남에 따라 특정 값(목표치)에 수렴하는 행태
- S자 곡선형(S−shaped): 시간이 지남에 따라 성장하다가 정체하는 행태
- 진동형(oscillation): 시간이 지남에 따라 성장과 하락을 반복하는 순환의 행태

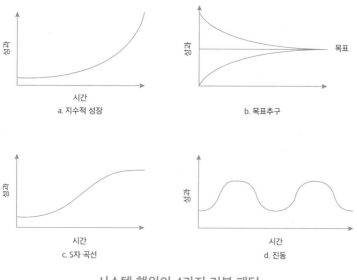

a. 지수적 성장

b. 목표추구

c. S자 곡선

d. 진동

시스템 행위의 4가지 기본 패턴

이들은 각자 앞에서 살펴본 두 가지 시스템의 기본 구조로 인해 나타나는 네 가지의 기본 행위의 패턴을 눈여겨보자. 행태는 구조의 산물임을 강조하는 대목이기도 하다.

시스템을 경영하자

왜 시스템 경영인가?

시스템 경영이 필요하다

시스템(system)을 이해하지 못하면 조직을 이해할 수 없다. 왜냐하면 조직은 시스템이기 때문이다. 조직은 그 자체가 하나의 시스템이며 그 안에 수많은 하위시스템을 포함하고 있다. 최종적인 하위시스템은 한 사람의 개인이며 개인 또한 하나의 시스템이다.

개인과 부서들은 그 자체가 부분이지만 자체로써 전체이기도 하다. 이들은 시스템을 구성하는 기본적인 빌딩 블록이다. 이를 모듈(modular)이라 하며 시스템은 이런 모듈들로 결합된 집합체이다.

이렇게 하나의 시스템은 안에 하위 시스템, 하위 하위 시스템 및 요소들의 배열로 이루어진 집합체이다. 시스템이란 공통의 목표달성을 위해 함께 일하는 상호의존적인 요소들의 네트워크로써 시스템의 요소들은 시스템의 목표달성을 위해 함께 일한다.

따라서 이들이 부분이자 전체로서 기능하도록 하는, 즉 모듈성을 갖게 하는 것이 매우 중요하다. 부분이자 전체로서 기능한다는 것은 무슨 말인가? 전체 목적을 달성하기 위해 기능하지만 동시에 스스로도 성장하고자 한다는 것이다. 모듈로써 전체를 위한 기능만 허용하고 부분으로서의 기능은 인정하지 않겠다는 것이 오늘의 주류 경영학의 관리관이다.

인간을 투입요소로 관리하지 말아야 하는 이유가 또한 여기에 있다. 투입 요소는 그 자체로써 기능하지 못하기 때문이다. 이를 기능하도록 하는 것이 학습이며 그렇게 되었을 때 모듈로 작용할 수 있고 모듈이 되어야만 관리 비용을 줄일 수 있어 지속가능성을 담보할 수 있다.

바로, 시스템 에너지이다

경영은 조직이 의도하는 바를 되게 하는 활동으로 경영관리의 대상은 시스템이라 하였다. 그렇다면 경영은 어떻게 의도하는 일을 되게 하는가? 바로 시스템이 갖는 에너지인 시너지를 창출하여 이 에너지로써 의도하는 일을 되게 하는 것이다. 시너지(synergy)를 어떻게 활용하느냐에 따라 바르게 일함의 정도가 나누어진다.

이러한 측면에서 경영은 시너지 창출을 위해 시스템을 만들고 관리하는 활동이다. 또 경영은 시너지 극대화를 위한 레버리지를 마련하는 것이다. 따라서 경영활동의 본질은 시스템을 만드는 것이고 시너지가 창출될 수 있도록 관리하는 것이다. 시너지 창출의 정도를 지렛대, 레버리지(leverage)라 한다. 경영학적 용어로 '전략(strategy)'이라고도 한다. 바로 레버리지의 활용도를 극대화하는 것이 시스템의 경쟁력이라 할 수 있으며, 이를 높이기 위한 노력이 바로 경영혁신(management innovation)이다. 지렛대의 힘을 일찍이 알아본 아르키메데스(Archimedes, BC 287~BC 212)의 말이다.

> "내게 충분히 긴 지렛대와 이것을 받칠 수 있는 버팀목을 달라. 그러면 내가 이 세계를 움직여 보이겠다" [27]

시너지를 쉽게 이해할 수 있는 예가 눈덩이 효과(snowball effect)라는 복리 효과(compound interest effect)이다. 눈덩이가 급격하게 커지는 효과를 보기 위해서는 눈이라는 개별 요소가 서로 관계 맺어붙어야 한다. 말라 푸석거리는 눈으로는 덩어리를 만들 수 없다. 그렇게 작은 덩어리가 완성되면 적절한 기울기의 긴 언덕 위에서 그저 굴리기만 해도 쉽게 눈덩이가 커지는 모습을 볼 수 있다. 요소와 관계가 빚어내는 시스템과 시스템이 만들어내는 에너지인 시너지를 직관적으로 이해할 수 있다. 관계를 맺지 않거나 언덕에서 구르지 않으면 같은 크기의 덩어리를 만들기 위해 더 많은 힘이 투입되었을 것이다.

그렇다면, 시너지를 극대화하기 위해 무엇을 해야 하는지에 대해 이야기해 보고자 한다. 결론부터 이야기 하면 그 핵심에는 '흐름'이 있다. 시스템은 순환구조를 갖고 있다고 하였다. 따라서 막히지 않고 흐르도록 해야 시너지의 크기가 증폭된다. 이를 역동성(dynamics)이라고도 한다. 역동적인 시스템을 갖도록 경영해야 한다.

역동적인 시스템이 되기 위해 흐름을 막는 제약 요인을 찾아야 하며, 이를 제거해야 한다. 그러면 또 다른 요인이 제약이 된다. 제약 없는 조직은 없다. 반드시 있다. 그렇기 때문에 경영활동은 이를 찾아 관리해야 하기에 끊임없이 전개되어질 수밖에 없다. 이를 위해 제약관리와 프로세스 관리를 학습할 것이다. 다음에서 이를 자세히 다루겠다.

흔히 경영은 살아있는 조직이라는 말을 듣는다. 이는 곧 시스템이 살아있다는 뜻이며, 좀 더 시스템 언어로 표현하면 비선형적 동태성을 갖고 있다는 뜻이기도 하다. 시스템도 생명체처럼 생존을 위해 자신에게 유리한 방향을 끊임없이 탐색한다. 이를 자체 조직화 한다고도 하며 환경에 적응한다고도 한다. 우리는 이를 진화라고 하며 학습을 통해 전개된다. 진화는 탐색과 선택 그리고 확산의 반복적 과정이다. 앞에서 언급한 유기체적 시스템이며, 이 시스템이 보이는 창발의 다른 표현들이라고 이해해도 좋다. 생명 경영의 학습론 부문에서 보다 자세히 언급하겠다.

여기 시스템과 시너지를 이해하는데 좋은 속담이 있다. '열 번 찍어 안 넘어가는 나무 없다'에는 경영의 지혜가 담겨있다. 먼저 '나'는 '도끼'를 듦으로써 시스템을 형성하였다. 나와 도끼가 연결되지 않았다면, 나도 도끼도 개별로는 나무를 넘어뜨리지 못했을 것이다. '도끼든 나'라는 시스템은 처음 찍었던 그 한 곳을 일정 강도 이상의 힘으로 집요하게 찍어 대는 지렛대 작용을 통한 시너지를 만들어, 결국 꿈쩍도 않던 나무를 일순간 넘어뜨리는 '변화'를 경험하게 된다. 나무는 찍을 때마다 기울어지는 것이 아니다. 만약 그랬다면, 포기하는 사람은 없을 것이다. 작심삼일로는 변화를 경험할 수 없다.

시스템 관리 포인트와 지렛대

시스템 사고의 대상

쇼펜하우어(A. Schopenhauer, 1788~1860)는 인간이 세계를 인식하는 기본 틀로 생성, 존재, 인식, 행위라는 네 가지 근거율을 제시하고 있다.[28] 이는 사물이 어떻게 생겨났고 존재하며, 이를 어떻게 인식하고 행위하는지에 근거라고 하였다. 그는 세상은 있는 그대로이자 맹목적 진짜 세계인 '의지'가 있는데 이는 인간은 알 수 없다고 하면서, 인간은 오직 시공 및 인과율에 따른 '표상'된 세계만 알 수 있다고 하였다.[29]

그의 세계 인식에 대한 통찰은 시스템 사고에 녹아 흐르고 있다. 시스템 사고는 표상된 세계를 시스템으로 보고자하며, 세계 인식을 위해 인과율에 기초한 피드백 루프 및 시공에 있어 시간 지연과 시스템 경계를 설정한 점이 그것이다.

이렇게 시스템 사고에서 강조하는 시스템 관리의 대상은 크게 피드백 순환(feedback loop)의 상호작용, 시간 지연(time delay) 시차 및 시스템 경계(system boundary)로 요약 가능하다.[30]

경계, 피드백 그리고 시간 지연

시스템 사고는 시스템의 경계를 살펴 피드백 순환관계를 이해하고 시간 지연을 포착하는 사고이기에, 시스템을 관리하기 위해서는 이에 대한 이해가 필수적이다.

먼저 피드백 순환을 이해해야 한다. 피드백 순환은 시스템의 동적 성격을 일으키는 역할을 하며, 이로 인해 시스템의 성장과 쇠퇴, 안정과 목표 지향이라는 살아 움직이는 생명체로써의 고유 특성이 형성된다.

피드백 루프는 한 상태가 원점으로 복귀하는 행동 특성을 반영하는 것을 말한다. 즉, 살아 있음을 규정하는 순환을 구체화하는 과정이 피드백 루프를 완성하는 것이다. 피드백 루프는 일반적으로 초기 동작을 적극적으로 또는 부정적으로 강화(루프 R 참조)하거나 효과의 균형을 잡는 경향으로 구체화된다. 이를 강화 루프 및 균형 루프라고 하며, 시스템이 복잡할수록 피드백 루프는 분명한 모습과 함께 숨겨진 모습도 적지 않음을 인식해야 한다. 특히, 피드백 루프 찾기가 어려운 가장 중요한 이유 중에 하나가 지연이다. 지연이 길어지면 인과관계를 명확하게 규정하기 어려워져 피드백 루프의 구체화에 한계가 발생하게 된다.

시스템은 피드백 루프로 구조화된다. 피드백 루프란 원인이 곧 결과가 되고 결과가 곧 원인이 되도록 상호의존적으로 연결된 모양을 갖는다. 따라서 한번 돌고 두 번 돌면서 시스템은 에너지를 생산한다. 시스템은 여러 피드백 루프로 구성된다. 이때 전체 시스템이 어떤 피드백 루프들로 구성되었는가는 시스템 사고자의 안목과 통찰로 그 시스템 경계가 결정된다. 시스템을 이해한다고 함은 그 경계를 어디까지로 할 것인가에 대한 이해이다. 이에 대해 다음과 같은 카푸라의 지적은 큰 의미를 갖는다.

> "모든 자연 현상은 궁극적으로 상호 관련되어 있다. 그렇기 때문에 그중의 어느 하나를 설명하려고 하면 우리는 다른 모든 것을 전부 알 필요가 있는데, 그것은 분명히 불가능하다. 과학을 그토록 성공적으로 만들어 준 것은 근사치가 가능하다는 발견이다. 만일 우리가 자연에 대한 근사적인 '이해'에 만족한다면 덜 관련된 다른 현상들을 무시하고 현상의 선택된 그룹을 이런 방법으로 기술할 수 있다. … 그러나 이 근사치에 포함되어 있는 오차는 종종 아주 작아 그러한 연구 방법을 의의 있는 것으로 만들어 주고 있다"[31]

다음은 시스템 경계에 대한 이해이다. 관심의 대상인 시스템은 구체적으로 무엇이며, 어떤 것들과 관련되어 있는지를 정의하는 것이 경계이다. 즉, 시스템을 구성하는 개별 요소는 무엇이며, 이들이 서로 어떤 관계로 연결되어 있는 가를 파악하는 것으로 이들은 유형일 수도 있고 추상적인 무형일 수도 있다. 경계를 너무 좁게 설정하면 시스템의 영향력을 간과하여 부작용을 경험하게 되고, 너무 넓게 설정하면 문제를 직시하지 못하여 해법을 가리는 역효과를 만나게 된다.

그러나 경계와 관련된 가장 근본적인 문제는 실제로 시스템의 경계라는 것은 없다는 것이다. 모두 연결되어 있기 때문이다. 그럼에도 불구하고 경계가 중요한 이유는 시스템을 이해하고 단순화함에 필요하기 때문이지만 이보다 더 큰 이유는 경계를 지어도 별 문제가 없기 때문이다.

마지막으로 시간 지연(time delay)을 이해해야 한다. 인과관계의 형성은 필연적으로 원인에 따른 결과 사이에 시간 지연 현상이 발생하게 된다. 모든 성장에는 시간이 필요하다. 현상이 일어나고 인간이 이를 인식한 후 필요 조치를 내리고 그 조치가 실제 효과를 발휘하기까지 모든 단계에서 지체가 발생한다.

인과관계의 지연이 어느 정도인가에 따라 수많은 부작용을 간과하게 되고, 대증적 임시처방을 해결책으로 오판하게 되어 시스템의 존폐에 결정적 영향을 미치는 오류를 낳는다. 진동, 과도한 투자와 붕괴는 모두 지연에서 비롯된다. 케인즈는 대공황 또한 주류 경제학이 간과한 경제의 동태성에 의한 시간 지연의 문제로써, 이로 인해 경제가 균형 상태에서 벗어나 장기 침체가 일어난다고 설명하였다.[32] 또한 포레스터(Jay Forrester, 1918~2016)는 맥주 게임

(beer game)을 통해 시간 지체로 인한 과잉 및 과소 주문이 재고비 급증의 원인임을 보여주고 있다.[33]

대개의 경우, 시간 지연이 일어나는 곳에 판단의 오류가 일어 난다. 기후위기와 저출산도 시간 지연에서 비롯되었다.

일상에서의 시스템

센게(P. Senge)는 대부분의 조직이 실제 현장에서 수없이 경험하 고 있는 다음의 사례들이 모두 세 가지 대상의 이해와 관리 부족과 직결되어 있음을 강조하고 있다.[34] 아래의 상황에 놓인 적이 있다면 시스템 관리의 중요성을 재인식하는 계기가 되기를 바란다.

어제의 '해결책'이 오늘의 문제를 야기한다(문제를 시스템 이쪽에 서 저쪽으로 옮겨 놓았을 뿐).

- 세게 밀수록, 튕겨내는 반동도 크다(상쇄 피드백(compensating feedback) 현상)
- 상황은 나아졌다가 (결국에는) 나빠진다(상쇄 피드백은 보통 단 기 이익과 장기 불이익 사이의 시차, 즉 '지연'을 수반하며, 이는 시스 템 문제 인식을 어렵게 한다)
- 쉬운 해결책은 대개 원점으로 돌아오게 한다(컴컴한 현관문 앞 vs. 밝은 가로등 아래)
- 치료제가 질병보다 안 좋을 수도 있다(부담 떠넘기기)
- 빠르다고 항상 좋은 것은 아니다(노자의 무위)

빙산 모형과 지렛대

빙산 모형

빙산 이론(iceberg model)은 빙산 덩어리의 10%만이 물 위에서 보이는 것처럼, 모델은 처음에 사건과 같이 명백한 것보다 사건과 관련된 더 많은 요소(이를 테면, 행태, 구조, 정신 모델 등)가 숨어 있다는 생각에 기초한다.[35] 이 모델은 사람들이 숨겨진 문제의 원인을 식별하여 해결할 수 있도록 도움을 준다.

시스템 사고 또는 시스템 철학은 시스템의 다른 부분이 서로 상호 작용하고 영향을 미치는 방식에 중점을 둔 사고 방식이다. 시스템 사고를 사용하여 문제를 잘 정의할 수 있고, 원인을 깊이 탐구할 수 있으며, 복잡한 문제를 해결하기 위해 시스템 변경이 개발될 수 있다. 즉시 명백하게 드러나지 않은 근본적인 요인으로 인해 사건이 발생할 수 있는 방법을 보여준다.

다음 빙산 모형은 눈으로 확인할 수 있는 사건(event) 이면에는 이를 발생시킨 행위의 패턴(pattern of behavior)인 행태가 있고, 이 패턴은 구조(structure)에서 비롯됨을 설명하고 있다. 또한 구조는 정신의 산물로 본 모형이 시사하는 바는 사건보다 행태가, 행태보다 구조와 정신을 활용할수록 지렛대 효과가 크다는 것이다. 따라서 문제가 되는 사건을 해결하기 위해 사건의 연속 패턴을 분석하기보다 이를 발생시킨 이면의 구조 파악에 초점(시스템의 문제를 구조의 변화를 통해 해결함에 초점)을 둔다. 구조가 행태를 결정 짓는다는 세계관에 기초한다.[36]

사건은 사물과 다르다. 사물은 그 자체로 독립적이지만 사건은 주변과 긴밀하게 관계 맺고 있다. 따라서 사건을 보려면 먼저 주변을 봐야 하고 그 주변이 선으로 이루어져 있는지 면으로 이루어져 있는지에 따라 행태주의와 구조주의로 구분된다.

사건 수준은 빙산의 가장 가시적이고 분명한 부분, 사건 자체의 인식이다. 사건 수준은 수면 위의 빙산의 일각으로 시각적으로 표현된다. 그것은 생각의 표면적 수준이다. 사건 수준은 사람들이 매일 보고 경험하는 것이다. 예를 들어, 어떤 사람이 출근이 늦었다. 잠재적인 원인이나 결과에 대한 추가 생각 없이 늦게 나타나는 단순한 행위가 사건 수준이다.

사건 수준은 사람들의 일상적인 경험과 관찰이 이루어지는 곳이기 때문에 중요하다. 그러나 사건 수준은 빙산의 작은 부분에 불과하다는 점을 기억하는 것도 중요하다. 일반적으로 이 수준에서 문제나 사건에 기여하는 많은 기본 요소가 있다.

행태 수준은 빙산의 일부로 표면으로 표시된다. 행태 수준은 사람들이 사건 간의 관계를 보기 시작하는 곳으로, 쌓여진 사건의 동태성 때문에 발생한다. 성장, 침체, 진동 등 눈에 띄는 트렌드와 행태는 모두 시간 흐름에 따른 시스템의 성과이다. 위의 사례로 돌아가면 매주 월요일 아침에 같은 사람이 출근이 늦다. 행태 수준은 이 사실이 눈에 띄고 인식되는 곳이다.

행태 수준은 사람들이 더 큰 그림을 보기 시작하는 데 도움이 되기 때문에 중요하다. 사람들이 다른 사건들이 서로 어떻게 관련되어 있는지 이해하고 문제 해결 프로세스에 도움이 될 수 있는 트렌드와 행태를 식별하는 데 도움이 된다.

구조 수준은 행태 수준 아래의 빙산의 다음 부분이다. 시각적으로, 그것은 빙산의 침수 부분으로 생각할 수 있다. 구조 수준은 사람들이 서로 다른 사건이 서로 연결되는 방법을 보고 행태의 기본 원인을 이해하기 시작하는 곳이다. 또한 시스템의 다른 부분이 서로 어떻게 상호 작용하는지 이해하기 시작한다. 정책, 조직 및 물리적 물체는 모두 구조 수준의 일부이다. 예를 들면, 같은 사람은 매주 월요일 아침마다 아이들을 등교시켜야 하기 때문에 직장에 늦는다.

구조 수준은 사람들이 다양한 사건, 조직 및 구조가 서로 연결되는 방식을 이해하는 데 도움이 되기 때문에 중요하다. 사람들이 더 큰 시스템의 일부분임을 이해하고 다른 부분이 서로 어떻게 상호 작용하는지 이해하는 데 도움이 된다.

정신 모델 수준은 구조 수준 바로 아래에 위치해 빙산의 가장 깊은 부분이다. 이는 사건에 대한 사람들의 근본적인 가정과 가치, 믿음, 패러다임 등 정체성을 의미한다. 대개 개인적인 경험과 세계관을 기반으로 하기 때문에 변화하기 어려울 수 있다. 이 예에서, 매주 월요일 아침에 직장에 늦는 사람은, 특히 보육과 관련이 있는 경우, 가끔 늦는 것이 허용될 수 있다고 생각할 수 있다. 이 믿음은 정신 모델 수준에 위치한다.

정신 모델이 중요한 이유는 구조가 선순환을 이룰지, 악순환을 이룰지의 그 향방에 결정적인 영향을 미치기 때문이다. 동일한 구조에서 어떠한 정신 모델을 갖느냐에 따라 선순환일 수도 그렇지 않을 수도 있다. 철학과 인문학의 중요성이 강조되는 대목이다. 지금까지는 구조도 아닌 행태만 찾아 예측하기에 급급하였음이 주류였다. 이제 이를 바로 잡아야 한다. 이 책을 쓴 이유이기도 하다.

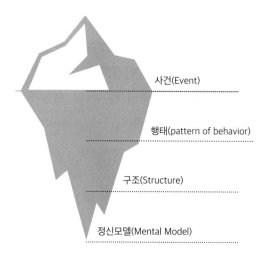

빙산 모형

지렛대

지렛대는 작은 변화를 통해 큰 변화를 이끌 수 있는 시스템의 개입 수단으로 경영학에서는 전략이라고 한다. 메도즈(2020)는 지렛대의 개입 지점이 되는 지렛점 역할 정도에 따라 다음의 순서대로 레버리지 효과가 크게 일어난다고 지적하고 있다.[37] 그에 따라 변화의 거부 강도도 강하다는 것을 함께 염두에 두어야 할 것도 언급하고 있다.

1. 패러다임: 시스템 원천으로 현실 본질에 대한 공통된 사회적 합의. 쉽게 변할 수 없으나 개인의 경우, 찰나에도 변화 가능
2. 시스템 목표: 시스템의 목적 혹은 기능

3. 자기 조직화: 시스템 구조를 추가하고 바꾸며 진화시키는 힘
4. 규칙: 헌법, 법규, 합의와 같이 시스템의 범위, 경계, 자유도를 규정
5. 정보 흐름: 정책 결정자가 책임질 수 있도록 구조화하기
6. 강화 피드백 루프: 강화 루프의 약화가 균형 루프의 강화보다 효과적
7. 균형 피드백 루프: 균형 루프의 통제력을 강화하라
8. 지연: 지연 시간은 쉽게 변경되지 않기에 이의 제거보다 시스템 속도를 늦추는 것이 효과적

원칙 3 인간은 학습의 대상이다

하늘은 스스로 돕는 자를 돕는다

관리 대상에서 해방된 인간이 놓일 자리는 바로 학습이다. 영국 경험론의 창시자 존 로크(John Locke, 1632~1704)는 인간은 백지로 태어난다는 타불라 라사(tabula rasa)를 외치고 있다.[1] 그 빈 공간을 학습으로 채워야 한다. 학습은 나를 찾고 인간다움을 실현하는 수단이자 변화에 임하는 지혜이기 때문이다.

이제 아래 두 가지 원초적 질문을 통해 생명 경영의 세 번째 원칙을 탐방해 보자.

첫째, 우리는 학습을 단편적으로만 이해하지 않았는가?

둘째, 과연 학습은 무엇인가?

배움의 시대는 끝났다

선현의 가르침

공자(BC 551~BC 479)의 학습론

공자의 배우고 익히니 기쁘다는 표현은 학습의 가장 간결하고 명료한 문장이다. 다 들어있다. 배움과 익힘의 관계와 배움의 목적, 학습하는 이유까지 말이다. 얼마나 중요하다 판단하였으면 논어의 첫 문장을 장식했을까 싶다.

이 말과 함께 논어에는 두 가지 명문장이 나온다.

첫 문장은 본성으로는 서로 비슷하게 태어나나 익힘으로 인해 서로 차이 나게 된다는 '성상근야, 습상원야'이다.[2] 공자가 진정하고 싶었던 말이 담겨있다. 익힘이 얼마나 중요한가를 강조한 것이다. 그럼에도 불구하고 2,500년이 지난 아직도 배움 중심에서 벗어나지 못하고 있는 현실이 안타까울 뿐이다.

두 번째 문장은 배움과 익힘에 있어 어느 한쪽으로 치우치지 말 것을 강조한 문장이다. '학이불사즉망 사이불학즉태'이다.[3] 배우기만 하고 생각하지 않으면 허망하고 생각만 하고 배우지 않으면 위태롭다는 말이다. 이로써 공자는 학습을 진심 깊게 고민했었음이 그대로 전해진다. 나는 여기서 '생각'을 '익힘'으로 교체해도 무방하다고 느낀다. 따라서 배우기만 하면 뭔가 열심히는 한 것 같은데 자기 것을 찾은 게 없어 공허하고, 자기 것이 있다고 떠들었으나 곧 다른 물음에 봉착하면 토대가 얕음에서 오는 한계를 드러내게 되어 위태롭게 된다는 것이니 이 얼마나 현실적인가 싶다. 삶에 의욕이 없는 사람, 순발력이 좋아 뭔가를 금방 자기 것으로 만드나 가벼워 보이는 사람들이 특히 귀담아 들어야할 조언이다. 공자는 살아있다.

칸트(1724~1804)의 관념론

나에게 있어 대륙 합리론은 배움으로, 영국 경험론은 익힘으로 수렴된다. 그렇기에 어느 한쪽의 힘만으로 상대를 제압할 수 없다. 칸트는 항상 옳음을 강조한 세상에 대한 새로운 정보를 제공하지 못했던 이성주의와 새로운 세계에 대한 정보를 주나 언제나 옳은 판단을 하지 못했던 경험주의의 장단점을 모두 취하는 성과를 얻음으로써 학습이라는 균형을 온전히 취하게 되었다.[4]

완벽한 요리를 만들기 위해서는 합리론은 사고와 이론만으로 그 맛을 담은 레시피를 연역적[5]으로 만들 수 있다고 한다. 그러나 레시피를 얻었다 치더라도 배고픔을 피할 수 없을 수 있다. 경험론의 주장은 그러한 완벽한 레시피는 만들 수 없으며 직접 요리해 봐야 어떤 맛인지 귀납적[6]으로 알 수 있다는 것이다. 그러나 직접 해 보면 그 맛을 만드는 게 만만치 않음을 알게 된다. 따라서 하지 않아서 그렇지 하기만 하면 잘 할 수 있다는 생각은 허풍일 수 있음을 경계해야 한다.

그렇기에 공자가 강조한 배움이 앞서고 익힘이 빈약할 때 공허하게 되고 반대일 경우 위태롭게 되기에 이 둘을 모두 취해야 한다는 가르침과 칸트의 합리론의 내용 없는 사고는 공허하고 경험론의 개념 없는 직관은 맹목적이라는 주장은 서로 닮아있다.

- 배움: 사고, 개념, 연역론 — 합리론(합리론)

- 익힘: 내용, 직관, 귀납론 – 경험론(경험론)
- 학습: 종합(관념론)

피카소의 예술론

시인 엘리엇(T.S. Eliot, 1888~1965)의 에세이에서 유래한 것이라고도 전해지는 '좋은 예술가는 모방하지만 위대한 예술가는 훔친다'라고 말한 사람으로 파블로 피카소(Pablo Picasso, 1881~1973)가 유명하다.[7] 좋은 예술가는 배움에 그쳤지만, 위대한 예술가는 익혔다고도 볼 수 있다. 아래 그림은 그가 그린 그림들이다. 왼쪽은 10대 때 배워 그린 것이고, 오른쪽은 70대 때 익혀 그린 것이다. 그가 위대한 화가로 기억하는 이유는 자신을 찾았기 때문일 것이다.

자주 접하는 이야기 중에 모방과 암기는 창의력의 적이라는 말이 있다. 일견 맞고 또 일견 틀린 이야기다. 모방과 암기는 배움의 토대이다. 배우기만 했다면 창의력은 배양되기 어렵다. 그러나 익힘으로 이어진다면 창의력의 근원이 된다. 과거 문맹의 시대가 아닌 오늘날의 창의력은 배움만으로는 발휘되지 않지만, 배움 없이 발휘되지도 않는다. 개인 학습이든 조직 학습이든 학습은 창의적 조직의 토대이다.

피카소 그림 비교

　　생명 경영 또한 이원적 본질주의의 합리론이 강조하는 옳음에 대한 선명함과 일원적 경험론이 주장하는 현상에 대한 새로움을 모두 받아들여 각자의 약점을 최소화하는 접근법이라 할 수 있다. 분석과 종합을 합치시켜 종합을 전제로 분석함을 통해 분석의 명료함과 종합의 창발성을 사고와 방법론으로 받아들이고자 한다. 둘이지만 하나인 셈이다.

　　그러한 측면에서 본 서는 칸트의 선험적 종합 판단과 공자의 학습의 상대적 빈곤함이 시사하는 바 및 노자의 둘은 하나라는 비이원론(non-dual)적 관점을 지지하며 견지하고 있다.

배움에 머문 인간, 익히기 시작한 기계

학습을 대하는 오늘날의 문제점

우리는 오늘날 학습에 관련해 크게 세 가지 문제점을 안고 있다. 그 첫째는 배움에 치중하고 있다는 점이다. 공자와 석가, 소크라테스와 플라톤이 살았던 2,500여 년 전 사회는 99.9%가 문맹이었다. 불과 100년 전에도 대다수가 그랬다. 너무나 오랫동안 배움을 얻기 위해 필요한 선생과 자료들은 특정한 곳에 모여 있었다. 이를 학교라 한다. 거기서 배우는 사람을 학생이라 하였고 배움을 주는 사람을 선생이라 하였다.

특정한 곳에 특정인이 배움을 독식하고 있는 것 또한 권력이다. 그래서 조선 세종때 한글 창제를 반대한 이유도 이와 같다. 학교와 학생, 교사 모두 권력 독점의 상징물이다. 오늘의 교육환경은 상당히 독점이 사라진 것이다. 이것이 교육 혁신의 출발점이 되어야 한다. 권력이 사라진 교육 현장에서 진정한 인간 중심의 교육이 실현되어야 한다.

이는 종교 개혁과도 같다. 16세기 마틴 루터(Martin Luther, 1483~1546)에 의해 일어난 종교 개혁은 이전 교황 중심의 종교 권력을 일반 시민들에게 돌려주는 내용이다.[8] 종교 개혁의 최대 성과는 라틴어로 쓰여진 성경의 독일어 번역이었다. 이를 통해 수도승이라는 특정인이 교회라는 특정 장소에서 해석하는 성경을 일반인이 읽을 수 있도록 하였다. 종교 권력을 무너뜨리는 결정적 사건이었다. 중세의 종말과 근대의 시작을 알리는 사건이 동시에 독일 개혁으로 이어져 훗날 독일 통일을 형성하는데 결정적 역할을 한다. 독점 권력의 해체가 불러오는 나비효과들이다.

둘째는 배움 그 자체는 즐거울 것이 없다. 온통 자기가 개입해서 만들어 놓은 것이라고는 전혀 없는 100% 날 것의 이질적 세포를 이식하는 행위와 같다. 6 곱하기 8은 모두 48이라 답한다. 그 48 속에는 개별적 존재가 없다. 47.9도 48.1도 모두 틀렸다. 또 그 48은 내가 만든 것이 아니다. 그러니 운신의 폭이 전혀 없다. 그저 받아들이기만 해야 한다. 그래서 힘들고 괴롭다. 학교 가기 싫다는 것이다. 학교에서 질문이 없다고 한다. 질문이 있을 리 없다. 왜냐? 자기가 개입해서 만든 것이 아니기 때문이다. 관심이 없기 때문이다. 기껏 할 수 있는 질문은 누가 왜 그렇게 만들었나 하는 것이다. 분명한 것은 질문은 자기가 관심 있을 때만 한다. 배움에는 질문이 안 나온다. 그저 답만 찾도록 한다. 배움에서 질문이 나온다면 이는 익힘으로 이동한 순간이다. 질문은 자기 것일 때만 나온다.

셋째, 학생이 배우려 할 때 선생은 가르치면 된다. 짝이 된다. 그런데 학생이 익히려 할 때 선생의 역할은 붕 뜨면서 공백이 생긴다. 어쩌면 그 공백의 메움은 '가리킴'이 될 수도 있겠다는 생각을 해 본다. 초연결과 개성의 시대에 누군가의 가르침으로 익힘을 완성해 나간다는 것은 불가능한 일이다. 선생의 역할은 가이드로써 방향을 제시할 뿐이다. 선생이 어찌 경험해 보지 않은 다양한 개성의 익힘을 일일이 가르칠 수가 있겠는가. 그러한 측면에서 융합이 부상하는 이유를 찾아본다. 깊이에 익숙한 선생에게 넓이까지 요구하니 진통이 있을 수밖에 없다. 시간이 필요하고 새로운 시도가 필요한 대목이다.

배움의 시대는 끝났다

이세돌(1983~) 9단과 알파고와의 구글 딥마인드 챌린지 매치의 두 번째 판에서도 이 9단은 211수만에 기권패했다. 이 대국이 사람들을 충격에 빠뜨린 이유는 알파고의 37수 때문이었다. 5선에 둔 이 수를 두고 해설자는 사람이 두는 바둑에서는 볼 수 없는 수라고 하였고, 이 9단은 바둑을 다시 생각하게 만든 순간이라 하였다. 이 수는 알파고가 익혀 둔 수였다.[9]

이제 배움의 시대는 끝났다. 학습은 이해력이 바탕이 되어야 하는데 그 이해는 지능에서 나온다. 지능이 높을수록 이해력이 높고 학습의 진전이 빠르다.

암기와 모방을 토대로 하는 배움은 인공지능의 기초 영역이다. 인공 지능이 주목받는 이유가 바로 여기에 있다. 지능이 인공적이어서 사람보다 더 잘 이해하는 능력을 갖는 순간, 배움은 순식간에 기계로 대체된다.

이에 반해 익힘은 시행과 몰입을 근본으로 한다. 이를 인공지능이 어떻게 이해할까? 그럼에도 불구하고 딥러닝(deep learning) 등의 이름으로 불리고 있는 영역은 인공지능이 이 부분으로 이미 들어섰음을 말하고 있다. 가장 비극적인 상황은 배움에 머무른 인간과 익힌 기계와의 만남이 될 것이다. 디스토피아의 민낯이며, 유발 하라리(Y. Harari, 1976~)의 잉여인간의 전형이 된다.[10]

한편, 철학에서는 세계의 정보를 자신의 주관적이고 고유한 정보로 전환해감에 인간의 인식이 가장 큰 역할을 한다고 본다. 그런데 이 인식이 어떻게 이루어지느냐는 아직도 여러 주장만이 난무할 뿐이다. 대표적으로 존 로크(J. Locke, 1632~1704)의 경험론적 원리[11]나 쇼펜하우어(A. Schopenhauer)의 표상의 원리[12] 등이 유명하지만 개인적 주장일 뿐이다. 이렇게 인간이 하나의 고유한 주체로서 존재하기 위해서는 너무도 많은 정보 처리가 필요하며, 이를 담당하는 핵심 기능으로 인간의 인식 원리를 어떻게 공통된 포맷으로 규정해 낼 수 있는가가 궁극적으로 기계가 인간을 대체하는 시작이지 않을까 싶다.

인공지능으로 인해 인간은 다시 그 실상이 파악되지 못한 미지수 상태로 남겨져 있음을 보게 되었다. 인간은 무엇인지 그 지극히 초보적이고 원론적인 질문이 오늘날 되살아나고 있다.[13]

질문할 수 있는가?

학습, 배우고 익히는 것

언제 익힌다는 말을 하지?

학습은 '학'이라는 배움과 '습'이라는 익힘으로 구성되어 있다. 그럼에도 불구하고 학습을 배움으로만 이해하는 경우가 너무나도 많다. 이를 구분하여 이해할 때, 학습의 진면목을 만나게 된다. 나의 궁극적 관심은 학과 습의 분별에 있는 것이 아니라 조화에 있음을 강조하고 넘어가고자 한다.

이쯤에서 익힘의 중요성을 강조하기 위해 첫 번째 가벼운 질문을 던져본다. '그렇다면 우리는 언제 익힌다는 동사를 쓰는가?' 이런 질문에 주춤하는 경우들을 자주 본다. 생소하다고 느끼는 것

같다. 그래서 연상용 질문을 추가로 던져본다. 김치를? 고기를? 기술을? 피아노를? 이라고 하면 대개의 경우 익히다를 자연스럽게 붙여 놓는다. 그 다음부터는 익히다는 동사가 주변에 널려 있음을 그냥 알아챈다. 익힘을 한 번 더 강조하기 위해 익힌다는 '습'이 들어가 있는 단어들을 찾아보라 한다. 습득, 실습, 예습, 복습, 연습, 습관 등... 주변에서 쉽게 썼던 단어들이 마구 쏟아진다. 그렇게 익힘은 생각보다 너무 흔하게 우리 가까이에 있었다. 그럼에도 불구하고 익힘이 무슨 뜻인지? 어떻게 하면 익힐 수 있는지에 대해서는 배움만큼 정형화된 답을 찾기 어렵다.

이쯤에서 좀 쉽게 답하기 어려운 질문을 하나 더 던져본다. 이 익힘의 공통점이 무엇이냐는. 이번에는 좀 더 머뭇거린다. 생각보다 가까이에 이 동사를 자주 썼다는 사실에 놀라고 뭔가 의미가 있을 것 같음에 두 번 놀라는 눈치다.

공통 특징은 무얼까? 김치와 고기를 보면서 뭔가 형질이 변한 것 같은 인상을 받지 않았느냐고 유도해 본다. 여기에 기술과 피아노를 익혔다면 어떤 상태가 된 것이냐고 물음을 더하면서 듣고자 하는 대답 방향으로 조금 더 방향을 틀어본다.

김치의 예를 통해 익힘의 개략적 윤곽만 먼저 잡아보자. 배추, 소금, 고춧가루가 당장 필요하다. 이들은 일종의 배움에 해당한다. 소금이나 고춧가루가 없는데 배추가 무한히 많다고 김치가 되지는 않는다. 배움에는 어떤 필요조건이 있다. 어느 하나의 엄청난 배움보다 필요 요소들이 골고루 있어야 한다. 일종의 경계로써, 적절한 경계가 설정되어야 한다. 이들을 갖추었다고 해서 김치가 되지는 않는다. 버무려야 한다. 피드백루프의 형성과 같이 서로 섞여야 한다. 마지막으로 숙성이 필요하다. 숙성은 시간을 필요로 한다. 김치의 경우, 숙성 시간이 비교적 짧아서 발효의 위대함을 알았지 엄청 길었다면 아마 김치는 없었을지 모른다. 숙성은 시간 지연을 기반으로 한 기다림이다. 급하다고 먼저 열어보거나 꺼내면 그 효과는 반감된다. 그저 알고 기다려야 한다. 버무리는 물리적 결합과 숙성이라는 화학적 작용이 순차적으로 더해질 때 김치라는 발효(시너지)된 식품을 만날 수 있다. 충분조건이다. 학습 또한 시스템을 형성하는 것이며, 학습을 통해 시스템은 진화한다.

배움과 익힘은 엄연히 다르다

이제 조금 더 깊게 학습을 살펴볼 때가 되었다. 아주 쉽게 말해 배움은 남의 것을 받아들이는 과정이며, 익힘은 그것을 자기 것으로 만드는 과정이다. 밥을 먹는 채움이 배움이라면 소화의 비움이 익힘이며, 듣기가 배움이라면 익힘은 말하기와 같다. 답 찾기가 배움이라면 익힘은 질문하기다.

배움은 이성과 합리에 기초해 남의 것을 모방(copy)하고 암기(memorization)하여 패턴을 인식하는 과정이다. 이에 반해 익힘은 배움으로 찾은 패턴을 감성과 경험에 기초한 시행(trial)과 몰입(immersion)을 통해 자기 것으로 완성하는 구조화 과정이다. 따라서 익힘은 배움이라는 요소를 연결해 형성한 '자기'라는 시스템이다.

배움은 남의 것을 베끼는 단조로움과 무조건성을 극복해야 하며, 익힘은 필수 불가결하게 시행에 따른 착오(error)를 견뎌내야 한다. 해도 쉽게 잘 안 되는 좌절감을 극복해야 한다. 그래서 배움은 암기력이 높을수록, 익힘은 자기가 좋아서 빠져 있을수록 한결 수월하다. 그것이 몰입이다.

몰입은 초집중으로써 자가 깨나 그 생각을 하고 있는 상태이다. 마치 장자의 호접몽과 같이 대상과 혼연일체가 되어 내가 나비인지 나비가 나인지의 경계가 모호한 상태에 이르러야 대상을 이해했다 할 수 있을 것이다. 일당백의 초능력이 발휘되는 상태, 완전 연소의 진인사 대천명 상태가 몰입의 최고조 모습이 아닐까 싶다. 내가 되어가는 상태이다.[14]

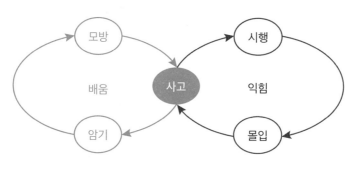

배움과 익힘 구조

배움은 파편화된 타인의 지식을 머리로 알아가는 과정이며, 익힘은 이를 체험으로 연결하여 자신의 지혜로 깨달아가는 활동을 말한다. 배움의 대상은 사실(fact, text)로써 이론적이며 보편적으로 본질적 요소를 바탕으로 한 레시피(recipe)와 같은 것이다. 이에 반해 익힘의 대상은 사실이 연결된 이야기(story, context)로써 경험적이며 개성적으로 실제적 관계를 바탕으로 한 요리 하기(cooking)와 같은 것이다.

옛말에 구슬이 서말이어도 꿰어야 보배라는 말이 있다. 구슬 서말이 배움을 통해 모으고 채운 것이라면, 꿰는 활동이 익힘이다. 말을 물가에 데려가는 것이 배움이라면, 물을 먹는 것이 익힘이다. 공자께서는 들은 것은 잊어버리고, 본 것은 기억하고 직접 해본 것은 이해한다고 하였다. 익히면 보배가 된다.

배움과 익힘 비교

배움	익힘
환원적, 이론(본질), 과학 이성, 객관, 합리, 분석 analysis	전일적, 경험(실존), 예술 감성, 주관, 경험, 종합 synthesis
영합(zero-sum, (better))	비영합(non zero-sum, (differ))
요소(사실 fact, text)	관계(맥락 story, context)
모방+암기	시행+몰입
채움, 밥먹기 듣기, 답찾기, 토론 지식(레시피)	비움, 소화하기 말하기, 질문하기, 대화 지혜(요리)

익힘이 왜 중요한가?

배움의 유일한 목적

배움의 목적은 익히기 위해서이며, 익힘을 통해 내가 완성된다. 배움은 우리가 되는 것이 목표이지만, 익힘은 내가 되는 것이 목표이다. 배움은 밖에서 오는 것이나 익힘은 안에서 꺼내는 것이다. 밖에서 오는 것은 쉬운 일이나 안에서 꺼내는 것은 어렵다. 따라서 배움은 쉬우나 익힘은 어렵다. 배움은 남이 내 놓은 길을 따라가면 되지만, 익힘은 스스로 길을 내야 한다. 이렇게 배움은 어떤 대상을 추구하면 되지만 익힘은 그 대상을 자신이 만들어야 한다.

배움은 보편과 상식이라는 외부의 시선을 받아들이는 채움의 과정이다. 이렇게 채우면 안 보이던 것이 보이게 되고 알게 되니 심히 환희를 느낄 수 있다.

그러나 배움에 머물면 나를 잃어버리는 엄청난 한계에 봉착할 수 있음에 경계해야 한다. 배워 본 것은 앎에 기초해 본 것이기에 보고 싶은 것을 본 것이다. '나'로서 본 것이 아니다. 또 배움은 속성상 보편과 상식에 기초하기에 의심 없이 받아들임을 익숙하게 만든다. 관념이 고정화되면 그 안에 갇히게 된다. 갇히게 되는 순간부터 나는 보편과 상식의 기준으로 살아가게 된다. 환희를 주었던 배움은 나를 무릇 대중 속으로 갇히게 만들 수 있음을 항상 조심해야 한다.

약자는 전형적인 배움에 머무른 자이다. 강자의 질서에 순응하기에 약자가 된다. 배움에 갇힌 인간을 에리히 프롬(Erich Fromm, 1900~1980)은 자유에서 오는 고독과 책임을 견뎌내지 못하는 도피자로 묘사하고 있다.[15] 이런 특성은 권위에 복종하는 권위주의자를 양산하여 타인을 구속하는 기계적 관리관에 더욱 함몰하게 한다고 보았다. 사르트르의 구토를 일으키는 인간상이 겹쳐지는 대목이다.[16]

또 니체(Friedrich Nietzsche)도 이렇게 보편과 상식이라는 절대적 진리는 인간을 자칫 현실에 안주하게 하여 스스로의 나약함에 매몰될 수 있음을 가장 경계하였다.[17] 그는 맹목적 추종을 우상 숭배라 하여 질병으로 지목하였다.

나를 만들기

이를 깨는 길이 익힘이다. 나를 찾기 위해서는 배움을 통해 채운 것을 익힘을 통해 비워내야 한다. 비움이란 남의 시각과 이론을 받아들인 후 자신이 만든 틀로 연소해 재구성한 몸의 체득을 말한다. 비움은 새로운 시각의 형성으로 자기 찾기의 과정이자 자기라는 본질을 만들어가는 과정이기도 하다.

그 본질은 인간다움의 실현에 있다. 이를 위해 인간다움을 자각해야 한다. 인간다움은 네가 있기에 내가 있다는 상호의존성의 확인으로 여기서 겸손과 존중과 헌신이 나온다. 본능적 본질이기에 익힘으로 인해 겸손과 존중과 헌신을 발견하면 인간은 기쁘게 된다. 성장의 기쁨이 바로 여기에 있다. 성장이란 나보다 더 큰, 그러나 나로부터 떨어져 있지 않은 외부의 발견을 말한다. 나와 떨어진 외부가 어떻게 나의 외연이 확장된 성장일 수 있겠는가? 독립된 외부란 없다. 외연만 있을 뿐이다. 그렇게 경계를 찾고 그 경계를 확장해 나가는 것이 성장이며, 그 성장을 이끌어 내는 과정이 익힘이다. 그 익힘은 본질적으로 인간다움을 지향한다. 강자의 구속을 거부하기에 강할 수 있으며, 약자의 약함을 알기에 기꺼이 약자가 된다.

또한 익힘은 곧 진화의 과정이다. 진화는 인생의 최대 성취이자 가장 큰 보상이다. 자연과 세상과 현실은 '나'라는 개인이 아닌 전체가 최적화되도록 구성되어 있다. 내가 없어도 자연은 멈추지 않는것으로도 충분히 그 위력을 알고도 남는다. 따라서 전체의 최적화에 나를 동화시켜야 한다. 내가 전체가 되라는 뜻이 아니라 부분이자 전체가 되는 길로 들어서라는 것이다. 부분과 전체는 둘로 나누어진 길이 아니다. 둘이자 하나로 수렴되는 길이다. 이것이 자연이 보여주는 섭리이자 오랜 진화의 모습이다. 나는 자연의 일부인 것이다.

따라서 나는 어떤 사람이 될 것인가? 어떤 길로 들어설 것인가는 전적으로 자신이 바라보는 시각 위에 서 있다. 자연이 스며든 철학이 그 길을 열어 보여 줄 것이다. 부분이자 전체인 모습을...

배움이 보고 싶은 것을 보도록 함을 지향하였다면, 그 앎을 체득으로 비운 익힘은 보이는 대로 볼 수 있음을 지향한다. 배움은 외부에 답을 두기에 선점하기 위해 치열하게 경쟁해야 한다. 그러나 익힘은 그 답을 내부에서 찾기에 남과 경쟁할 필요가 없다. 배움은 결과로써 얻어지기에 지치게 하지만, 익힘은 과정에서 얻어지기에 즐겁게 한다. 결과를 달성하려 들면 바쁘지만 과정을 극복하고자하면 부지런해진다. 비우지 않으면 '나'라는 새로운 시각을 형성할 수 없다. 남의 시각과 이론에 갇혀 있다면 남의 아바타일 뿐이다.

노자는 무위하면 무불위하다 하였다. 보이는 대로 볼 수 있으면 이루지 못함이 없다 하였다.[18] 또 니체는 예술만이 인간을 구원한다고 하였다.[19] 예술의 감성이 있는 그대로를 보게 한다면, 구원된 인간이란 자신을 찾은 인간일 것이다. 스티브 잡스가 찾고자 하였던 인간됨도 이 연장선상에 있다.[20] 그래서 애플 제품이 그냥 좋은 것이다. 인간을 닮았기 때문이다. 잡스의 시도는 그렇게 거인을 찾았고 그의 어깨위에서 있는 그대로 보고자 하였다.

어떻게 익히나

축을 만들라

자신만의 축을 구축하라

익힘은 배움을 통해 들어온 외부의 지식을 시행과 몰입을 통해 온전히 자신의 지혜로 전환함을 의미한다. 이 과정에서 외부 지식을 전환하는 자신의 준거의 틀인 '축'이 필요하다. 배움을 재해석하고 재편집하며 재생산하기 위한 축이자 지식에 관계를 맺게 하는 축이다. 축이 있기에 외부의 배움, 즉 지식을 자신의 기준에 맞게 취사선택하여 유사 정도에 따라 연결의 강도를 달리해 배치하고 그렇지 않은 것은 버리는 재배치를 하게 된다.

예를 들어 보자. 어떤 형상을 남들은 대부분 옆에서 보는데 자신은 위에서 보았다고 해 보자. 물론 형상의 모습이 같을 수도 있겠지만 보는 위치가 달라졌으니 인식도 다를 수 있을 것이다. 자신만의 좌표축을 가졌다는 말은 보는 각을 달리 한다는 말이기도 하고 형상 간 연결의 순서를 달리하였다는 것이기도 하다. 이렇게 하는 것이 창의의 힘인 창의력의 기초일 것이다. 무엇이 되었건 창의는 분명 희소함을 기본으로 하기에 개별자인 자신이 자신의 모습에 서 있음이 창의의 토대가 될 것이다.

그 과정마다 개인은 외부 지식을 어디에 위치시킬지를 선택해야 하는데, 이때 크고 작은 고민과 질문을 만나게 된다. 무수히 많은 사람들이 저마다의 축으로 자리한 위치들이 있기에 자신만의 자리를 찾기는 결코 쉽지 않다. 알아갈수록 이미 남들이 모든 자리를 선점한 것처럼 보이며, 미점유지를 찾았다 하더라도 그 이유가 있을 것이기에 쉽게 착석하지도 못하게 된다. 그 과정에서 남을 모방하고 있다는 좌절도 맛볼 것이고 위치의 방향을 잃어버릴 수도 있으며, 자신이 설정한 축이 과연 타당한가 라는 근본까지도 흔들릴 수 있다. 축이 잘못되었다고 판단되는 순간 지금까지 경주해 온 시도들에 엄청난 혼란을 느끼게 되고, 남은 것은 엉망진창의 늪에 빠져 허우적거리는 자신의 모습만 보게 될 수도 있다.

이 또한 또 하나의 변화의 순간이기에 인간은 늪을 빠져나와 안정화하려고 부단한 노력을 기울이게 된다. 그 불편함을 견딜 수 없기 때문이리라. 이때가 또 하나의 돌파(break-through)의 순간이 된다. 지식에 질문이 붙어야 지혜가 된다. 질문이 없으면 지식만 쌓일 뿐 지혜가 되지는 못한다.

근대 철학을 과학이자 학문 그 자체로 규정한 데카르트(René Descartes)가 x, y축이라는 직교 좌표계를 만들어 해석기하학을 창시하고 처음으로 방정식에 미지수 x를 사용해 도형을 표시하였다[21]

는 사실에서 그의 익힘에 대한 열정을 온전히 느낄 수가 있다.

성철의 익힘, 부정과 혼동

익힘의 과정에서 성철 스님이 형성하고 있는 자신만의 축 구
축법은 큰 도움이 된다.[22] 산은 산이요, 물은 물이라고 했던 스님
말이다. 나에게 있어 이 화두는 익힘의 과정 전개로 다가왔다. 지
향이 있는 한 인간은 방황한다고 '파우스트(Faust)'에서의 괴테(J.
W. Goethe, 1749~1832)가 한 말도 이를 두고 한 말 같다.[23] 그 내용은
이렇다.

- 산은 산이요. 물은 물이다.
- 산은 산이 아니요. 물은 물이 아니다.
- 산은 물이요. 물은 산이다.
- 산은 산이요. 물은 물이다.

처음의 산과 물은 그냥 본 것이다. 이후 익힘으로 들어오면 겪
게 되는 것이 부정이다. 세상에서 자신을 베어내는 과정이다. 대
중에서 벗어나는 첫 단계가 대중이 인정한 것으로부터 부정하는
것이 아닌가 싶다. 부정해보면 알게 되는 것이 혼동이다. 부정하
기는 쉽지만 그 후를 수습하기는 몹시 어렵다. 이 과정에서 시행
과 몰입이 필요하다. 이리도 해 보고 저리도 해 보면서 착오를 경
험하는 것이다. 정리되었다가도 다시 제자리, 아니 후퇴도 경험하
면서 무수한 좌절을 느끼게 된다. 몰입 없이 배겨날 장사가 없을
것이다.

그러다 문득 마지막 단계를 경험하지 않을까 싶다. 싱겁게도 남들 다 아는 이야기를 하는 것처럼 보일 것이다. 그러나 이때 보는 것은 내가 보는 것이다. 그냥 본 게 아니라 보이는 대로 본 것이다. 그 내용이 같아서 언뜻 보면 사기꾼과 깨달은 자를 쉽게 구분할 수 없는 게 아닌가 싶다.

부정과 혼동을 경험하면서 얻고자 하는 바가 좌표축의 형성이다. 이렇게 외부의 지식을 받아들이는 것보다 자신의 것으로 내재화시키려는 과정에서 경험하게 되는 부정과 혼동을 극복하게 하는 힘에 상상력이 필요해 보인다. 상상력은 좌표를 재설정하는 과정으로 보다 큰 세상을 찾고 느끼며 확대된 시공 안으로 과거의 축을 이동하는 과정이기도 할 것이다. 그 상상의 방향은 되고 싶은 자신의 모습일 것이며, 이를 구체적으로 그릴수록 좌표 설정 또한 시행착오를 줄일 것이다.

그 구체화를 위해 필요한 것이 과정상의 목표이며, 이를 달성하고자 하는 결기가 사명이고 그 힘이 정신 모형이 될 것이다. 이 모두를 아우르는 것이 상상력이다. 따라서 상상력은 어떤 정신으로 어떤 목표를 달성하기 위해 무엇을 사명으로 해야 할지에 대한 그림을 그리는 것이다. 이를 조금 더 전문적으로 말하면 그런 시스템의 밑그림을 형성하는 것이다. 상상으로 그려진 시스템을 구체화하여 움직이게 하는 힘이 바로 학습의 습관이다.

그 사명을 이루고자 하는 꿈이 클수록 혼자라는 시스템으로는 달성할 수 없기에 조직이라는 더 큰 시스템을 형성하는 것이다. 따라서 조직이 더 큰 꿈을 꾸는 작은 시스템의 합이 아니라면 조직 형성은 아무 의미가 없을 것이다.

조직이라고 했으나 그 속이 작은 꿈의 합으로 형성되어 있지 않은데 경영이라는 거창한 노력을 기울여 본들 효과는 미미할 것이다. 따라서 경영의 출발점은 작은 꿈들의 집합에서 비롯되어야 할 것이다. 선발이 중요하다는 말이다.

이렇게 확충되고 상승한 축의 이동을 경험하게 하는 바탕이 학습이며, 학습은 곧 시스템을 이해하고 형성해 나가는 과정이 된다. 이렇게 보다 큰 세상이라는 보다 확대된 시스템으로 기존 시스템을 위치 짓는 과정이 성장이며, 자신의 본질을 스스로 만들어 가는 것이리라.

자신의 본질이 외부에서 주어진 삶인지 아니면 주체적으로 만들어가는 삶인지의 차이가 사람의 격과 급을 형성하고, 그 합인 조직의 격과 급을 형성해 가는 과정이라 할 것이다. 경영의 본질도 이 언저리에 있지 않을까 싶다.

비워라 그리고 질문하라

소크라테스의 산파술은 상대가 무지를 깨닫게 함에 매우 효과적으로 작동하였다. 상대의 무지를 깨닫게 함에 그가 알아야 할 것은 단지 자신이 모르고 있다는 것을 아는 것으로 충분하다고 한다. 단지 소크라테스가 알고 있는 것은 상대 주장의 현란한 외양을 제거한 내부의 모순이었다. 스스로 앞뒤가 맞지 않음을 깨닫게 하는 것, 이를 소크라테스의 빼기라 한다.[24] 소크라테스의 빼기를 이어받은 미켈란젤로는 다비드 상을 만들 때 돌덩어리에서 다비드와 상관없는, 불필요한 부분을 제거했더니 다비드가 나왔다고 한다.

소크라테스의 빼기는 더할 때와 그 진중함이 다르다. 뺄 때는 더할 때보다 훨씬 많은 의사결정을 요구한다. 더할 때는 받아들이면 되나 뺄 때는 무엇을 뺄 것인가에 대한 심사숙고를 요한다. 그 과정에서 자신을 발견하게 된다. 노자의 말이다.

> 노자의 무위는 위함이 없는 것이 아니라 무로 위하는 것이다.
> 노자의 무위는 아무것도 하지 않는것이 아니라 비워 행하는
> 것이다.[25]

노자는 '도덕경'에서 도로부터 얻어 자신 몸에 축적한 것을 덕이라 하였다. 이는 공자의 도를 지향하면서 덕에서 삶의 근거를 찾는다와 맥이 닿아 있다.

이 둘의 공통점은 빼기와 덕을 활용한 비움을 통해 자기 자신을 만들어 가고 있다는 점이다. 빼기와 비움은 단순히 덜거나 없는 상태가 아닌 시대와 공간으로 채워진, 외부의 가치와 조건을 내려놓는 것이다. 즉, 배운 대로 보고, 보고 싶은 대로 보며, 남에 의해 본 것을 내려놓는 순간이기에 더 이상 남의 이야기를 옮기는 역할에서 벗어날 수 있다.

그 내려놓고 비워 놓은 공간에 자신의 시선이 자리 잡게 된다. 보이는 대로 보는 수준까지는 아니라 하더라도 최소한 구속과 한계의 시선에만 의존된 상태는 아닐 것이다.

그 빈 공간에서 창조가 일어난다. 창조란 남의 것을 소화해서 비운 나 자체로서 타인의 존재를 부정하는 것이 아니라 남의 존재를 나의 존재로 전환하는 과정이다. 즉, 본래 무지하여 빈 것이 아

닌 채웠다 비웠을 때 비로소 비움이 된다. 부정과 혼돈을 거친 비움이어야 비로소 진짜 비움이 된다. 비움은 창조의 터전으로 이를 행하자는 것이 익힘이다.

채움을 통렬하게 비판한 사람이 있으니 임제(~867) 선사이다.[26] 그는 해탈을 위해 안이건 밖이건 만나는 것이 있거든 무엇이든 죽여라고 말한다. 부처를 만나면 부처를 죽이고, 부모를 만나면 부모를 죽여라고 한다. 물론 죽이라는 말은 실제로 해라라는 말이 아니다. 해탈을 위한 것이니 나를 만들라는 뜻이다.

지식을 지혜로 이끌기 위해서는 질문이라는 관문을 통과해야 한다. 지식에 질문이 붙어야 지혜가 된다. 지식은 남의 것이지만 지혜는 자신의 것이기 때문이다. 질문이 없으면 지식만 쌓일 뿐 지혜가 되지 못한다.

그러면 언제 질문이 생길까? 자기 것을 만들려고 할때 자연스럽게 질문이 생긴다. 자기를 찾으려고 하고, 욕망, 야망, 꿈을 가지려고 할때 질문이 생긴다. 질문은 자기를 찾아가는 과정으로 자기를 찾고자 하는 자에게서만 나타난다.

판단해 보자. 나는 질문하는 자인가? 현재 질문이 없다면 현재 자기를 만들고 있지 않다는 것이다.

Chapter

05

원칙 4 학습은 핵심가치를 업무에
녹여 흐르게 하는 것이다

부분이자 전체에 이르는 길, 지속가능경영의 요체

본질을 가진 조직이 본질이 없는 인간과 만나 조직을 이룬다.
이 엄연한 모순을 극복하는 길이 학습조직을 구현하는 것이다.

이제 아래 두 가지 원초적 질문을 통해 생명 경영의 마지막 원
칙을 설명하고자 한다.

첫째, 왜 학습조직을 구축해야 하는가?

둘째, 어떻게 학습조직을 구현할 것인가?

조직이 학습해야 한다

조직 학습의 필요성

경영 조직체는 인간에 의해 만들어진 인공물이다. 태어난 이유가 있는, 즉 본질이 있다는 말이다. 그 본질 속으로 본질을 실현하기 위해 이유 없이 태어난 인간의 참여 행위가 경영이다. 때문에 근본적으로 조직체와 인간체 사이에는 마찰이 존재할 수밖에 없다. 이 갈등을 어떻게 풀어나갈 것인가가 경영 행위의 본질이다.

갈등을 해소하는 방향은 두 가지 밖에 없다. 조직체에 인간체를 맞추느냐, 아니면 그 반대냐이다. 지금까지 주류 경영학은 전자를 취해 왔다. 이른바 채찍과 당근으로 인간에게 역할로의 본질을 강요해왔다. 그러나 이는 지속가능하지 않다. 조직체는 그 피곤함을 이기지 못하고, 조직이 성장하고 복잡할수록 눈에 보이는 또는 보이지 않는 관리 비용이 눈덩이처럼 불어났다. 모든 조직의 경영관리비는 총비용의 1/3을 넘어선다. 공식적인 비용이 그렇다는 말이다. 여기에 비공식적 비용을 더하면 조직 비효율에 최대 요인이 된다.

따라서 지속가능한 경영을 위해서는 그 두 번째 방향을 취해야 한다. 조직체가 인간체에 맞추어야 한다. 조직 본연의 본질을 벗어버리라는 이야기가 아니라, 오히려 그 본질을 명확하게 천명해야 한다. 이것이 미션이고 비전이며, 이의 실천 철학인 핵심가치이다.

천명된 미션과 비전을 온전히 도모하기 위해서는 핵심가치가 업무 속에 녹아들어야 한다. 업무에 녹이는 이유는 업무는 조직이 보이는 행동이기 때문이며, 핵심가치로 대변되는 조직의 목적이 살아 있는지를 확인하는 것이 업무의 수행이다. 이를 위해 다음의 두 가지가 실천되어야 한다.

그 첫 번째가 천명된 조직 본질에 동조하는 사람의 채용이다. 개인의 비전이 조직의 비전과 일치되고 있는지를 철저히 가려 선발하여야 한다. 이는 개인의 그 어떤 조건보다 우선해야 한다. 학력이나 핵심 역량보다도 말이다.

개인과 조직의 비전이 일치할 때 놀라운 현상이 나타나기 시작한다. 경영관리의 필요성이 녹아 사라지게 되며, 자율적이고 규율적인 종업원을 만나게 된다. 그들은 수동적이지 않다. 자신의 비전 실현의 환희를 알기에 이에 온 힘을 집중한다. 다시 한 번 그 전제는 조직의 뚜렷한 본질에 대한 구체적인 천명인 핵심 가치임을 강조한다.

두 번째는 그 핵심 가치를 살아 숨 쉬게 해야 한다. 이를 업무에 녹이면 된다. 업무는 고객을 만나는 조직적 행위이다. 업무가 핵심 가치를 담아내면, 업무가 흐르듯이 핵심 가치가 매일같이 고객의 체험 속에 상품의 형태로 스며들게 된다.

그 업무 속에 핵심 가치를 녹이는 방법이 바로 조직 학습이다. 학습이라는 인류가 찾은 최상의 성장 메커니즘을 조직에서 활용하는 것이다. 개인 학습이 개인 성장의 토대라면, 조직 학습은 조직 성장의 원천이다.

조직을 학습 조직으로 탈바꿈하면 얻는 이점이 매우 크다. 먼저, 성과 창출의 양대 축인 바른 일을 하는 능력과 바르게 일하는 능력을 동시에 도모할 수 있다. 후자가 답을 찾는 능력이라면, 전자는 질문하는 능력이다. 고객의 의도가 오늘도 조직 내에서 살아 숨 쉬는지를 항상 질문한다. 또 이에 입각하여 업무가 어떻게 수행되어야 하는지의 답을 찾는다. 이렇게 조직 학습은 질문을 통해 조직이 바르지 않은 일을 하는 오류를 줄여 성과 창출의 토대를 견고히 한다.

다음으로, 링겔만 효과로 대변되는 관리의 필요성을 근본적으로 차단할 수 있다. 링겔만은 역시너지가 발생하는 대표적인 이유로 조직 내 익명성을 거론하였다. 그러나 학습된 개인은 성장의 기쁨을 알기에 시너지 창출에 관심을 갖지 역시너지 속으로 숨지 않는다. 학습은 자연의 지속가능성의 핵심 원인인 모듈성을 가능케 한다. 학습은 개인을 부분이자 전체가 되도록 하는 모듈성을 형성하게 한다. 이것이 지속가능 경영의 비법이다.

조직의 지속가능 경영의 요체는 학습이다. 개인적 학습을 토대로 한 팀 단위의 조직 학습이다. 조직 학습은 애초에 불가능한 인간 관리를 더 이상 강요하지 않아도 된다. 개인과 조직 성장의 지속적인 에너지를 창출하는 최상의 수단을 확보했기 때문이다. 130년의 역사를 가진 세계 최고 의료기관인 메이요 클리닉(Mayo Clinic)이 조직의 성장 방향과 일치하는 개인을 선발하여 그들을 성장시킴으로써 조직의 성장을 도모하고 있음은 시사하는 바가 적지 않다.

핵심가치를 업무에 녹여라

조직의 목적은 조직을 만들어 미션을 수행하는 것이다. 조직은 순환의 시스템이기에 미션 수행정도를 보고 선순환의 조직인지 악순환의 조직인지를 평가하게 된다. 여기서 핵심은 선순환이든 악순환이든 동일한 순환 구조에서 발생한다는 점으로, 그 방향성을 결정짓는 핵심적 역할을 수행하는 조직 철학이 바로 핵심가치다. 글자 그대로 핵심가치(core value)는 조직의 핵심이 되는 본질과 철학, 원칙과 정신을 간단명료하게 정의한 것이기 때문이다.

핵심가치만으로도 조직이 남과 어떻게 다르며, 나는 무엇을 해야 하며, 우리는 얼마나 가치 있는 조직인지를 말하지 않아도 스스로 알 수 있도록 정의하여야 한다. 조직의 정체성, 자부심과 긍지, 동기부여가 담겨있어야 한다. 1984년에 미국 슈퍼볼 경기 중 60초의 TV 광고에서 방영된 리들리 스콧(Ridley Scott, 1937~) 감독의 매킨토시(Macintosh) 광고는 핵심가치의 힘을 여실히 보여주는 것으로 유명하다.[1] 반전체주의자라 평가받는 조지 오웰(Geroge Orwell, 1903~1950)의 소설 1984에 빗대어 IBM을 빅브라더로 자신은 구원자로 묘사한 희대의 광고였다. 이로써 애플은 Think Different라는 핵심가치를 인류에 각인시키는 효과를 낳았다. 지금도 그 핵심가치는 애플의 모든 제품에서 여전히 기대되고 있다.

핵심가치를 경영행위의 좌표로 삼는 핵심가치 경영이란이란 가치대로 행동할 수 있도록 하는 경영을 말한다. 바로 이의 실천이 조직 학습이다. 핵심가치에 의거해 업무가 수행될 수 있도록 핵심가치와 업무사이의 괴리를 끊임없이 조정하여 업무로 실현하도록 하는 수단이 조직학습이다. 조직학습없이는 그 괴리를 줄여나갈 수 없으며 혹 줄였다 하더라도 이는 일시적 효과밖에 볼 수 없다. 요지는 핵심가치에 의해 조정된 업무가 구성원에 의해 자발적인 실천이라는 규율 속에서 전개되지 못한다면 별 의미가 없다는 것이다.

따라서 무엇을 핵심가치로 삼아야 하겠는가? 앞에서 기술한 철학의 핵심주제였던 인간 본성에 부합하는 내용이어야 한다. 그래서 인간 본성을 알아야 한다. 인간 본성은 인간을 인간답게 하는 것이라 했다. 그렇기에 크고 작은 결핍이 있더라도 추구할 수 있는 것이다. 누가 뭐라 해서 할 수 있는 수준의 문제가 아닌 것이다. 그 앞에서 관리 원칙이라는 것은 질 낮은 이야기가 된다.

윤리관, 도덕관에 기본적으로 인간 본성이 담겨 있다. 상식을 영어로 커먼 센스(common sense)라고 한다. 공동체의 의식이 곧 상식이라는 뜻이다. 인간 본성의 집합체라고도 볼 수 있다. 이를 바탕으로 형성된 핵심 가치가 조직 내 모든 구성원들 간에 공유되어 있을 때 조직 구조는 선순환의 토대를 마련하게 된 것이다.

그 다음에 이에 부합하도록 업무를 재설계해야 한다. 왜냐하면 업무는 곧 조직이 일하는 방식이며 고객에게 전달되는 유무형의 통로이기 때문이다. 환자의 필요를 최우선으로 하겠다면 그렇게 전개되지 않는 업무를 수정, 보완해야 한다. 환자의 필요가 조직의 다른 절차나 관리방식과 마찰을 일으킨다면 핵심가치를 기준으로 정렬해야 한다.

결론적으로 윤리관, 도덕관, 인간본성에 부합한 핵심가치의 선정과 천명, 그리고 이에 근거한 업무 처리 방식이 어떤 순환구조를 갖는지를 결정한다. 동일 구조 시스템을 선순환으로 흐르게 할 것인가 악순환으로 흐르게 할 것인가는 핵심가치인 조직 철학에서 비롯된다.

학습 조직을 만들자

학습, 행태, 구조의 관계

전체 업무가 핵심 가치에 부합되도록 정렬하는 것은 매우 중요하나 완성도 측면에서는 항상 그 과정에 있을 것이다. 따라서 완성도를 제고하기 위한 노력이 중요하며, 이를 위해 의사소통하고 있다는 것이 가장 중요하다. 정보가 흐르고 소통이 흐르고 있다는 것이다. 그 흐름이 멈추지 않는 한 조직은 건전하다.

시너지의 창출은 학습에서 나온다. 학습은 현재에 머무르지 않고 미래로 나가고자 하기에 현재의 구조를 변화시킨다. 시스템 사고가 행태를 보고 구조를 이해하는 영역이라 한다면, 구조 변화를 위해 행태 변화를 유도하는 것이 학습의 영역이다. 이렇게, 학습은 행태 변화에 직접적인 영향을 미친다. 여기서 구조를 '알 수 있는 것'이라 할 때, 행태는 '볼 수 있는 것'이며, 학습은 '할 수 있는 것'이라 하겠다.

- 학습(do) - 행태(see) - 구조(understand)

구조의 한계는 볼 수 없음에 있다. 볼 수 없으면 일단 관심 밖이 된다. 행태의 한계는 그 구조의 산물이라는데 있다. 따라서 구조 변화에 기인한 행태 변화가 아니면 이는 순간에 그친다. 구조와 행태는 그 자체에 직접적으로 접근하기 어렵기에 학습이 필요하다. 이러한 측면에서 행태는 구조의 함수이자 학습의 산물이기도 하다. 이 역학관계를 푸는 것이 학습 조직의 핵심이다.

학습 조직 구성 요소

센게(P. Senge)는 시스템 사고를 통한 경영혁신 과정을 학습조직(learning organization)의 구축으로 설명하고 있다.[2] 학습조직의 핵심은 기존에 갖고 있던 '관점의 전환'에 있다. 자신을 세상으로부터 분리된 것으로 보는 환원주의 사고에서 벗어나 세상과 씨줄 날줄로 연관되어 있다는 전일적 시각의 형성에서 시작된다. 학습조직은 조직에서 개인을 경영관리의 대상에서 벗어나게 하는 해방구로써의 역할을 지향한다.

학습조직을 구축하기 위해 조직은 다음과 같은 다섯 가지 요인을 준비해야 한다. 이를 간략히 정리하면 정신 모델에 기초해 공유 비전을 구축하고 팀의 배움과 개인의 익힘을 토대로 시스템 사고를 행함이 학습 조직의 요체라 하겠다.

- 공유 비전
- 정신 모델
- 팀 배움
- 개인적 익힘
- 시스템 사고

공유 비전을 구축하라

첫째는, 공유 비전을 구축(building shared vision)하는 것이다. 이는 조직의 미래상을 공유함으로써 하나의 정신으로 응집화하는 것으로 구성원들로 하여금 장기적 몰입을 증진시키는 역할을 한다.

공유비전은 조직 최고책임자나 고객의 비전이 아니라 조직 구성원들이 이루고자, 만들고자 하는 열망의 결집을 말한다. 따라서 공유비전은 두 가지 조건이 충족되었을 때만 기능하게 된다.

첫 번째는 공유 비전이 제 역할을 수행하기 위해서는 공동체 선(good)이 반영되어야 한다. 어느 누구의 비전이 아닌 공동체 전체의 비전이어야 한다는 뜻이다. 통상 공유 비전에는 내가 빠져 있다. 이 오류를 잡지 않고서는 공유 비전에 힘을 실을 수 없다. 그 전제가 반론의 자유이다. 존 스튜어트 밀(John Stuart Mill)은 자신과 견해가 전혀 맞지 않다 하더라도 그가 침묵을 강요받는다면 그의 반론의 자유를 확보하기 위해 끝까지 투쟁하겠다고 한다.[3] 이와 함께 나의 자유는 너의 자유 앞까지라는 명언을 남김으로써 맹목적 자유가 아닌 사회적 관계 속에서의 공동체 선의 중요성을 명확히 하고 있음에도 주목해야 할 것이다.

메이요 클리닉은 '환자의 필요성을 최우선'이라는 공유 비전의 전사적 실천을 통해 100여 년간 최고 의료기관으로서의 명성을 이어오고 있다.[4]

두 번째, 공유비전은 비전을 갖는 개인들로 구성되었을 때만 가능하다. 하여 경영자는 비전화된 개인을 조직이라는 버스에 태우고 오래 남을 수 있도록 함이 중요하다. 이를 위해서 비전 없는 개인을 빨리 조직에서 내리게 하여야 한다. 맞는 사람은 들이고 그렇지 않은 사람을 내쳐야 한다. 이를 짐 콜린스는 냉정한 것이 아닌 엄격함이라 하였다. 비전 있는 개인은 잠시도 가만히 있지 않는다. 스스로가 운전대를 잡거나 내비게이션 역할을 하면서 조직을 자신들이 열망하는 공간으로 이동시킨다.

정신 모델을 살펴라

둘째는, 정신 모델(mental model)을 살펴보는 것이다. 정신 모델은 세상을 이해하고 행동을 취하게 하는 신념, 이념, 사상, 철학이자 고착된 가정으로 시스템 구축의 근간을 형성한다.

짐 콜린스는 위대한 조직을 추구하는 이유를 짧을 생을 의미 있게 살고 싶은 인간의 욕망에서 찾았다.[5] 이는 자신에게 정말 관심 있는 일이 무엇이며, 그것이 자신의 삶에서 어떤 의미를 갖는 가에 대한 내면과의 대화에서 시작된다. 이 과정에서 자기보다 더 큰 신념, 숭고한 목적을 보유함으로 자연스럽게 확대되면서 강렬해지는 정신과 욕망을 느낄 수 있다. 미래 공업의 야마다 사장은 사람들이 해보지도 않고 상식에 근거해 안 된다고 하는 통념에서 벗어나고자 노력하였다.

공자는 생각하지 않으면 공허하다고 하였고,[6] 노자는 보고 싶은 대로가 아닌 보이는 대로 봐야 함을 강조하면서 무위의 사고를 통해 이루지 못함이 없음을 설파하였다.[7] 메이요 클리닉의 '인간적 가치를 위한 헌신' 등이 그 좋은 예이다.

팀 배움을 실천하라

셋째는, 팀 배움(team learning)[8]을 실천해야 한다. 조직 학습의 기본단위는 개인이 아닌 팀이어야 한다. 팀 단위로 학습해야 하는 이유는 개인 관점 뒤에 숨겨진 보다 큰 그림을 볼 수 있도록 하여 개인적으로는 얻을 수 없는 통찰력을 발견하게 할 뿐 아니라, 팀에 속하지 않았을 때보다 훨씬 넓고 빠르게 성장할 수 있기 때문이다.

센게는 팀 학습의 원리를 토론(discuss)이 아닌 대화(dialogue)로 보았다. 그는 조직에서의 학습은 자신의 입장을 상대에게 이해나 설득시키는 것이 아닌 '함께 생각'하고 있음이 가장 의미 있다고 보았다.

메이요 클리닉은 이를 협력진료의 모습으로 실천하고 있다. 협력진료란 한 명의 환자에 대해 관련된 의료인이 공동으로 진료하는 것을 말한다. 따라서 협력진료는 환자의 입장에서 병원 전체가 자신을 돌보고 있다는 신뢰를 갖게 하고, 의사들의 입장에서는 다른 의료인과의 소통을 통해 다른 의료기관에 근무할 때 보다 빠르게 전문가가 될 수 있게 한다. 이는 전문가에 있어서 최고의 희열을 의미한다. 따라서 학습을 팀 단위로 하면 의료기관 전체는 환자와 의료인을 잇는 강력한 선순환 구조를 갖게 된다.

개인적 익힘을 추구하라

넷째는, 개인적 익힘(personal mastery)을 추구하는 것이다. 이는 학습조직의 주춧돌로써 개인의 행동들이 세상에 어떤 영향을 미치는가를 지속적으로 학습하게 하는 개인적 동기를 길러내는 것을 목적으로 한다. 이는 개인적 비전을 명확히 하고 이를 지속적으로 심화 확장시켜 조직이 학습에 대해 몰입하게 하고 그것을 받아들이는 능력을 강화하는 훈련법을 말한다.

여기서 'learning'이 아니라 'mastering'로 표현함이 이채롭다. 영어의 learning을 학습으로 번역하는 것에 주의가 필요하다. 대개 학습보다 배움의 내용을 담고 있기 때문이다. 영문에서도 학습의 익힘에 해당되는 표현이 필요한데 mastery가 이에 해당할 수 있다고 본다. 따라서 영문 mastery는 익힘으로 대치하면 보다 명확한 의미를 전달할 수 있다. 팀학습의 토대는 익힌 개인이다. 익힘은 배움을 토대로 자기화하는 자기 한계의 극복 과정이다. 인간은 자신의 한계를 극복할 때 기쁘다.

시스템 사고에 입각하라

마지막으로, 시스템 사고(systems thinking)에 입각하는 것이다. 앞에서도 강조한 시스템 사고의 핵심은 시스템을 형성하여 그 에너지를 극대화하기 위해 요소 중심에서 벗어나 관계를 활용한 전체를 이해해야 함으로 정리할 수 있다. 이는 부분의 합이 전체가 아니기 때문이며, 전체에는 부문에서 알 수 없는 특징이 발휘되기 때문이다. 그래야만 상호의존적 순환관계로 인한 시너지를 볼 수 있으며, 레버리지를 극대화하여 조직의 이상을 달성할 수 있다.

학습 조직을 갖추었느냐를 가름할 수 있는 주요 지표는 조직의 리더가 내부에서 나오느냐이다. 오랜 기간 좋은 인재가 조직 내부에서 성장하기 위해서는 배움과 익힘을 토대로 학습된 개인과 조직 간의 공명 없이는 불가능하다. 비용 통제의 효율을 최우선으로 하는 조직에서는 결코 내부인이 조직 리더로 성장할 수 없다.

학습 조직의 추진 전략은?

학습 조직이 되기 위해 필요한 것은 무엇일까? 첫째는 책임감이며, 둘째는 학습 조직의 구조 설정이다.

학습 조직문화를 구축하자

에드먼슨, 책임감 그리고 심리적 안정

에드먼슨(A. Edmonson, 1959~)은 효율성의 시대가 저물고 있으며 이를 조직 학습이 대체하고 있다고 강조한다.[9] 효율성 강조로 인해 고객 만족과 재무성과 향상의 지름길이라 여겨온 '빈틈없는 실행'이 실패하고 있으며, 그 자리에 '배우면서 실행하기'를 제안하고 있다. 특히, 그의 주장이 의미를 갖는 이유는 학습하는 조직에서 갖추어야 할 문화로 목표 달성에 따른 책임감 외에 구성원들의 심리적 안정감에 초점을 맞추고 있기 때문이다.

그는 책임감의 강약과 안정감의 높고 낮음에 따라 조직을 무관심 구역(apathy zone), 불안 구역(anxiety zone), 편안 구역(comfort zone), 학습 구역(learning zone)으로 구분하고 학습 조직만이 심리적 안정감과 목표 달성의 책임감을 모두 도모할 수 있다고 강조한다.

		목표 달성 책임감	
		낮음	높음
심리적 안정감	높음	편안 구역	학습 구역
	낮음	무관심 구역	불안 구역

학습 조직의 조건

특히, 심리적 안정감을 강조한 이유는 센게가 학습 조직의 기본 단위를 팀으로 본 이유와 같다. 동료와 함께 하는 팀은 그 자체로 심리적 안정감을 주며, 이는 상호 작용을 용이하게 하여 목표 달성의 부담감을 줄여 주어 더욱 책임감 있는 행동으로 자연스럽게 나아가게 한다. 심리적 안정감과 책임감은 선순환 구조의 양대 축인 셈이다.

칙센트미하이, 몰입

몰입이라고 하면 장자에 나오는 호접몽과 진인사대천명이 떠오른다. 내가 나비인지 나비가 나인지 모르는 상태가 혼연일체의 전형이다. 또 진인사하여 대천명만 남겨져 있는 상태는 자신의 뜻을 이루지 못해도 전혀 좌절하거나 눈물을 흘리지 않을 것이다. 진인사 과정에서 스스로는 이미 완전 연소하여 새로운 자신을 알아 버렸기 때문이다.

몰입을 이론으로 발전시킨 창시자인 미하이 칙센트미하이

(Mihaly Csikszentmihalyi, 1934~2021)에게 몰입은 의식이 경험으로 가득 채워져 느끼고 바라고 생각하는 것이 하나로 어우러진, 혼연일체이자 완전연소의 몰두 상태를 말한다.[10] 그에게 있어 훌륭한 삶이란 단순한 행복이 아닌 스스로의 힘으로 만들어 낸 몰입을 통한 행복감에 있다.

칙센트미하이의 몰입 연구의 백미는 과제와 능력의 조합을 통해 조직 학습의 수단으로 몰입을 활용할 수 있게 한 대목이라 보여진다. 다음 그림을 보자.

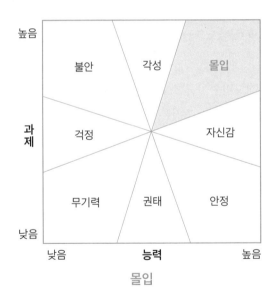

그는 많은 사람이 능력과 주어진 과제의 수준이 모두 낮아 무기력 상태에 놓여 있다고 보았다. 특별히 무엇을 잘 해보겠다는

의지와 의식이 필요하지 않는 상태로 이 상태를 몰입으로 이끌기 위해서 크게 두 가지의 경로를 소개하고 있다.

먼저, 과제 수준이 낮을 때, 능력을 좀 더 키워나가면 권태와 안정의 상태를 경험하게 되고, 과제 수준까지 높이면 자신감을 갖고 몰입으로 옮겨 갈 수 있다고 보았다. 다음으로 낮은 능력상태에서 과제 수준을 높여 나가면 걱정과 불안을 경험하게 되고, 능력 수준까지 높이면 각성을 통해 몰입으로 진입할 수 있다고 하였다.

조직 학습의 전략 마련에 그의 이론 활용은 매우 유용하다. 특히, 능력과 과제 수준을 한꺼번에 높여 나갈 수 없는 일반적 상황에서 돌파구를 마련해 주고 있다. 그가 강조하고 있는 세 가지 몰입 제고 조건은 목표 명확화, 적절한 일의 난이도와 결과의 피드백이다.

앞에서 에드먼슨이 강조한 학습조직의 조건과 결부시켜 볼 때 칙센트미하이의 몰입 조건은 반드시 구성원의 책임감과 조직의 안정감 심어주기와 버무려져야 한다. 에드먼슨의 조건이 빈약할 경우, 몰입의 핵심으로 진전되지 못할 것이다.[11] 대부분의 몰입 실패는 구성원이 몰입하고자 하는 의지가 적거나 몰입을 기다려주지 않는 조직의 강요에 있다. 따라서 에드먼슨과 칙센트미하이의 조화는 조직으로 하여금 학습 조직 문화 조성에 충실한 길잡이 역할을 보여줄 것이다.

달리오, 극단적 개방성

세계 최고의 해지 펀드사인 브리지워터 어소시에이츠(Bridge-water Associates)를 이끌고 있는 레이 달리오(Ray Dalio, 1949~)는 지난 수십 년간의 성공의 핵심으로 극단적으로 열린 생각과 투명성을 들고 있다.[12] 조직에서 일반적으로 경험하게 되는 확인 편향 오류의 위험성을 실감한 결과라고 한다.

그가 도모하는 것 또한 조직 학습이다. 조직 학습은 피드백 순환 고리의 동력이자 산물이기도 하다. 개방적 사고는 이 과정의 효율을 높여 자신의 오류를 줄이고 보다 진실한 타인의 피드백을 받을 수 있도록 하기에 학습의 효과성이 제고된다. 요하리 윈도우(Johari's Window)에서의 강조점과 같이 자신과 타인에게 노출된 크기를 키움으로써 자신의 능력 극대화에 극단적 개방성을 적극 활용하고 있다.[13]

일반적으로 타인에게 자신을 노출시키는 것은 본능적으로 불편하지만 촉진된 학습 효과를 통해 이를 상쇄시키고 있다. 타인으로부터 받게 되는 온갖 편견, 오해, 혼란 등에서 오는 좌절과 배척을 경험해 보았다면, 이를 해소하기 위한 조직의 불편함은 감내하고도 남을 수 있을 것이다. 우리가 조직 생활에서 힘들어 하는 것은 일 자체의 과중이 아니라 타인과의 관계에서 빚어지는 온갖 오해들에 있다.

남과의 장벽을 줄여나가야만 전체 최적화를 도모할 수 있다. 그러한 측면에서 달리오의 극단적 개방성은 남과 내가 하나가 되어 부분이자 전체가 되는 홀론을 실현할 수 있는 길을 열고자 함에 그 의미가 있다 하겠다.

조직 학습 전략을 설계하자

노왁, 초협력자

초협력을 강조한 노왁(M. Nowark)은 다음과 같은 상황일 때 협력이 촉진된다고 강조한다.[14]

- 혈연 선택(kin selection): 부모 자식과 같은 혈연관계일 때 협력의 가능성은 높아진다.
- 직접 상호성(direct reciprocity): 내가 누군가를 도우면 그 누군가가 나를 도울 가능성이 높아진다.
- 간접 상호성(indirect reciprocity): 내가 누군가를 도우면 이를 본 누군가가 나를 도울 가능성이 높아진다.
- 그래프 선택(graph selection): 유유상종으로 비슷한 사람끼리 모일 때 협력의 가능성은 높아진다.
- 집단 선택(group selection): 협력하고자 하는 개인은 실패할 수 있으나 소수라도 집단을 형성하면 협력의 가능성은 높아진다.

혈연 선택을 제외하고 나머지 경우들은 사회·경제적 조직에서 협력을 촉진하기 위해 활용할 수 있는 내용들이어서 학습 조직의 구축을 위해서 눈여겨 볼 필요가 있다.

직접 상호성을 높이기 위해 학습 조직을 팀이라는 소집단 공동체로 구성하여 지속적으로 접촉이 일어나도록 함이 필요하다. 간접 상호성을 제고하기 위해서는 선한 일을 한 사람에 대한 소문, 잡담 등의 평판이 잘 작동하도록 투명한 정보공개 정책이 필요하다. 그래프 선택인 네트워크 상호성(network reciprocity)을 강화하기 위해서는 동호회를 형성하게 하며, 유유상종이 아니더라도 집단 선택을 통해 소수라 할지라도 집단을 형성하게 하면 협력이 더욱 촉진될 수 있다. 이 역시 조직에서 활용할 가치가 커 보인다. 따라서 협력의 강화를 위해서는 집단 내 사람 수가 적고 집단 수가 많을수록 유리하기 때문에 커뮤니티 활성화와 이들 간 연대를 적극 도모해야 한다.

액셀로드, 팃포탯

액셀로드(R. Axelrod, 1949~2019)는 팃포탯(Tit for Tat)이라는 협력 전략을 소개하고 있다.[15] 팃포탯은 '눈에는 눈, 이에는 이'를 의미하는 것으로 상대가 하는 것을 그대로 따라하는 전략을 말한다. 이는 일단 협력으로 시작하여 다음부터는 상대의 대응 방식을 그대로 따라하는 단순한 전략이다. 액셀로드는 이에 입각하면 이기주의자이든 이타주의자이든 관계없이 협력을 이끌어 낼 수 있음을 보여주고 있다.

호혜성을 제고하기 위해서 다음과 같은 정책 방안들이 필요하다.

첫째, 개인들의 만날 가능성을 높여라. 어떤 하나의 쟁점을 작게 나눠 상호작용의 빈도와 지속성을 강화해야 한다. 한두 차례의 큰 선택보다 덜 중요하더라도 여러 번 선택하게 할 때 호혜주의는 강화된다.

둘째, 배려와 호혜주의를 가르쳐라. 무조건적인 이타적이거나 도덕적 태도 또한 협력 증진에 별 도움이 되지 않음을 인식시키는 것이다. 먼저 배려하도록 하나 상대가 배반하면 즉각적으로 응징하고 다시 협력하면 관대하게 받아 줄 것을 주지시켜야 한다.

셋째, 보수 자체를 바꿔라. 배반의 이득이 협력보다 적도록 보수체계를 설정해야 한다.

넷째, 인식 능력을 높여라. 투명한 정보공개와 공정한 평판이 소통될 수 있도록 하여 타인의 협력 경력에 대한 인식력을 높이는 구조를 마련해야 한다.

액셀로드의 팃포탯 전략의 백미는 협력에도 절대적인 전략은 없다는 것이다. 다만 '평균적'으로 우수한 전략이 있을 수 있음을 제시하였기에 최선의 조치는 어떤 전략이 나타나더라도 협력이 약화되지 않도록 조직 내 환경의 다양화 기반을 구축해 놓아야 한다는 것이다. 그 위에 다양한 수단들이 올려져야 한다는 점을 간과하지 말아야 한다.

이와 함께, 의사결정 상황은 내가 얻었을 때 상대가 잃는 경합적(zero-sum) 상황만 존재하는 것이 아님에도 불구하고 경쟁에만 입각해 의사결정을 한다. 실제 의사결정 상황은 경합적 상황보다 비경합적(non zero-sum) 상황일 때가 훨씬 많을 수 있다. 이는 내가 얻는 것과 상관없이 상대도 얻는 상황을 말한다.

따라서 이러한 상황일 때에는 협력이 더 큰 이득을 창출한다. 즉, 모두에게 상생(win-win)이 되는 방법이 있다는 말이다. 이런 경우는 상대의 성공을 질투할 필요가 없으며 영악하게 굴 필요가 없다. 왜냐하면 상대의 성공이 내가 성공하기 위한 전제조건이 되기 때문에 자신의 의도를 가능하면 분명하고 간단하게 드러내는 것이 주효하다.

P / A / R / T

03

How?
실천하라.
생명 경영을 실천하다.

"바른 목적에 이르는 길은 그 어느 구간에서든 바르다"
(요한 볼프강 폰 괴테(1749~1832), '명심하라'에서)

훌륭한 사람들은 내가 말하는 도를 들으면,

열심히 그 도를 실천할려고 노력할 것이다.

중간치기 사람들은 내가 말하는 도를 들으면 긴가민가 할 것이다.

그런데 하치리 사람들은 내가 말하는 도를 들으면

깔깔대고 크게 웃을 것이다.

그런데 그 하치리들이 크게 웃지않으면

내 도는 도가 되기에는 부족한 것이다.

(노자, 도덕경, 마흔한째 가름)[1]

생명 경영 사례를 보자

진실을 보아버린 사람은 타협을 못하고
무소의 뿔처럼 혼자서 간다

    이제 멋진 생명 경영의 사례들을 살펴보자. 경영학에서 사례 연구의 의의는 각론에서 분석하였던 개별 이론과 지식을 넘어 통합적으로 전체 모습을 볼 수 있음에 있을 것이다. 생산, 인사, 회계/재무, 마케팅, 전략, 문화에 이르기까지 여러 방법론을 종합적으로 적용해보는 생생한 현장의 간접 경험에 있다. 이른바 배움 중심의 텍스트(text, 사실)를 넘어 익힘의 컨텍스트(context, 맥락)로 경영학을 자신의 것으로 만들어가는 과정으로 이해할 수 있을 것이다.

    특히, 저자는 사례연구의 백미는 자신만의 분석틀을 갖고 있을 때 배가된다고 생각된다. 경영학의 여러 각론의 배움에서 얻어진

텍스트를 자신만의 좌표화된 틀 속에 재배치한 후 실제 사례에 적용함으로써 자신의 틀을 수정하고 갱신하며 안목을 넓혀 나가는 과정이야 말로 학문하는 즐거움이 아닌가 싶다.

배워 채웠으면 익혀 비워야 한다. 남의 시각에서 벗어나 자신의 관점을 갖고 자신이 생산한 결과에 통찰할 수 있을 때 자기다움에 한발 더 다가가고 있음이 아니겠는가.

사례연구에서 주의할 점은 연구대상을 구조로써 파악해야 한다는 점이다. 아무리 베스트 프랙티스(best practice)라고 해도 특정 영역이나 정책, 전략을 파편화된 부분으로 받아들이면 대부분 실패한다. 통칭해 조직 문화라고 하는 구조이자 맥락이 서로 다르기 때문이다. 생명 경영 4원칙에 따라 사례분석을 시도한 경우, 이렇게 시스템을 환원적 사고에 따라 부분적으로 모방함의 한계를 최소화할 수 있다.

선정한 사례들은 국내 출간된 도서 중에서 생명 경영의 4원칙을 실천함에 그 모든 원칙의 특성이 뚜렷하게 나타나며 원칙 간에 모순 없이 전개된 사례를 조직 규모별로 대, 중, 소 하나씩 선정하였다.

첫 번째 사례는 동네에서 흔히 볼 수 있는 개인 창업의 경우이다. 일본 시골 마을에서 건강에 좋은 빵을 생산하고자 노력하고 있는 와타나베 이타루의 이야기이다.

두 번째 사례는 역시 일본의 사례로써 평범한 중소기업이 시장보다 앞선 결과를 창출하고 있는 미래 공업이다. 통념과 상식을 깨는 즐거움을 맛볼 수 있을 것이다.

마지막으로 100년이 넘는 기간동안 세계적인 의료기관으로 대표되고 있는 메이요 클리닉의 사례를 살펴볼 것이다.

다음 장에서 소개할 사례 분석은 생명 경영 원칙을 각 원칙별로 나누어 설명하고 있으나 구분의 의미가 없음을 곧 알 수 있을 것이다. 왜냐하면 각 원칙들이 서로 맞물려 물 흐르듯 흐르고 있음을 발견할 것이기 때문이다. 원칙 간에 모순이 없다는 말이다. 모순이 없어야 생명 경영을 현업에 적용할 수 있다. 생명 경영은 작위적이지 않으며, 나눌 수 없는 현상들로 구성된 자연 섭리의 전일성을 근본으로 하기에 지속가능할 수 있다.

아울러 원칙의 실천에서 각 조직들이 자신의 본질을 얼마나 강력히 추구하고 있으며, 또 그 가치에 공명하는 사람들을 찾고 만들고 있는지, 그들의 성장에 온 힘을 기울이고 있는지를 공통적으로 발견할 수 있기를 바란다. 위대한 기업으로 가는 바로 그 길이기 때문이다.

Case Study

01

시골 빵집

"천연균과 마르크스에서 찾은 진정한 삶의 가치와 노동의 의미"

훑어보기

첫 번째 사례는 소형 조직으로 천연균과 마르크스에서 찾은 진정한 삶의 가치와 노동의 의미라는 부제를 갖고 있는 '시골빵집에서 자본론을 굽다(2014)'의 시골빵집이다.[1] 저자 와타나베 이타루(渡邉格, 1971~)는 빵을 만들기로 결심하고 2002년 31세의 나이에 다니던 첫 직장을 2년 만에 그만둔다. 제빵에 관해서는 낫 놓고 기역자도 모르는 처지에서의 시작이었다.

4년 반 동안 네 군데를 옮겨 다니며 제빵 기술을 배웠다. 처음 제빵 기술을 배우고 몇 개월이 지난 어느 날, 코를 훌쩍이는 자신을 발견하였고 이것이 제빵사의 직업병이라는 사실을 알게 되었다. 그런데 그 원인이 수입 밀을 운송하는 과정에서 벌레 발생을 막기 위해 뿌린 농약에 의한 것을 알고 충격을 받는다. 국산 밀을 쓰면서 코는 정상으로 돌아왔다. 음식에 대한 관심은 10대 후반부터 절어 있던 정크식품에서 벗어나자 몸이 달라지는 것을 느끼게 된 것에서 시작되어 제빵 기술 익히기로 이어졌다.

첫 직장인 소규모의 유기농산물 도매회사에서 뒷돈 챙기기, 부정한 일에 눈감기 등 블랙기업 같은 회사 경험과 제빵 기술을 배울 때의 저임금, 장시간 노동 등의 경험은 시골빵집 개업의 원동력이 되었다.

이 과정에서 노동자는 왜 이런 혹사를 당해야 하는지에 강한 의구심을 품게 되었고 아버지의 추천으로 마르크스의 '자본론'을 읽으면서 세상을 이해하기 시작했다. 마르크스를 통해 노동력이 상품이 된 이유가 노동자가 생산수단을 가지지 않았기 때문임을 깨닫고 노동력을 팔기 싫다면 자기 소유의 생산수단을 갖기로 하였다. 그래서 제빵 기술을 익혔고, 믹서와 오븐 등의 기계를 갖추어 2007년 35세 나이에 정직한 먹거리, 정당한 가격을 모토로 이윤을 남기지 않는 경영이념을 가진 빵집을 개업하게 되었다. 보잘 것 없는 일이라도 좋으니 '진짜' 일을 하고 싶다는 욕망이 그 시작이었다.

생명 경영의 실천

균들이 들려주는 목소리가 150년 전 마르크스의 목소리를 닮 았다는 신선한 발상과 함께 자연의 섭리에 부합되는 돈도 경제도 '썩는 경제'를 지향하는 저자의 조용한 혁명에서 생명 경영의 진 면목을 찾아보자.

원칙 1: 인간은 관리의 대상이 아니다

저자는 인간이 관리의 대상이 되어 가는 과정을 마르크스의 공산당 선언에서 언급한 기술혁신으로 짚고 있다. 마르크스는 당 시의 기술혁신은 노동을 단순화하는 방향으로 이끌어 노동자를 쉽게 대체하게 하였고 그 과정에서 노동을 통해 성장하는 기회를 동시에 잃는 문제를 낳았다고 보았다.

저자는 성장의 기회를 상실한 노동자가 계속 일하게 하는 방 법은 관리를 통할 수밖에 없는 것으로 이해하며 기술혁신, 노동의 단순화, 관리의 필요성 간 악순환이 오늘날 노동 현장의 모습으로 보았다.

중요한 것은 사실의 진위보다 스스로가 어떻게 사고의 깊이를 더하고자 노력하는가에 있다. 자세와 태도를 갖추었냐가 아닐까 싶다.

기술혁신은 대부분의 경우 노동을 단순하게(또는 쉽게) 만드는 방향으로 흘러간다. ~ 단순한 노동은 '누구나 가능한' 일로 전 락해 얼마든지 대체할 수 있게 되는 것이다. ~ '노동자는 기계

의 부속물로 전락하고 부속물로서의 그에게는 오직 가장 단순
하고 가장 단조로우며 가장 손쉽게 획득할 수 있는 기술만이
요구된다.'[2]

이 현상을 제빵 환경으로 옮겨와 그 폐단을 자신의 경험 속에
서도 찾고 있다. 성찰을 통해 자신의 신념을 잡아가는 모습이 인
상적이다.

이스트를 사용해 누구라도 쉽게 빵을 만들 수 있게 되면 빵값
이 싸지고 빵집 노동자는 싼 값에 계속 혹사당하게 된다. 또 공
방에서 이루어지는 노동은 단순해져서 빵집 노동자는 아무리
오랜 시간을 일해도 빵집 고유의 기술을 습득하지 못한다.[3]

원칙 2: 관리의 대상은 시스템이다

저자는 자연의 섭리인 순환의 모습으로 시스템을 이해하고 있
다. 시스템이 외부 환경에 개방되어 있음을 너무나 자연스럽게 추
적하였는데 그 매개체는 균이었다. 2장의 제목은 '균이 목소리를
들어라'로 전체를 균이라는 환경 속에 놓인 제빵 시스템의 개방성
을 이야기하고 있다. 이는 시스템 이론을 알아서가 아니었다. 삶
이 움직이는 방향성에 따른 결과였다. 결과적으로 살아있는 시스
템의 본성대로 형성하였으며 그 생동성은 시너지의 극대화로 나
타나게 되었다.

자연계에서는 균의 활약을 통해 모든 물질이 흙으로 돌아가
고, 살아 있는 온갖 것들의 균형은 이 '순환' 속에서 유지된다.

가끔 환경이 변해 균형을 잃을 때도 순환은 자기회복력을 작
동시켜 균형 잡힌 상태를 되찾게 한다.[4]

지역 경제를 순환시킴에 있어 시스템을 입체적으로 이해하는
대목이 나온다. 아울러 공진화라는 시너지 작용도 이해하게 되었
다. 이러한 발상은 이윤이 아닌 순환과 발효에 초점을 둔 부패하
는 경제가 지속가능하다는 결론과 믿음으로 이어지게 된다.

그렇게 우리는 빵을 매개로 지역 내 농산물을 순환시킨다. '지
역생산 지역소비'를 실천함으로써 지역의 먹거리와 환경과 경
제를 한꺼번에 풍요롭게 만드는 것이다.[5]

관리의 대상이 시스템이지만 시스템 이론에서 강조하듯이 나
또한 시스템의 일원임을 깨달아야 한다. 인간은 자연의 일부라는
인식이 여기에서 비롯된다.

그런데 신기하게도 만드는 사람의 기분이 균에 전달된다고 밖
에 생각할 수 없는 일들이 일어난다. 내 기분이 불안정할 때는
효모나 반죽의 발효가 거칠어지고, 반대로 내가 편안하면 발
효도 차분한 느낌을 준다는 것이다.[6]

주인공은 번개가 치고 나면 벼가 잘 여문다라고 했던 선조들의
지혜에서 다시 한 번 자연 전체가 하나의 시스템임을 깨닫는다.

번개가 치면 공기 중의 질소가 물속에 몇 톤이나 녹아 들거든.

> 공기 중의 질소가 비에 녹아들면 그 물이 땅을 비옥하게 하고 그
> 덕에 벼가 여물지. 그래서 번개를 벼의 마누라라고 하는 거야.[7]

관계 맺음의 중요성을 알고 있다면 가장 소중한 관계를 놓칠
리 없다. 가정이다.

> 아이들에게 열심히 사는 부모의 모습을 보여주고 싶다. 일을
> 한다는 것이 얼마나 즐겁고도 힘든지, 그리고 일을 통해 얼마
> 나 많은 것을 얻게 되는지를 보여주고 싶다.[8]

원칙 3: 인간은 학습의 대상이다

저자가 진정한 제빵 장인의 길로 들어서게 된 점은 '이스트'와
'천연효모'의 인공과 천연의 차이를 깨닫기 시작하면서였다. 인공
의 이스트에 비해 균이 많은 천연효모는 그만큼 발효 관리가 어려
울 수밖에 없을 것이다. 그러나 그 차이가 기술 전수라는 노동 형
태와 고용관계까지 변화시켰다는 점은 감탄을 자아낸다.

> 이스트는 빵집의 경영과 노동 형태를 크게 바꾸어 놓았다. 제
> 빵이라는 작업에서 기술과 숙련도가 필요 없어졌고, 스승에서
> 제자로 기술을 전수하는 도제제도가 무너졌으며, 대신 자본가
> (경영자)와 노동자라는 자본주의적 고용관계가 빵집에 뿌리를
> 내리게 되었다.[9]

천연균의 가치는 위에서 그치지 않는다. 그 진정한 가치는 재
료를 부패시킬지 발효시킬지를 구분하는 역할에 있다는 것이다.

재료가 사람의 생명을 키우는 힘을 갖추고 있으면 발효가 일어나고, 그렇지 않으면 부패가 된다는 것이다. 이렇게 균을 통해 모든 물질이 자연 속으로 편입되는 과정을 알게 되었을 때, 분명 그의 직업관에 커다란 변화가 일어났을 것이다. 학습이 정신에 미치는 역할이다. 정신이 구조의 변화를 통해 행위의 변화를 이끌어 낸다. 저자는 행태가 구조의 산물이라는 입증을 넘어 자본주의 문제점까지 간파하고 있다.

> 바로 이 부패하지 않는 돈이 자본주의의 모순을 낳았다는 내용이 내가 이 책에서 말하고 싶은 내용의 절반을 차지한다.[10]

따라서 자연스럽게 해결책의 실타래도 자신에 맞게, 자신의 언어로 풀어내고 있다.

> 그렇다면 차라리 돈과 경제를 '부패하게' 만들어 버리면 어떨까? 이것이야말로 발효의 힘을 빌려 발효와 부패 사이에서 빵을 만드는 나에게 딱 맞아떨어지는 발상이었다.[11]

학습은 자신을 발견하게 해 준다. 왜 자신을 발견해야 하는가? 그래야 원함을 얻을 때까지 지속적으로 몰두할 수 있기 때문이다. 저자는 자신이 가야 할 길이 선명해졌다는 말로 학습의 효과를 실감하고 있다.

> 그래서 우리 시골빵집은 단순함을 지향한다. 만드는 자에게는 직업으로서, 소비하는 자에게는 먹거리로서의 풍성한 즐거움

을 지키고 키워가기. 그러기 위해 비효율적일지언정 더 많은
정성으로 한 번이라도 더 많은 손길을 거쳐서 공들인 빵을 만
들고, 이윤과 결별하기. 그것이 부패하지 않는 돈을 탄생시킨
자본주의 경제의 모순을 극복하는 길이라고 나는 생각했다.[12]

저자는 시행착오라는 말을 여러 번 반복해 사용하고 있다. 익
힘의 과정을 진솔하게 경험해 보았다면 시행착오를 얼마나 자주
경험하게 되는 것인지 그냥 알 수 있을 것이다. 시행에는 착오가
있게 마련이어서 이를 극복하기 위해 몰입해야 함을 본 사례에서
도 그대로 재연하고 있다.

천연 누룩균으로 발효된 빵을 얻기 위한 저자의 노력은 필사
적으로 이어지고 있다. 반죽 배합을 바꿔보고 수분량을 조절하며
발효 온도를 변화시키는 등 수많은 시행착오를 경험한다. 특히,
천연균이 잘 발효하기 위해서는 아무리 좋은 유기농이라고 할지
라도 이것이 아닌 자연재배 작물을 써야 했다는 것 등은 수많은
실패와 시행착오 끝에 찾은 익힘의 결정판이었다. 이러한 고비를
넘어서고도 여전히 학습한다. 기술의 안정화를 위해서 찐쌀에 균
을 섞어 보기도 하고 유기농 쌀로도 좋은 빵을 만들 수 있지 않을
까에 대한 또 다른 호기심 등이 그것이다.

이 과정에서 저자는 더 큰 깨달음을 얻는다. 천연균은 유기재
배 쌀은 부패시키고 자연재배 쌀은 발효시킨다는 점이다. 재료가
생명력을 스스로 얻지 못하면 겪게 되는 자연의 섭리를 보게 된
다. 이는 현실 자본주의의 문제를 보게 하였고 해답을 찾게 하였
으며, 무엇보다 최고의 소득은 자신이 하고 있는 일에 확신을 얻

게 되었다는 점일 것이다. 확신이 이끄는 지속적 학습은 깨닫고 확신하고 학습하는 선순환 구조의 내면화를 구축한다는 측면에서 성장의 근원적 토대라 하지 않을 수 없다. 멈추지 않음, 익혀본 사람들에게서만 나타나는 공통적 모습이다.

> 천연균은 작물의 생명력이 얼마나 강한지를 알아본다. ~ 살아가는 힘이 없는 것들을 부패시킨다.[13]
> 균을 찾겠다고 밤낮으로 밖을 헤매고 돌아다녔지만, 결국 자연의 힘에 맡기고 공기 중의 균이 내려와 터를 잡기를 기다려야 한다는 중요한 교훈을 깨닫게 되었다. 발상이 크게 전환된 순간이었다.[14]

시행착오를 거듭하며 천연 누룩균에 도전한 지 1년 8개월이라는 시간이 지나고 나서 겨우 빵다운 빵을 만들었으나 뜻 모를 아쉬움은 끝없는 학습으로 이어진다. 설탕도 제거해 보고 근거리에서 재료를 들여오기도 하며 반죽 과정에서 온갖 첨가물들을 제거해 보기도 하는 등 오로지 균을 통한 맛만 남기고자 하였다.

그 과정에서 저자는 과학의 힘만으로는 모든 것을 설명할 수 없다는 것을 깨닫는다. 비과학적으로 보일 수 있는 인간의 통찰, 공감이 갖는 위대함을 자각하는 것 등 꾸준히 학습하는 사람만이 가질 수 있는 또 다른 식견을 저자로부터 들을 수 있다. 저자와의 공감대가 확산되는 지점이기도 하다. 직접 저자의 소리를 들어보시라.

> 제빵사의 콧구멍과 혀에는 기술을 탄생시키는 눈이 달려 있

다. ~ 과학의 힘에 밀려 멀어지고 사라진 인간 내면의 힘이 우리 안에 분명 존재한다.[15]

장인 정신이야말로 익힘의 결정체라고 할 수 있다. 시간이 오래 걸리고 죽기 살기로 덤벼들어 끝장을 보고자 하는 일이기도 하다. 이렇게 자기가 하는 일에서 장인으로 살아가는 것, 이것이 학습이 지향하는 방향이며 삶의 지향점이기도 하다.

> 이제 빵을 만들기 시작한 지 10년이 지났다. 천연균과 자연재배에 빠져 산 세월이었다. 주위 사람들은 "빵집 중에는 이런 일을 하는 사람이 없다." "희한하고 재미있는 빵집이다."라고 말한다.[16]
> 나는 빵집 주인이 되어서 정말이지 행복하다. 빵이 아니었으면 지역경제를 세우겠다는 목표도, 경제를 순환시키고 발효시켜서 부패하는 경제를 만들겠다는 발상도 할 수 없었으리라.[17]
> 생활과 일이 하나가 된 인생을 살고 싶어서 빵이라는 무기를 들었다. 천연균과 자연재배를 만나서 작은 빵 뒤에 펼쳐진 발효라는 이름의 대우주와 그 매력을 알았다.[18]

인간은 익힘을 통해 나로 차별화된다. 그런데 이 과정을 저자는 아주 평이하게 풀어내고 있다.

> 개성이라는 것은 억지로 만든다고 생기는 것이 아니다. 상품을 만드는 사람이 진짜를 추구하는 과정에서 ~ 필연적인 결과로서 드러나는 것이다.[19]

아마 저자가 하고 싶은 말은 다음의 단 하나의 문장이 다가 아닐까 싶다.

쉬지 말고, 싫증 내지 말고, 자신을 연마하면 길은 열린다.[20]

원칙 4: 학습은 핵심가치를 업무에 녹여 흐르게 하는 것이다

저자의 핵심가치는 이윤을 추구하지 않아도 지속가능할 수 있음을 여실히 보여준다. 정직한 먹거리와 그에 따른 정당한 가격이 그 여정을 밝혀 준다고 믿는다.

인체와 환경에 유해한 물질은 쓰지 않는 것. 그것이 먹거리를 다루는 사람의 기본적인 자세여야 한다고 나는 믿는다.[21]

저자의 이윤을 남기지 않는 장사를 위한 업무는 반대로 이윤을 남기기 위한 업무에서 그 해법을 찾을 수 있었다. 즉, 이윤을 남기기 위해서는 영업일 수와 노동일 수를 늘리고 원가율을 낮추면 되었다. 노동자가 월급보다 더 많이 생산하게 하고 그만큼 자본가가 착복하면 되었다. 저자는 노동자가 생산한 만큼 노동자에게 정확히 돌려주고자 했다. 이를 위해 돈의 흐름을 스태프에게 공개하였다.

이윤을 추구하지 않을 뿐 적자를 방치하지도 않았다. 이윤 덕에 덩치가 커지지도 않았고 손실 탓에 위축되지도 않는 상태를 만들었고 다음 날에도 변함없이 빵을 구울 수 있게 하였다. 동일 규모의 유지에 이윤이 필요하지 않음을 알았다. 규모 확대가 아닌 지속가능성이 목표였다.

공멸이라는 악순환 구조를 한 대목 더 소개하고자 한다. 노동시간을 늘리면 종업원들이 고생하게 되고 원가를 낮추기 위해 배양균을 쓰면 제빵사로 기술이 늘지 않는다. 또 재료값을 낮추면 재료 생산자들에게 식품 허위표시, 농약과 화학비료, 첨가물, 유전자 조작 씨앗 쓰기를 강요하게 되어 결국 공멸로 가게 된다. 가격을 떨어뜨리면 노동력이 싸져 결국 노동력과 제품의 품질이 낮아지는 악순환이 반복된다. 또 이윤을 내지 않겠다는 말은 그 누구도 착취하지 않겠다는 뜻으로 돈이 새끼를 치지 않는 부패하는 경제를 만드는 길임을 강조한다.

정리하면, 핵심가치를 업무에 녹여 흐르게 함은 이윤 남기지 않기라는 부제를 달고 있는 4장의 '착취하지 않는 경영형태'에 오롯이 담겨있다. 한 사람 한 사람이 각자의 생산수단을 가지는 길이 자본주의 경제의 모순을 해결하는 방법으로 이해했고, 그 해답으로 소상인을 제시한다. 이것이 바로 모듈성이다. 특히, 주목할 점은 생산수단의 소유형태를 공유가 아닌 사유로 보았다는 점에서도 의의가 크다. 신뢰와 협력의 강점은 살리되 공유가 갖는 익명성을 극복하여 보다 책임성을 강화하고자 하였다는 점이다. 여기에 인터넷과 소셜 미디어 등이 등장하여 자신들의 생산품을 알리는 것도 쉬워졌고 무엇보다 소상인의 유대를 제고할 수 있다는 점에서 소상인의 시대를 키울 수 있게 되었다.

여기에 휴식에 대한 저자의 멋진 통찰을 얹으며 마무리하고자 한다. 저자에게 휴식은 단지 고된 일을 했기 때문만이 아니라 더 좋은 빵을 만들기 위해서도 반드시 필요하다고 주장한다. 제빵사가 감성을 연마하고, 삶의 폭과 깊이를 더하고 견문을 풍부하게 넓히는 눈을 가지고 있다면 그가 만든 빵은 어떻게 될까? 저자에게, 저자의 가게에서의 휴식은 학습의 시간이었다. 바로 성장의 시간이었다.

> 빵에 대해 더 파고들고 기술력을 높이는 것도 좋지만, 빵만 보이고 세상이 안 보이게 되면 어떤 빵을 만들어 제공해야 할지를 모르게 된다. ~ 다른 모든 분야에서 자극을 받아 ~ 지금보다 나은 재료가 없을지 ~ 또 여러 사람을 만나고, 많은 곳을 찾아가고, 다양한 책을 읽을 시간도 필요하다.[22]

사례를 마무리하면서 머리를 떠나지 않는 문구가 있다. '이윤을 남기지 않지만 오늘도 저자는 빵을 굽고 있다'라는. 그 이상 무슨 말이 더 필요할까?

생각해 보기

1. 시골이라는 외딴 지역에서 싸지 않은 가격의 빵을 팔고 있어 주변에서 망할 것이라고 하였다. 그럼에도 불구하고 오늘도 빵을 팔고 있는 가장 근본적인 이유는 무엇이라고 생각하는가?
2. 저자는 지속가능한 경제를 위해서는 믿을 수 있는 물건을 만든 사람에게 정당한 값을 지불해야 함을 강조하였다. 현실과의 차이점은 무엇이며, 이를 어떻게 구현하고 있는가?

3. 유한 자원의 무한 성장을 추구하는 현대 자본주의는 지속가
   능할까? 자본주의가 지속가능하기 위해서 무엇이 필요하다
   고 생각하는가?

Case Study

02

미래 공업

바보야, 쉬어라! 놀아라! 일하지 마라!, 베짱이들의 천국

훑어보기

두 번째 사례는 중소기업으로서 직원들의 천국이라는 별칭이
붙어있는 미래 공업(mirai.co.jp)이다.[1] 이 회사는 야마다 아키오(山田
昭男, 1931~2014)가 일본 기후현에 1965년 8월 자본금 50만 엔으로
문을 연 전기 회사로 창업 이래 40여 년 동안 단 한 번도 적자를
낸 적이 없다고 한다. 2022년 현재 매출액 369억 엔, 사원 1,219명
의 미래 공업은 1991년 이후 평균 경상이익률이 15%(업계평균 7%),
당기순이익률이 업계 평균보다 두 배나 많은 성과를 기록 중이다.
전기설비 분야에서 세계적인 대기업 마쓰시다를 꺾고 시장 점유

율 1위를 지키고 있는 말 그대로 초우량 중소기업이다.

미래 공업 창업자 야마다 아키오는 영국 파이낸셜 타임스의 2005년 위대한 경영자 50인에 선정되었고 일본 언론에 의해 '유토피아 경영을 실현한 경영자'라는 닉네임이 붙어있다. 또한 미래 공업은 '일본이 가장 소중히 해야 할 기업'의 하나로 선정되었다. 가장 인간적이고 가장 일본적이며, 기업의 존재 가치를 가장 잘 이해하고 실천하는 기업이라는 것이 선정 이유였다.

미래 공업이 주목받고 있는 이유는 이 회사가 보이는 특이한 구조와 관련이 깊다. 우선, 미래 공업은 시골에 위치해 있는데다 중소기업으로써 우수 인재 유치에 한계가 있을 뿐 아니라 대부분의 생산 제품 또한 누구라도 만들 수 있는 하위 기술을 바탕으로 하고 있다는 점이다.

이보다 더 특이한 점은 이 회사에는 그 흔한 노조, 잔업, 해고, 비정규직이라는 단어가 아예 없다고 한다. 무엇보다 경쟁도 명령도 없다고 한다. 그럼에도 불구하고 70세까지 정년보장, 전 직원 정규직, 3년간 육아 휴직, 5년마다 회사 부담으로 전 직원 해외여행, 연간 휴일 140일에 하루 업무 시간은 7시간 15분이라 한다. 연간 휴일은 일본 상장기업 가운데 가장 많고, 업무시간은 일본 노동기준법보다 45분이나 짧다. 성과주의도 없는 연공서열인데도 월급은 업계와 지역평균보다 항상 높은 수준을 유지한다.

'회사는 경영자도 주주도 아닌 사원의 것', '사원에게 감동을' 이란 창업 정신을 토대로 '쉬어라! 놀아라! 일하지 마라!'가 사훈이다. 그 대신 생각 좀 하고 살 것을 무엇보다 강조하고 있는데 사원들은 주인의식으로 똘똘 뭉쳐 새로운 아이디어를 쏟아내고 있다. '도대체 뭐 이러한 회사가 다 있는가', 싶지만 오늘도 성장 중이다. 미래 공업이 보여주고 있는 모습은 생명 경영의 실천을 넘어 해 보지도 않고 받아들이기만 한 수 많은 경영 상식을 통째로 의심하게 하였다는 점에서 백미가 아닐 수 없다.

우리 스스로가 얼마나 배운대로 살고 있는지를 자각하는 시간으로 본 사례를 탐방해 보자.

생명 경영의 실천

원칙 1: 인간은 관리의 대상이 아니다

야마다 사장은 구조조정과 성과주의가 경제계의 상식인 속에서 인간은 비용이 아님을 무수히 강조하고 있다. 그는 직원이 행복하지 않으면 회사가 존재할 가치가 없다는 '인본주의 감동경영'의 철학을 시종일관 주창하고 있다.

그가 밝힌 미래 공업의 경쟁력은 '경쟁'과 '효율'이 아닌 '사원 행복'과 '감동'이다. 그는 직원을 감동시키는 것, 그것이 바로 '경영의 모든 것'이라고 말한다. 경기가 안 좋다고 사원을 해고하고 임금을 깎는 경영자를 가장 '저질 경영자'로 친다. 그는 자본주의니 신자유주의니 세계화니 그런 단어에는 전혀 관심이 없다. 오로지 사원이 행복하면 된다. 채찍은 필요 없고 당근만을 궁리한다.

이와 관련된 야마다 사장의 말이다.

짐 콜린스(J. Collins)는 '조건만 잘 갖추면' 책임감, 동기부여, 변화의 문제 등은 대부분 눈 녹듯 사라지게 된다는 것이다. 인간을 관리의 대상으로 구조화하지 않으면 다음과 같은 행태들이 구조에 녹아 없어지게 됨을 미래 공업은 실증으로 보여주고 있다.

미래 공업에 없는 대표적 행태가 채용과 승진 기준, 명령과 직급에 따른 호칭이다. 가장 멀리서 왔기에 채용했다거나 과장 승진자의 이름을 적은 쪽지를 선풍기 바람으로 날려 가장 멀리간 자를 뽑았다는 내용 등이 그것이다. 또 부하에게 명령하는 것은 관리직의 상실로 조직 최대의 적으로 간주하였다. 상사는 부하에게 명령하는 것이 아니라 끊임없이 설득하여, 부하가 스스로 동기를 부여해야 책임감과 의욕이 생긴다고 보았다. 인간의 심리를 꿰뚫은 관리의 혜안이라 하지 않을 수 없다. 그의 말이다.

"일 잘하는 사원이나 못하는 사원이나 능력은 모두 똑같다고 생각해요. 과장시켜 놓으면 과장하고, 부장시키면 부장할 수 있는 게 미래 공업의 사원이라고 생각하거든요."[3]

또한 성과급이 없다. 그 이유도 납득이 된다. 야마다 사장은 성과의 정확한 기준을 정할 수 없기에 불평불만의 원인만이 된다고 보았다. 따라서 어차피 만들 수 없는 기준이라면 연공서열이 가장 불만이 적은 정책으로 보았다.

여기에 채용은 선착순으로 하고 인사고과나 연봉협상 제도, 근태관리, 회사가 정해주는 업무 할당량, 정해진 제복, 회식 자리 등도 없다. 따라서 인사 부서가 없으며, 업무량은 스스로가 정한다고 한다.

이렇게 차별화의 소지가 있는 것을 전부 없앴다고 한다. 직원을 믿고 맡기고 회사가 직원을 감동시키면 직원은 자기 자신을 위해 노력하게 되어 회사의 성장으로 연결됨을 미래 공업은 실제로 보여주고 있다. 앞에서 설명한 사내 복지는 사장의 진정성, 그 자체라 믿지 않을 수 없게 한다. 이를 통해 공식, 비공식의 엄청난 관리 비용을 줄이고 있다. 그 결과가 시장 평균 수익률을 넘어서는 모습으로 나타나고 있다.

사족을 없앴기에 할 수 있는 것이 많아졌다. 대표적으로 70세까지의 종신 고용, 평균 이상의 연봉, 짧은 근무시간과 팀워크 필요성 향상, 사원여행 등 월등한 복지제도 도입 등이 그것이다.

한편, 미래 공업은 회사를 무리하게 키우려 하지 않는다고 한다. 그 과정에서 발생할 수 있는 직원 처우 저하를 염려해서라는 것이 그 이유였다. 인간을 관리하지 않겠다는 철학의 무모순을 확인하는 순간이다.

원칙 2: 관리의 대상은 시스템이다

미래 공업이 인간을 관리의 대상으로 놓지 않으면서 구축하고자 하는 바는 짐 콜린스(J. Collins)가 강조하고 있는 위대한 기업의 토대인 규율의 문화이다. 직원들이 스스로 책임감을 갖고 자신의 일처럼 회사 일에 임하게 하는 것이다. 이를 위해 직원들을 관리의 대상에서 풀어서 자유롭게 사고하도록 독려하는 규율의 학습 시스템을 구축하였다.

미래 공업은 남들도 쉽게 생산할 수 있는 낮은 기술 수준의 단순한 제품을 생산하는 기업이다. 이 경우 직원들이 경험하게 되는 무료함을 '생각하라'라는 모토를 통해 일에 대한 관심과 성장의 즐거움으로 극복시키고 있다.

이렇게 '생각하기 → 창의적 아이디어 → 즐거움(직원만족) → 제품 차별화 → 고객 만족 → 이윤 창출 → 복지 확대 → 생각하기'로 다시 이어지는 충성의 선순환 구조는 미래 공업이 시장 수익률을 능가하게 하는 핵심 구조이다.

이를 뒷받침하기 위해 미래 공업은 본사 기능이 작은 대신 현장과 영업소 중심의 다품종 소량씩, 고품질 제품을 생산하고 있다. 이를 통해 소비자의 다양한 욕구를 신속히 반영하면서 상대적으로 높은 가격을 유지할 수 있었다. 이는 가격 경쟁이 야기하는 직원 착취를 미연에 방지하는 동시에, 고가격 정책으로 인한 소비자 부담을 영업기능 강화로 대처하고 있다.

앞서의 획기적인 구조에만 초점이 주어져서는 안 된다. 사소해 보이지만 결코 간과해서는 안 되는 일도 있다. 그 첫 번째가 비용 절감에 철저했다는 점이다. 낮에는 복도에 전등을 켜지 않으며 복사기는 1대뿐이고 에어컨 설정온도도 27도라고 한다. 복사비도 아까워 식권도 없앴으며 바이어 접대도 사원식당에서 간단하게 처리한다고 한다. 수위실은 있지만 도둑맞아 잃게 될 비용이 더 적어 경비원도 없다고 한다.

원칙 3: 인간은 학습의 대상이다

직원 중시의 경영은 학습 조직으로 이어진다. 공장 벽면 곳곳에는 '항상 생각하라'라는 표어가 붙어있다 한다. 이는 곧 '사원 제안 제도'로 구체화되어 실천된다.

이 제도는 제안서를 내기만 하면 내용과 상관없이 500엔에서 3만 엔을 지급한다. 모집되는 아이디어가 연간 1만여 건이 넘으며 내용 또한 다양한데 제품 사용의 편의성을 높이기 위해 덜 미끄러지게 한다거나 모양과 색을 바꾸거나 금속탐지기로 벽속 제품 위치를 쉽게 찾을 수 있도록 고안한 아이디어들이 모두 이 제안 제도를 통해서 도출되었다고 한다. 연구개발 예산이 매출액에서 1%도 차지하지 않음에도 매년 시장에 내놓은 신제품 수가 200~300종류가 되는 이유도 또한 이 제도에 있다. 1명의 사원이 회사 이익에 기여하는 가치가 평균 월급의 3배가 된다고 한다. 주목해 보아야 할 대목이다.

한편, 이 제도의 진정한 가치는 전 사원의 주인의식 배양에 있다. 자신의 일처럼 개선점을 찾고 제품을 개량하려고 노력하며, 회사의 위기를 자신의 위기로 인식하는 매개체에 제안제도가 있다. 중소기업으로서의 다양한 약점들이 소멸되는 순간이다.

원칙 4: 학습은 핵심가치를 업무에 녹여 흐르게 하는 것이다

직원에 대한 무한 신뢰와 감동 경영철학은 생각할 것을 강조하는 핵심가치와 연동되어 있다. 업무의 기본 처리도 현장 중심이다. 현장에 결정권을 부여하여 사원 각자가 직접 생각하고 결정하게 하고 있다. 영업사원의 경우 현장의 의견을 직접 듣고 매일 그림 등을 곁들인 영업일지를 본사 개발부로 보내 집약하는 형식으로 연구개발을 수행한다. 고객의 소리를 가장 잘 전달할 수 있는 업무 방식을 수행하는 것이다. 이는 미래 공업이 창사 이래 타사와 같은 제품을 만들지 않는다는 철칙을 준수하는 업무처리이다.

여타 부서의 업무 처리도 이와 동일하게 일상화되어 있다. 경리사원 1명이 100억 엔이 넘는 청구서를 직접 결제하고, 현장 영업 부장이 공장 건설 용지를 직접 구입하는 일들이 그 예들이다.

야마다 사장의 말이다.

> "막이 오르면 연기는 배우가 하는 겁니다. 기업도 마찬가지예요. 연극은 연기를 하는 측에 감동이 없으면 관객도 즐거움을 느끼지 못해요. 사원이 즐겁게 일할 수 있는 환경을 갖추고 사원이라는 배우에게 모든 것을 맡겨야 합니다. 공연이 시작된 무대 위의 배우에게 밤 놔라 콩 놔라 지시한다면 배우는 성장하지 못합니다. 모든 것을 자신의 뜻대로 지시하려는 경영자가 있는데, 이는 말 그대로 3류 경영자입니다."[4]

무릇 조직의 목표는 크게 세 가지이다. 이윤창출, 고객만족, 직원성장과 안정이다. 빨리 가려면 혼자서 이윤 창출에 집중할 수밖에 없고, 멀리 가려면 함께 직원 성장을 도모해야 한다. 미래 공업은 직원과 같이 멀리 가는 길을 선택하였다.

이를 위해 미래 공업은 회사를 의도적으로 키우려 하지 않는다. 이윤을 극대화하면 분명 자본가와 노동 자간 분배구조의 왜곡을 동반할 수밖에 없다고 보았다. 이 과정에서 착취의 문제가 제기되기에 미래 공업은 적정 이윤만 확보하고자 한다. 이윤 극대화를 추구하지 않으면 소비자에게 양질의 제품을 제공할 수 있고 근로자(누구라도) 착취의 유인도 근본적으로 제거할 수 있다. 이를 통해 직원들은 비로소 자기 일에 주인 의식을 가지고 능동적으로 일하게 된다.

또한 미래 공업은 경쟁을 지향하지 않는다. 이는 외부적으로 가격경쟁이 있고 내부적으로 직원 간 경쟁이 있다. 외부 경쟁은 임금 삭감, 소비감소 및 산업도산으로 이어질 수밖에 없으며, 내부 경쟁은 조직이나 고객 보호가 아닌 자신 보호로 축소될 수밖에 없다.

경쟁을 지향하지 않음이 지속가능성을 향한 선순환 구조의 토대이다.

생각해 보기

1. 직원 우선주의가 직원 신뢰로 나타날 때까지 꽤 오랜 시간이 소요되었을 것이다. 그 기간동안 회사는 어떻게 버텼을까?
2. 미래 공업은 고급 기술력도 갖지 않은 평범한 중소기업으로 지방에 위치하고 있는 불리함을 극복하였다고 평가받고 있

다. 그 가장 근본적인 이유는 무엇이라 생각하는가?

3. 조직의 끊임없는 성장과 이윤 극대화는 주주 자본주의 경제 체제하에서는 지상과제라고 한다. 이에 따른 부작용은 무엇일까? 적정 이윤 추구는 어떠한 장점이 있을까?

03

메이요 클리닉

우연함과 역동성이 빚어낸 의료계의 '나비효과'

훑어보기

　세 번째 사례는 비영리 조직으로서 세상에서 가장 사랑받는 의료서비스기관이라는 부제를 갖고 있는 메이요 클리닉(Mayo Clinic)이다.[1] 메이요 클리닉(이하, 메이요)은 전일주의(holism)와 유기적 인간관에 입각한 시스템 사고가 어떻게 지속가능한 경영을 가능하게 하는지를 보여 주는 멋진 실증 사례로써, 시스템 사고가 왜 중요하며 환원주의로 접근할때 무엇이 문제인지를 여실히 보여준다. 이와 함께 흔들리지 않는 핵심 가치의 힘, 학습조직의 중요성과 시스템을 사용할 줄 아는 사람들을 만나 볼 수 있다.

피터 드러커(P. Drucker)는 그의 저서 '비영리기관의 경영'에서 전문가 조직의 경영이 제일 어렵다고 하였다. 전문가는 '왜?'가 해결되지 않으면 실천하지 않기 때문이라 하였다. 특히, 의료기관은 그중에서도 가장 어려운 경영체이다. 수십 종의 특화 자격증을 가진 전문가들이 배타적이자 의존적 업무로 서로 얽혀있기 때문이다. 의료경영에서 과거 100여년 동안 세계 최고의 자리에 있는 메이요의 성공 경영 사례는 비영리 의료기관을 넘어 영리 조직에게도 시사하는 바는 크다.

이제, 미션을 중시하면서도 어떻게 성과를 창출하고 있는지, 아니 미션을 중시해야지만 성과를 낼 수 있다는 그 우연함과 역동성이 빚어낸 의료계의 '나비효과'를 탐방해 보자.

생명 경영의 실천

원칙 1: 인간은 관리의 대상이 아니다

메이요의 직원은 한마디로 '환자의 필요성을 최우선(The needs of the patient come first)'이라는 조직 가치에 공명하고 있다. 이들은 어떻게 하였기에 조직 가치와 하나가 되었을까? 이를 파악하기 위해 먼저 메이요의 핵심가치가 어떻게 사람들을 움직이는지 그 원인부터 살펴보자.

이를 위해 메이요의 출범 시 있었던 몇 번의 우연을 짚어보고자 한다. 그 첫 번째는 최고의 의료기술을 가진, '남과 다르고자 했던' 메이요 의사 형제들이 있었다는 점이고 다음으로는 수녀회와의 조우를 통해 환자의 필요를 최우선으로 하는 신념에 대한 자각이 있었다는 점을 거론하지 않을 수 없다.

그 우연 위에 결정적인 사건이 얹어지면서 숭고한 이타주의 가치관의 역동성이 더해졌다. 이는 설립자의 전 재산 기부이다. 이는 비영리 기관으로서 비영리라는 숭고한 가치의 확립과 이 조직에서 일하는 직원들이 스스로 자신의 회사라는 자부심을 갖게 만드는 결정적 토대가 되었다. 초기 5인의 동업으로 시작한 메이요는 처음부터 수입 배분에서만 동업함으로써 의료인과 비의료인간의 권한을 차별화하였으며, 이후 메이요 재단이 되는 메이요 재산관리협회를 만들어 메이요 형제들의 개인 재산 대부분을 기부함으로써 비영리의 이타주의 가치관을 몸소 실천했다.

이렇게 메이요가 번영을 누릴 수 있었던 이유는 관대한 고용주가 직원들에게 관대하게 베푸는 정신을 심어주었기 때문이다. 다음은 2007년부터 최고행정책임자로 근무한 셜리 바이스의 말이다.

> "오늘날 메이요 클리닉을 굴러가게 하는 원동력은 여기서 일하는 의사들이 이 클리닉을 자신들의 것이라고 생각한다는 사실입니다"[2]

메이요가 인간을 관리의 대상에서 벗어날 수 있도록 한 원천적 토대는 직원 채용에서 시작된다. 채용의 최우선 순위는 개인적 가치가 조직과 조화할 수 있는 적합한 사람에 놓여 있다. 이는 인간 행동은 변화시킬 수 있지만 가치 변화는 어렵다는 이유와 함께 의료라는 특수한 조직의 소비자는 극도로 예민하고 고통스럽고 두려운 상태에 놓여있다는 현실적 이유가 더해져 있다.

현재 업무를 뛰어넘어 더 큰 무언가와 연결되어 있음을 자연스럽게 알리기 위해서는 '자신과 조직을 동일시'하는 수밖에 없음을 메이요는 꿰뚫고 있었다. 직원들은 자신을 어떤 과나 부서 직원이라 하지 않고 메이요 직원이라고 생각한다. 그 밑바탕에는 조직이 자신에게 충성한다고 믿고 있는 것이며, 이의 확인을 통해 자신도 조직에게 충성한다. 성공의 선순환 고리를 이렇게 만들었다.

메이요는 스스로가 최고인 이유를 가치관에 있다고 한다. 존재이유를 잃지 않으려고 노력한 덕택에 세계 최고 의료기관이 될 수 있었다고 자평한다. 맞는 사람은 들이고, 맞지 않는 사람은 내침을 엄정하게 시행하였다. 조직이 신봉하는 가치와 충돌하는 사람은 엄격히 이직을 권유하였다. 그들이 파생시킬 조직 문화와 가치 파괴를 잘 알고 있기 때문이다. 짐 콜린스(J. Collins)의 버스론이 다시 거론되는 대목이다. 적합하지 않는 자를 빠르게 내리게 하지 않으면, 그 버스에는 적합한 자는 없게 된다는.

IBM의 전직 최고경영책임자이자 70~80년대에 걸쳐 8년 동안 메이요 재단의 이사회 일원으로 활동했던 토머스 왓슨 주니어(Thomas Watson, Jr.)는 이렇게 쓴 적이 있다. 인간을 왜 관리하지 않아야 하는지 그 찬란한 통찰을 발견할 수 있을 것이다. 또한 짐 콜린스(J. Collins)의 모든 조직의 문제는 상황의 함수가 아닌 의식적 선택이라는 지적과도 겹쳐진다.

"조직이 무엇인가 성취하는 데는 기술 자원, 경제적 자원, 조

직의 구조, 혁신, 시간 관리 같은 것보다는 조직의 기본 철학이
나 정신, 추진력 등이 더 중요하다. (중략) 사람들이 조직의 기
본 행동 지침에 대해 확고하고, 그것을 충실하게 실천한다면
그런 문제들은 모두 초월할 수 있다."[3]

자발적 이직률이 2.5 퍼센트 이하라는 사실과 평생 메이요에서
는 일을 해본 적이 없다는 자평과 자부심이 이를 뒷받침하고 있다.

원칙 2: 관리의 대상은 시스템이다

시스템을 형성하는 이유는 시너지라는 레버리지의 창출이다.
이제 메이요는 적합한 사람을 선발했으니 조직과 직원을 어떻게
묶어 시스템을 형성하는지를 살펴볼 차례이다.

메이요 시스템 설계의 핵심은 효율적이면서도 환자에게 개별
화된 서비스를 제공할 수 있도록 하는 것이다. 이에 기초해 메이
요의 시스템 관리는 크게 내적으로는 임상 부문의 협력 진료와 행
정 부문의 참여형 공동지배구조가 있으며, 외적으로는 브랜드 관
리를 통해 전개된다.

먼저, 메이요는 미국 최고이자 드물게 다전공 협력 시스템을 구
축하였다. 이는 1907년부터 통합진료기록부를 통해 실현하였으며,
이를 통해 재무적으로 신속한 진료가 가능하게 하여 비용 절감뿐
아니라 실제 병상회전율을 높였으며 낮은 재원일수는 환자 만족도
극대화로 이어지고 있다.

다음은 참여형 공동지배의 실천 구조로서 다수의 이사회 체제
와 내부 운영 위원회의 도입이다. 이를 통해 예산, 환자 서비스, 의

료진, 행정지도부를 입원, 외래 환자 서비스 양쪽 모두 통합하여 운영하였다. 통상 의료기관에서 볼 수 있는 원무과를 없애고 그 자리를 의사 리더, 간호사 리더, 행정가 리더로 구성된 3인 집단 지도체제인 종합병원운영위원회가 담당하고 있다. 이는 기능상 분절을 넘기 위한 조치로 이로써 조직의 사명, 서비스, 성과를 하나로 모으는 시스템이 구축되게 되었다.

메이요의 브랜드 창조는 고객과의 접촉 체험에 바탕을 둠으로써 살아 숨 쉬게 하고 있다. 메이요 클리닉이라는 신뢰의 브랜드는 초기 무균 수술실의 이른 도입에 성 프란체스코 수도회 수녀들의 윤리 의식이 더해지면서 입소문을 타기 시작했으며, 최고 의학 잡지를 통해 발표되어온 임상 결과들이 의사들에게 인정받으며 강화되었다. 메이요는 이를 지리적으로 확대하여 메이요 보건의료 시스템(Mayo Health System)이라는 타기관과의 폐쇄적 지역 네트워크 시스템 구축을 통해 확장하고 있다. 이를 통해 모든 미국인은 의료보험이 필요하며, 메이요에서 하는 통합 진료가 최적 진료 방식이며, 의료 또한 비용을 생각하지 않을 수 없다는 현실적 한계를 반영한 내부 성공 모델을 국가 전체로 확대하고자 하는 메이요의 애정과 헌신을 브랜드 관리를 통해 보여주고 있다.

이상의 시스템을 견고하게 작동시키기 위하여 메이요는 협력과 신뢰의 문화로 저변을 떠받들고 있다.

그 대표적인 사례가 임금 정책이다. 메이요는 인센티브 제도가 없이 모두 공정한 봉급제[4]를 채택하면서 상호 존중의 문화를 강조하고 있다. 인간적이고 윤리적인 가치 지향에서 오는 공감을 경험했을 때 오는 마음 울림, 보람과 성취감은 직장 생활의 백미이자 특별 보너스가 될 것이다. 그 공감이 부족할때 조직에 의한 착취를 느낄 것이며 조직 가치는 해체되고 말것이다. 한 외과의사의 증언이다.

> "저는 메이요 클리닉 의사들이 의사 휴게실에서 돈 문제로 얘기하는 것을 한 번도 들어본 적이 없어요"[5]

또한 메이요의 높은 생산성 비결은 모든 구성원이 하나라고 느끼는 신뢰 환경에 있다고 입을 모으고 있다. 조직 내의 신뢰 문화는 개인주의의 협력을 가능케 하는 토대가 된다. 의사 간 교류는 전문성을 빠르게 성장시켜 더 나은 의사로 거듭나게 한다. 진료기록부를 공동으로 사용하기에 자신의 잘못을 숨길 수 없을 뿐아니라 의료 기술과 지식이 공개되기에 끊임없이 학습하게 한다. 또 공동 진료기록부는 환자로 하여금 병원 전체가 최선을 다해 자신을 돌봐준다는 느낌을 갖게 한다. 이렇게 메이요 속에 모두는 마치 하나의 생물체 안에 기능하는 세포처럼 느낀다는 것, 이 때문에 멀리서도 찾아오게 된다는 것이 메이요 신화의 핵심이 된다. 조지 바틀리 박사의 이야기이다.

> "어느 조직의 목적이 경제적인 것에 우선적으로 맞춰져 있지 않다면 개인이 편협한 자기의 이해관계를 떠나 조직의 목표와 자신을 동일시하는 것은 대단히 쉬워진다"[6]

신뢰와 협력과 효율은 상호 의존적으로 연결된다. 주류 경영학에서 도모하고 있는 경쟁적이고 파편적 효율은 그 자체로 한계에 빠져 있다. 신뢰가 협력을 낳고 협력으로 효율을 도모하니 신뢰 관계가 훼손될 수 없게 된다. 이들 간 선순환 구조를 메이요는 실제로 제시하고 있다.

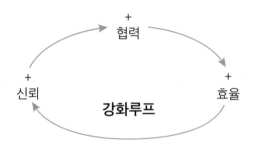

원칙 3: 인간은 학습의 대상이다

메이요가 지향하는 학습하는 인간은 경계를 넘어서지는 않지만 언제나 그 경계를 넓히려고 애쓰는 사람이다. 이를 위해 조직이 그어 놓은 경계와 맞서고 이를 만든 근본가정을 의심해 볼 것을 강조한다. 이는 매우 흥미로운 대목이다. 통상 경계를 긋고 이쪽과 저쪽으로 나누어진다. 이의 극복책으로 경계 위에 설 것을 요구하기도 한다. 그러나 메이요는 경계를 넘지 말 것과 그 안에 갇히지 말 것을 동시에 주문한다. 경계 위에 선다는 모호성에서 탈피한 현실적 대안이라 하지 않을 수 없다. 처절한 고민의 흔적이 느껴진다.

메이요의 인사 원칙은 특정 부서의 직원이 아닌 메이요의 직원으로 인식하게 하는 동력이 된다. 직원과 조직이 서로 간의 충성으로 연계되어 강화될 때 충성의 순환 고리가 만들어 진다.

이를 위해 메이요는 끊임없이 직원의 잠재력을 깨우는 일에 집중한다. 사람의 성격과 능력에 적절한 자리를 찾아줌으로써 직원들의 뛰어난 능력을 보존한다. 일 중심의 '무'가 아니라 사람에 맞추어 일을 연결해 주는 '업' 중시의 인사원칙을 기본으로 한다.

또한 리더들의 임기에 제한을 두는 순환 보직을 통해 직원들에게 개인적 도전의 기회를 고르게 제공한다. 이는 조직 내 활기 유지와 공감대 형성에 토대가 된다.

본 도서 맨 마지막장의 제목인 '인간의 잠재력을 일깨우다'에서 인간 학습의 진수를 발견할 수 있다. 직원의 성장이 조직의 성장이라는 것을 어떻게 구조화시켜 실천하고 있는지를 메이요는 명확히 전하고 있다. 그 첫 번째가 조직의 미션을 천명하는 것이며, 다음으로 이에 공명한 우수 인재를 선발하는 것이며, 마지막으로 그 인재들을 성장시키면 된다는 것이다. 온전하다 하겠다.

원칙 4: 학습은 핵심가치를 업무에 녹여 흐르게 하는 것이다

메이요의 조직 학습은 철저히 핵심 가치를 직원들의 DNA의 일부가 되도록 하는 것에 있다. 이를 통해 일상적 업무 수행뿐 아니라 특별한 상황에서 어떻게 행동할지를 결정할 수 있는 힘과 도덕적 권한을 부여하고 있다. 이때의 기준은 단 하나로써 '이게 환자에게 옳은 일일까? 아닐까?'를 스스로에게 반문하는 것이다. 이는 도움이 필요한 환자를 만났을 때 환자를 가장 잘 아는 당사자가 별도의 허가를 받기 위해 지체하지 않고 바로 행동할 수 있게 한다. 조직 학습의 정수라 하겠다. 그 한 대목의 요약 내용이다.

> "저는 메이요 클리닉 중환자실에 환자로 들어오게 되었습니다. 그때 담당 의사는 여행을 갔었는데 저를 보러 찾아 왔습니다. 하지만 제가 정말로 놀란 부분은 간호사가 저를 그냥 자게 두고 담당 의사를 되돌려 보냈다는 것입니다. 다음 날 간호사는 이 일로 마음 상하지 않았는지를 물었을 때 더욱 감동받았습니다. 괜찮다는 말을 전하고 속으로 생각했습니다. '이 간호사는 환자에게 무엇이 최선일까라는 훌륭한 질문을 스스로에게 던졌고, 행동으로 바로 그 해답을 보여주었어.' 그 간호사는 저에게 가장 필요한 것이 잠이라는 것을 알았습니다."[7]

메이요는 업무 속에 자신이 따르는 가치를 심어 고객의 체험 속으로 매일 살아 숨 쉬게 하기 위해 단서 경영을 적극적으로 활용하고 있음도 눈여겨볼 만하다. 병원을 오고 싶어 오는 사람은 거의 없을 것이다. 그렇게 병원에 오는 고객(환자)은 마치 탐정과 같이 예민할 수밖에 없다. 이를 전제로 조직의 모든 환경을 기능적, 기계적 및 인간적 단서로 분류하고 이를 관리하면서 시스템을 구축하고 개선해 나간다.

각 단서는 의료기술수준, 유형물들 및 체험에 따른 기대 수준을 의미하는데 이들은 의료서비스 평가에 총체적으로 작동하기에 어느 하나 빠짐없이 진심을 다해 전달되어야 한다. 그 진심을 다하고 있는 가에 대한 물음으로 "만약 우리 회사가 갑자기 사라져

버리면 고객들이 우리를 그리워할까?"를 스스로에게 물어보고 그럴 경우 "고객들은 어떤 부분을 그리워할까?"를 자문자답한다고 한다. 고객들이 "여기서 나를 도울 수 없다면 다른 곳에 가도 소용 없어"라고 답할 때까지.

마지막으로 메이요가 전하는 경영자를 위한 제언[8]은 말 그대로가 생명 경영의 실천이다.

첫째, 탁월함에 이르는 길은 끝이 없다는 것이다. '우리는 더 잘 할 수 있다'는 내부의 울림과 함께 조직 학습의 중요성과 필요성을 지적하였다.

둘째, 브랜드에 어울리는 시스템을 만들라는 것이다. 메이요는 통합의 힘으로 레버리지를 창출하는 법을 보여주었다. 관리의 대상이 무엇인지 명확히 언급하고 있다.

셋째, 서비스 개선은 서비스를 수행하는 사람에게 맡길 것을 강조한다. 이는 환자의 입장을 대변할때 믿고 맡길 수 있는 것이다. 이를 수동적 관리로써 가능하겠는가? 사람을 관리하고자 할 때 결코 도달할 수 없는 업무수행이다.

생각해 보기

1. 메이요 클리닉이 세상에서 가장 존경받는 의료기관이 된 이유는 무엇인가? 어떠한 우연과 의도적 선택이 있었는가?
2. 환자의 필요성을 최우선으로(The needs of the patient come first) 하는 가치가 오늘날 메이요 클리닉 직원들의 삶 속에 어떻

게 녹아 있는가?

3. 메이요 클리닉은 적합한 사람을 선발하기 위해 어떠한 과
   정을 실행하고 있는가?

참고문헌

고병권, 니체의 위험한 책, 차라투스트라는 이렇게 말했다. 그린비,
  2003.

김근배, 애덤 스미스의 따뜻한 손, 중앙북스, 2016.

김동환, 시스템 사고, 선학사, 2011.

김상환, 왜 칸트인가, 21세기북스, 2019.

김수행, 마르크스가 예측한 미래사회, 한울, 2012.

김용규, 생각의 시대, 김영사, 2020.

김용규, 소크라테스 스타일, 김영사, 2021.

김용옥, 논어, 통나무, 2001.

김용옥, 노자가 옳았다, 통나무, 2020.

김위찬, 르네 마보안, 블루오션 전략, 교보문고, 2005.

김재인, 인공지능의 시대, 인간을 다시 묻다, 동아시아, 2017.

김재인, 생각의 싸움, 동아시아, 2019.

김재인, 뉴노멀의 철학, 동아시아, 2020.

김종래, CEO 칭기스칸, 삼성경제연구소, 2006.

김태완, 임제어록, 침묵의향기, 2015.

박상준, 불황탈출, 알키, 2019.

박웅현, 책은 도끼다, 북하우스, 2011.

박원순, 올리버는 어떻게 세상을 요리할까?, 이매진, 2011.

박재희, 경영전쟁 시대 손자와 만나다, 크레두, 2008.

박주용, 미래는 생성되지 않는다, 동아시아, 2024.

배수경, 만델브로트가 들려주는 프랙탈 이야기, 자음과모음, 2008.

성철, 산은 산이요 물은 물이로다, 장경각, 2006.

신유근, 인간존중경영, 다산출판사, 2005.

오태민, 더 그레이트 비트코인, 거인의정원, 2023.

윤석철, 경영학의 진리체계, 경문사, 2008.

이견직, 사회적 경영전략, 무역경영사, 2012.

이견직, 의료경영학, 청람, 2020.

이재규, 피터 드러커의 경영전략, 사과나무, 2004.

장하준(김희준, 안석문 역), 그들이 말하지 않는 23가지, 부키, 2010.

장하준, 장하준의 경제학 강의, 부키, 2023.

장하준, 정승일, 쾌도난마 한국경제, 부키, 2005.

조대호, 아리스토텔레스, 아르테, 2019.

조동성, 21세기를 위한 경영학, 서울경제경영, 2002.

조성오, 인간의 역사, 동녘선서, 2007.

조승연, 비즈니스의 탄생, 더난출판사, 2008.

최동석, 다시 쓰는 경영학, 21세기북스, 2013.

최재천, 다윈 지능, 사이언스북스, 2022.

최재천, 최재천의 생태경영, 메디치미디어, 2024.

최재천 외, 코로나 사피엔스, 인플루엔셜, 2020.

최정규, 이타적 인간의 출현, 뿌리와 이파리, 2009.

최진석, 인간이 그리는 무늬, 소나무, 2013.

최진석, 생각하는 힘 노자인문학, 위즈덤하우스, 2015.

황농문, 몰입, 알에이치코리아, 2023.

Ackoff, R.I. Ackoff's Best: His Classic Writings on Management, NY: John Wiley & Sons, Inc, 1999.

Adams, S. (김인수 역), 더 시스템, 베리북, 2024.

Amin, A. (Ed.), The social economy: international perspectives on economic solidarity, London: Zed Books, 2009.

Anderson, V. and L. Johnson, Systems Thinking Basics: From Concepts to Causal Loops, Pegasus Communications, 1997.

Arendt, H. (이진우 역), 인간의 조건, 한길사, 2017.

Argyris, C. (1976, September). Theories of action that inhibit individual learning. American Psychologist, 638−654, doi: 10.1037/0003−066X.31.9.638

Aristoteles(이종훈 역), 형이상학, 동서문화사, 2016.

Aristoteles(천병희 역), 수사학/시학, 숲, 2017.

Axelrod, R. (이경식 역), 협력의 진화, 시스테마, 2009.

Bainton, R. (이종태 역), 마르틴 루터의 생애, 생명의말씀사, 2002.

Bak, P., How Nature Works: The Science of Self−organized Criticality, NY: Copernicus, 1996.

Beinhocker, E. (안현실, 정성철 역), 부의 기원, RHK, 2007.

Benkler, Y. (최은창 역), 네트워크의 부, 커뮤니케이션북스, 2015.

Berry, L.L. and K.D. Seltman(김성훈 역), 메이요 클리닉 이야기, 살림Biz, 2012.

Bertalanffy, K. L. General Systems Theory. New York: George Braziller, 1968.

Buchanan, M. (김희봉 역), 내일의 경제, 사이언스북스, 2014.

Buchanan, M. (김희봉 역), 사회적 원자, 사이언스북스, 2010.

Buchanan, M. (김희봉 역), 우발과 패턴, 시공사, 2014.

Byrne, R. (김우열 역), 비밀, 살림출판사, 2007.

Capra, F. (구윤서, 이성범 역), 새로운 과학과 문명의 전환, 범양사, 2016.

Capra, F. (김용정, 이성범 역), 현대 물리학과 동양사상, 범양사, 2006.

Carter, Z. (김성아 역), 존 메이너드 케인즈, 로크미디어, 2021.

CCTV(허유영 역), 기업의 시대, 다산북스, 2014.

Collins, J. (이무열 역), 좋은 기업을 넘어 위대한 기업으로, 김영사, 2002.

Collins, J. and J. Porras(워튼 포럼 역), 성공하는 기업들의 8가지 습관, 김영사, 2002.

Crutchfield, L.R. and H. Grant(김병순 역), 성공한 사회적기업과 비영리단체의 6가지 습관 – 선을 위한 힘, 소동, 2010.

Csikszentmihalyi, M. (이희재 역), 몰입의 즐거움, 해냄, 2021.

Dalio, R. (고영태 역), 원칙, 한빛비즈, 2018.

Dawin, C. (장대익 역), 종의 기원, 사이언스북스, 2019.

Dawkins, R. (홍영남 역), 이기적 유전자, 을유문화사, 2006.

Decartes, R. (이현복 역), 방법서설, 문예출판사, 2019.

Dees, J.G., J. Emerson, and P. Economy, Strategic Tools for Social Enterpreneurs: Enhancing the Performance of Your Enterprising Nonprofit, John Wiley & Sons, 2002.

Diamond, J. (김진준 역), 총, 균, 쇠, 문학사상사, 2013.

Doherty, B. (박대석 역), 사회적기업경영론, 시그마프레스, 2008.

Doherty, B., G. Foster, C. Mason, J. Meehan, K. Meehan, N. Rotheroe, and M. Royce, Management for Social Enterprise, SAGE, 2009.

Drucker, P. (이재규 역), 경영의 실제, 한국경제신문, 2006.

Drucker, P., The Practice of Management, NY: HarperCollins, 1954.

Epstein, J. and R. Axtell, Growing Artificial Societies, The Brookings Institution, 1996.

Fitzsimmons, F. and M. Fitzsimmons, Service Management, Mc-Graw Hill, 2006.

Fromm, E. (김석희 역), 자유로부터의 도피, 휴머니스트, 2020.

Fromm, E. (차경아 역), 소유냐 존재냐, 까치, 2020.

Goethe, J.W. (전영애 역), 파우스트, 길, 2019.

Goldratt, E. and A. Goldratt—Ashlag(최원준 역), The Choice, 웅진윙스, 2010.

Goldratt, E. and J. Cox, The Goal: A Process of Ongoing Improvement, North River Press, 1992.

Goldratt, E.M. and J. Cox(김일운 외 역), The Goal, 동양문고, 2001.

Goldratt, E.M. (강승덕, 김일운 역), 더 골2: It's Not Luck, 동양문고, 2002.

Goodman, M., The Iceberg Model, MA: Hopkinton, 2002.

Guillen, M. (우진하 역), 2030 축의 전환, 리더스북, 2020.

Hamel, G. (권영설 역), 경영의 미래, 세종서적, 2008.

Hammer, M. and J. Champy(공민희 역), 리엔지니어링 기업혁명, 스마트비즈니스, 2008.

Harari, Y. (김명주 역), 호모 데우스, 김영사, 2017.

Harari, Y. (조현욱 역), 사피엔스, 김영사, 2015.

Hironaka, H. (방승양 역), 학문의 즐거움, 김영사, 2001.

Housel, M. (이수경 역), 불변의 법칙, 삼독, 2023.

Huberman, L. (장상환 역), 자본주의 역사 바로 알기, 책벌레, 2008.

Inamori, K. (양준호 역), 아메바 경영, 한국경제신문사, 2017.

Inamori, K. (김윤경 역), 어떻게 살아야 하는가, 다산북스, 2022.

Issacson, W. (안진환 역) 스티브 잡스, 민음사, 2015.

John Maynard Keynes, "Economic Possibilities for our Grandchildren(1930)," in Essays in Persuasion(New York: Harcourt Brace, 1932), 358-373.

Kania, J. and M. Kramer, Collective Impact, Stanford Social Innovation Review, 2011.

Kaplan, R. S. and D. P. Norton, The Balanced Scorecard, MA: Harvard Business School Press, 1996.

Kaplan, R. S., The Business Model Innovation Factory, John Wiley & Sons, 2012.

Kauffman, S. (김희봉 역), 무질서가 만든 질서, RHK, 2021.

Kim, W. and R. Mauborgne(강혜구 역), 블루오션 전략, 교보문고, 2005.

Kim, W. and R. Mauborgne, How Strategy Shapes Structure, Harvard Business Review, 2009.

Kinsley, M. (김지연 역), 빌 게이츠의 창조적 자본주의, 이콘, 2008.

Locke, J. (추영현 역), 인간지성론, 동서문화사, 2011.

Luft. J., Group Processes: An Introduction to Group Dynamics, Mayfield Publishing Company, 1984.

Lynch, K. and J. Walls, Mission, Inc.: the Practitioner's Guide to Social Enterprise, Berrett−Koehler Publishers, 2009.

MacLeod, G. (이인우 역), 협동조합으로 지역개발하라: 몬드라곤을 보는 또 다른 시각, 한국협동조합연구소, 2012.

Macy, J. (이중표 역), 붓다의 연기법과 인공지능, 불광출판사, 2020.

Markovits, D. (서정아 역), 엘리트 세습, 세종, 2020.

Marx, K. (김문현 역), 경제학, 철학 초고 / 자본론 / 공산당선언 / 철학의 빈곤, 동서문화사, 2008.

Marx, K. (김수행), 자본론, 비봉출판사, 2015.

Maslow, A. (소슬기 역), 매슬로의 동기이론, 유엑스리뷰, 2018.

Mazzucato, M. (안진환 역), 가치의 모든 것, 민음사, 2020.

Meadows, D.H. (김희주 역), ESG와 세상을 읽는 시스템 법칙, 세종, 2022.

Meadows, D.H., D.L. Meadows and J.Randers(김병순 역), 성장의 한계, 갈라파고스, 2021.

Mill, J. (서병훈), 자유론, 책세상, 2018.

Miller, J. (정형채, 최화정 역), 전체를 보는 방법, 에이도스, 2017.

Morecroft, J., Strategic Modelling and Business Dynamics: A Feedback Systems Approach, John Wiley & Sons, 2007.

Mulgan, G. (김영수 역), 사회혁신이란 무엇이며, 왜 필요하며, 어떻게 추진하는가, 시대의 창, 2011.

Naveen, M., S. Ravi, N. Joel, and K. Samira, Scaling Up: Catalyzing the Social Enterprise, A. T. Kearney, 2015.

Nietzsche, F. (박찬국 역), 선악의 저편, 아카넷, 2018.

Nietzsche, F. (사순옥 역), 짜라투스트라는 이렇게 말했다, 홍신문화사, 1987.

Nowak, M.A. and R. Highfield(허준석 역), 초협력자, 사이언스북스, 2011.

Nyssens, M. (Ed.), Social Enterprise: at the crossroads of market, public policies and civil society, London: Routledge, 2006.

Osterwalder, A. and Y. Pigneur, Business Model Generation: a handbook for visionaries, game changers, and challengers, John Wiley & Sons, 2010.

Paris, G. (김현주 역), 무질서와 질서 사이에서, 사이언스북스, 2023.

Peters, T. and R. Waterman(이동현 역), 초우량기업의 조건, 더난출판사, 2005.

Pfeffer, J. (윤세준, 박상언 역), 휴먼 이퀘이션, 지샘, 2001.

Piketty, T. (장경덕 역), 21세기 자본, 글항아리, 2014.

Popper, K. (이명헌 역), 열린사회와 그 적들, 민음사, 2006.

Porter, M. (김경묵, 김연성 역), 경쟁론, 세종연구원, 2002.

Porter, M. and M.R. Kramer(우정이 역), "Creating Shared Value(이익＋사회공헌, 공유가치를 창출하라)," 동아비즈니스리뷰, 2012.

Porter, M., Competitive Strategy: Techniques for Analyzing Industries and Competitors, NY: The Free Press, 1980.

Poter, M., The Competitiveness Advantage of Nations, New York: The Free Press, 1990.

Prahalad, C.K. (유호현 역), 저소득층 시장을 공략하라, 럭스미디어, 2006.

Precht, R. (박종대 역), 너 자신을 알라, 열린책들, 2018.

Prideaux, S. (박선영 역), 니체의 삶, 로크미디어, 2018.

Prigogine, l. and I. Stengers(신국조 역), 혼돈으로 부터의 질서,
　　자유아카데미, 2011.

Raworth, K. (홍기빈 역), 도넛 경제학, 학고재, 2018.

Ridley－Duff, R. and M. Bull, Understanding Social Enterprise: The-
　　ory & Practice, SAGE, 2011.

Ripkin, J. (이창희 역), 엔트로피, 세종연구원, 2000.

Ripkin, J. (안진환 역), 한계비용 제로 사회, 민음사, 2014.

Ripkin, J. (안진환 역), 회복력의 시대: 재야생화되는 지구에서 생
　　존을 다시 상상하다, 민음사, 2022.

Roberts, R. (이현주 역), 내안에서 나를 만드는 것들, 세계사, 2015.

Rose, T. (정미나 역), 평균의 종말, 21세기 북스, 2021.

Rowe, C. (유원기 역), 플라톤의 철학, 서광사, 2019.

Russell, B. (서상복 역), 러셀 서양철학사, 을유문화사, 2019.

Russell, S. (이한음 역), 어떻게 인간과 공존하는 인공지능을 만들
　　것인가, 김영사, 2021.

Saint－Exupéry, A. (황현산 역), 어린 왕자, 열린책들, 2015.

Samuelson, P., W. Nordhaus(김홍식 역), 새뮤얼슨의 경제학,
　　유비온, 2015.

Sandel, M. (김선욱 역), 돈으로 살 수 없는 것들, 와이즈베리, 2012.

Sandel, M. (함규진 역), 공정하다는 착각, 와이즈베리, 2020.

Sartre, J. (방곤 역), 구토 문예출판사, 1999.

Sartre, J. (방곤 역), 실존주의는 휴머니즘이다, 문예출판사, 1999.

Sartre, J. (정소성 역), 존재와 무, 동서문화사, 2016.

Saul, J. (안젤라 강주현 역), CSR 3.0, 청년정신, 2011.

Schopenhauer, A. (홍성광 역), 의지와 표상으로서의 세계, 을유문화사, 2019.

Schumpeter, J.A. (변상진 역), 자본주의 사회주의 민주주의, 한길사, 2011.

Schwab, K. and T. Malleret(이진원 역), 위대한 리셋, 메가스터디북스, 2021.

Sen, A. (원용찬 역), 센코노믹스: 인간의 행복에 말을 거는 경제학, 갈라파고스, 1999.

Senge, P. (강혜정 역), 학습하는 조직, 에이지21, 2014.

Smith, A. (이종인 역), 국부론, 현대지성, 2024.

Smuts, J.C., Holism and Evolution, The Gestalt Journal Press, 1926.

Sterman, J.D., Business Dynamics: Systems Thinking and Modeling for a Complex World, McGraw−Hill Higher Education, 2000.

Stroh, D.P. (신동숙 역), 사회변화를 위한 시스템 사고, 힐데와소피, 2022.

Susskind, D. (김정아 역), 노동의 시대는 끝났다, 와이즈베리, 2020.

Swayne, L.E., W.J. Duncan, and P.M. Ginter, Strategic Management of Health Care Organizations, Blackwell, 2006.

Taleb, N. (안세민 역), 안티프레질, 와이즈베리, 2013.

Taleb, N. (이건 역), 행운에 속지마라, 중앙북스, 2016.

Taleb, N. (차익종, 김현구 역), 블랙스완, 와이즈베리, 2018.

Taleb, N. (김원호 역), 스킨 인 더 게임, 비즈니스북스, 2019.

Taylor, F. (방영호 역), 프레드릭 테일러 과학적 관리법, 21세기북스, 2010.

The Boston Consulting Group, The Power of Social Business, 2013.

The Roberts Enterprise Development Fund, Measuring Impact: REDF workforce development outcome measurement, 2003.

Tyagi, R.K. and P. Gupta, A Complete and Balanced Service Score-card, FT Press, 2008.

Ulrich, V., S. Rainer, Y. Muhammad, and B. Saskia, The Power of Social Business, The Boston Consulting Group, 2013.

Wallace－Wells, D. (김재경 역), 2050 거주불능 지구, 추수밭, 2020.

Watanabe, I. (정문주 역), 시골빵집에서 균의 소리를 듣다, 더 숲, 2021.

Watanabe, I. (정문주 역), 시골빵집에서 자본론을 굽다, 더 숲, 2014.

Weber, M. (김상희 역), 프로테스탄트 윤리와 자본주의 정신, 풀빛, 2006.

Whitehead, A. (오영환 역), 과정과 실재, 민음사, 2003.

Womack J. et al (현영석 역), 린 생산, 한국린경영연구원, 2007.

Yamada, A. (김현희 역), 야마다사장 샐러리맨의 천국을 만들다, 21세기 북스, 2007.

Yamaguchi S. (김윤경 역), 철학은 어떻게 삶의 무기가 되는가, 다산초당, 2018.

Zamagni, S. and V. Zamagni (송성호 역), 협동조합으로 기업하라, 북돋움, 2009.

미주

Part 01
Why? 변화를 감지하라.
왜 생명 경영이어야 하는가?

Chapter 1   외면한 질서의 부상

1   Bertalanffy, K.L. General Systems Theory. New York: George Braziller, 1968.

2   Taleb, N. (차익종, 김현구 역), 블랙스완, 와이즈베리, 2018.

3   https://www.reuters.com/business/exclusive-pwc-tells-us-employees-they-need-never-return-office-2021-09-30/

4   김상균, 메타버스, 플랜비디자인, 2020.

5   오태민, 더 그레이트 비트코인, 거인의정원, 2023.

6   Carter, Z. (김성아 역), 존 메이너드 케인즈: 돈, 민주주의 그리고 케인즈의 삶, ROK, 2021.

7   박상준, 불황탈출, 알키, 2019.

8   Susskind, D. (김정아 역), 노동의 시대는 끝났다, 와이즈베리, 2020.

9   이때의 큰 정부는 과거 계획 경제주의자들에 의한 파이 증식의 생산 중심이 아닌 소득과 자본까지 분배하는 정부를 말한다.

10   Wallace-Wells, D. (김재경 역), 2050 거주불능 지구, 추수밭, 2020.

11   https://www.khan.co.kr/culture/culture-general/article/202005140600005.

12   Ripkin, J. (이창희 역), 엔트로피, 세종연구원, 2000.

13   Meadows, D.H., D.L. Meadows and J.Randers(김병순 역), 성장의 한계, 갈라파고스, 2021.

14   김재인, 뉴노멀의 철학, 동아시아, 2020.

15   https://en.wikipedia.org/wiki/Metcalfe%27s_law.

16   Rose, T. (정미나 역), 평균의 종말, 21세기 북스, 2021.

17 Ibid.

18 종교, 문화, 경제, 정치, 교육, 기술 등 모든 분야에는 중심지가 있다. 이것이 허브다. 세상 만사가 허브를 정점으로 움직인다.

19 Schwab, K. and T. Malleret(이진원 역), 위대한 리셋, 메가스터디북스, 2021.

20 Ibid.

21 https://ko.wikipedia.org/wiki/거듭제곱. 로그 평면에서 직선을 따르는 두 값의 관계가 있다면, 두 값은 거듭제곱법칙을 따른다고 한다.

22 https://www.santafe.edu.

23 Kauffman, S. (김희봉 역), 무질서가 만든 질서, RHK, 2021.

24 Ripkin, J. (안진환 역), 회복력의 시대: 재야생화되는 지구에서 생존을 다시 상상하다, 민음사, 2022.

25 Taleb, N. (안세민 역), 안티프레질, 와이즈베리, 2013.

26 Womack J. et al(현영석 역), 린 생산, 한국린경영연구원, 2007.

27 Bertalanffy, K. L. General Systems Theory. New York: George Braziller, 1968.

28 Ripkin, J. (안진환 역), 회복력의 시대: 재야생화되는 지구에서 생존을 다시 상상하다, 민음사, 2022.

29 Weber, M. (김상희 역), 프로테스탄트 윤리와 자본주의 정신, 풀빛, 2006.

30 Smith, A. (이종인 역), 국부론, 현대지성, 2024.

31 Smith가 6번의 수정본을 내고 사망직전까지 붙잡고 있던 도서는 '도덕감정론'이다. 이는 인간 행복에 관한 내용으로 단순히 이기성에 기초한 경제학의 환원주의자로만 평가하는 것은 편향적이다.

32 장하준, 장하준의 경제학 강의, 부키, 2023.

33 Schwab, K. and T. Malleret(이진원 역), 위대한 리셋, 메가스터디북스, 2021.

34 https://www.un.org/en/conferences/environment/stockholm1972

35 1968년 4월에 이탈리아 로마에서 처음 회의를 가져 붙여진 이름으로 1970년 3월 세계 25개국의 과학자, 경제학자, 교육자, 경영자들이 환경오염, 천연자원 고갈, 인구 팽창, 군사 기술 진보에 의한 대규모 파괴력 위험 등에 따른 인류 위기 해법을 모색할 목적으로 창립한 민간단체이다.

36 https://ko.wikipedia.org/wiki/우리_공동의_미래.

37 일반적으로 환경(Environmental), 사회(Social), 지배구조(Governance)의 영문 첫 글자를 조합한 단어로, 기업 경영에서 지속가능성을 달성하기 위한 3가지 핵심 요소를 말한다.

38 Taylor, F. (방영호 역), 프레드릭 테일러 과학적 관리법, 21세기북스, 2010.

39 Ibid.

40 Hammer, M. and J. Champy(공민희 역), 리엔지니어링 기업혁명, 스마트비즈니스, 2008.

41 Markovits, D. (서정아 역), 엘리트 세습, 세종, 2020.

42 Hammer, M. and J. Champy(공민희 역), 리엔지니어링 기업혁명, 스마트비즈니스, 2008.

43 Mazzucato, M. (안진환 역), 가치의 모든 것, 민음사, 2020.

44 Meadows, D.H., D.L. Meadows and J.Randers(김병순 역), 성장의 한계, 갈라파고스, 2021.

45 Maslow, A. (소슬기 역), 매슬로의 동기이론, 유엑스리뷰, 2018.

46 Mazzucato, M. (안진환 역), 가치의 모든 것, 민음사, 2020.

47 Ripkin, J. (안진환 역), 회복력의 시대: 재야생화되는 지구에서 생존을 다시 상상하다, 민음사, 2022.

48 Marx, K. (김수행), 자본론, 비봉출판사, 2015.

49 Samuelson, P., W. Nordhaus(김홍식 역), 새뮤얼슨의 경제학, 유비온, 2015.

50 Fromm, E. (김석희 역), 자유로부터의 도피, 휴머니스트, 2020.

51 Fromm, E. (차경아 역), 소유냐 존재냐, 까치, 2020.

52 Beinhocker, E. (안현실, 정성철 역), 부의 기원, RHK, 2007.

53 Capra, F. (구윤서, 이성범 역), 새로운 과학과 문명의 전환, 범양사, 2016.

54 Collins, J. (이무열 역), 좋은 기업을 넘어 위대한 기업으로, 김영사, 2002.

55 Schwab, K. and T. Malleret(이진원 역), 위대한 리셋, 메가스터디북스, 2021.

56 Ripkin, J. (안진환 역), 한계비용 제로 사회, 민음사, 2014.

57 Raworth, K. (홍기빈 역), 도넛 경제학, 학고재, 2018.

58 이에는 충분한 식량, 깨끗한 물, 양질의 위생 시설, 에너지 접근권과 안정적인 일자리, 정보망과 사회적 지원망 등 12가지 요소를 포함하였다.

59 https://ko.wikipedia.org/wiki/열역학_제2법칙. 열역학 제1법칙은 에너지 보존의 법칙으로 에너지를 창조하거나 파괴하는 것은 불가능하며, 오직 형태만 변화된다는 법칙이다.

60 Ripkin, J. (이창희 역), 엔트로피, 세종연구원, 2000.

Chapter 2 　경영에 철학이 필요하다

1 　Capra, F. (김용정, 이성범 역), 현대 물리학과 동양사상, 범양사, 2006.

2 　Nietzsche, F. (사순옥 역), 짜라투스트라는 이렇게 말했다, 홍신문화사, 1987.

3 　김용옥, 노자가 옳았다, 통나무, 2020.

4 　https://m.blog.naver.com/chanwoolee/220124299204.

5 　김용규, 생각의 시대, 김영사, 2020.

6 　庖丁解牛라고 쓴다.

7 　https://ko.wikipedia.org/wiki/옥스포드_영어사전.

8 　https://ko.wikipedia.org/wiki/프로페서_앤_매드맨.

9 　Saint-Exupéry, A. (황현산 역), 어린 왕자, 열린책들, 2015.

10 　Collins, J. (이무열 역), 좋은 기업을 넘어 위대한 기업으로, 김영사, 2002.

11 　Buchanan, M. (김희봉 역), 사회적 원자, 사이언스북스, 2010.

12 　전자는 환원주의적 접근이고, 후자는 전일주의적 접근이다. 즉, 환원주의에서 선은 점의 집합이기 때문에 선은 점으로 환원될 수 있다는 것이고, 전일주의는 선은 점의 집합이 아니기 때문에 면을 찾아야 비로소 선을 이해할 수 있다는 시각이다.

13 　Buchanan, M. (김희봉 역), 우발과 패턴, 시공사, 2014.

14 　Sartre, J. (방곤 역), 실존주의는 휴머니즘이다, 문예출판사, 1999.

15 　Schumpeter, J.A. (변상진 역), 자본주의 사회주의 민주주의, 한길사, 2011.

Chapter 3 　인간관 그리고 세계관

1 　Aristoteles(이종훈 역), 형이상학, 동서문화사, 2016.

2 　Ripkin, J. (이창희 역), 엔트로피, 세종연구원, 2000. 리프킨은 현대의 세계관 형성을 17세기 뉴턴의 기계관으로 보고 중세 기독교 세계관이 이로 대치되었듯이 향후 엔트로피 법칙이 이를 대체할 시점이 되었다고 설파하고 있다.

3 　Russell, B. (서상복 역), 러셀 서양철학사, 을유문화사, 2019.

4 　서양 철학사에서 이성(reason)은 경험에 반하여 머릿속 생각을 원리로써 추리하는 능력(reasoning)을 말한다. 따라서, 이성주의자들은 기본적으로 변화를 부정한다. 변화는 경험적이기 때문이다.

5 　Rowe, C. (유원기 역), 플라톤의 철학, 서광사, 2019.

6 　Decartes, R. (이현복 역), 방법서설, 문예출판사, 2019.

7 '나는 생각한다. 고로 존재한다'에서 스스로 '고로'를 뺐다. 생각과 존재의 관계를 독립화시킨 것이다.

8 Prigogine, l. and I. Stengers(신국조 역), 혼돈으로 부터의 질서, 자유아카데미, 2011.

9 데카르트가 진리의 주체에 인간을 올려 놓았다면 뉴턴은 그 실현 수단을 제공했다고 할 수 있다.

10 이는 제1법칙인 관성의 법칙(힘이 가해져 물체의 상태가 변하지 않는 한, 모든 물체는 정지해 있거나 등속직선운동을 하는 상태를 유지한다), 제2법칙인 가속도의 법칙(운동의 변화는 가해진 힘에 비례하며, 가해진 힘의 직선 방향대로 이루어진다), 제3법칙인 작용 반작용의 법칙(모든 작용에 대해 크기는 같고 방향은 반대인 반작용이 존재한다)이다.

11 모든 것은 항구불변하다. 무에서는 아무것도 나올 수 없다. 참으로 실재하는 것은 변화하지 않는다고 강조한다.

12 김용규, 생각의 시대, 김영사, 2020.

13 Nietzsche, F. (박찬국 역), 선악의 저편, 아카넷, 2018.

14 Derrida, J. (김보현 역), 해체, 문예출판사, 1996.

15 Whitehead, A. (오영환 역), 과정과 실재, 민음사, 2003.

16 Smith, A. (이종인 역), 국부론, 현대지성, 2024.

17 Taylor, F. (방영호 역), 프레드릭 테일러 과학적 관리법, 21세기북스, 2010.

18 Russell, B. (서상복 역), 러셀 서양철학사, 을유문화사, 2019.

19 Smuts, J.C., Holism and Evolution, The Gestalt Journal Press, 1926.

20 동양 철학의 음양론이 그 대표적이다. 이는 음양이라는 두 가지 원리는 있지만 이들은 서로 대립하기도 하고 융합하기도 하면서 조화와 균형을 형성하는 하나의 존재라는 시각이다.

21 조대호, 아리스토텔레스, 아르테, 2019.

22 아리스토텔레스를 경험을 중시했다고 볼 수 없다. 그냥 현실론자라고 해야 한다. 왜냐하면 그도 논리학을 쓴 합리론자이다.

23 https://ko.wikipedia.org/wiki/종의_기원.

24 Dawin, C. (장대익 역), 종의 기원, 사이언스북스, 2019.

25 최재천, 다윈 지능, 사이언스북스, 2022.

26 고병권, 니체의 위험한 책, 차라투스트라는 이렇게 말했다, 그린비, 2003.

27 Nietzsche, F. (사순옥 역), 짜라투스트라는 이렇게 말했다, 홍신문화사, 1987.

28 Sartre, J. (방곤 역), 실존주의는 휴머니즘이다, 문예출판사, 1999.

29 이를 노자는 道常無爲 而無不爲라 하였다.

30 Bertalanffy, K.L. General Systems Theory. New York: George Braziller, 1968.

31 '전체 결과의 80%가 전체 원인의 20%에서 일어나는 현상'을 주장한 이탈리아 경제학자 파레토(B. Pareto)의 이름에서 따왔다.

32 김용옥, 노자가 옳았다, 통나무, 2020.

33 무(無)를 비존재로 보는 것과 무형으로 이해하는 것은 동서양 철학에 큰 차이점 중에 하나이다.

34 김용옥, 노자가 옳았다, 통나무, 2020.

35 Ibid.

36 Dawkins, R. (홍영남 역), 이기적 유전자, 을유문화사, 2006.

Part 02

What? 원칙을 세워라.
생명 경영은 무엇인가?

Chapter 1 생명 경영은 무엇인가

1 CCTV(허유영 역), 기업의 시대, 다산북스, 2014.

2 조승연, 비즈니스의 탄생, 더난출판사, 2008.

3 Piketty, T. (장경덕 역), 21세기 자본, 글항아리, 2014.

4 Ibid.

5 이견직, 의료경영학, 청람, 2020.

6 Drucker, P. (이재규 역), 경영의 실제, 한국경제신문사, 2006.

7 이견직, 의료경영학, 청람, 2020.

8 Mazzucato, M. (안진환 역), 가치의 모든 것, 민음사, 2020.

9 이는 독일 뷔르츠부르크 대학교의 물리학자 라이너 퀴멜과 프랑스 인시아드의 경제학자 버트 에어스 등의 연구결과로 리프킨의 한계비용 제로 사회(2014)에서 재인용하였다.

10 Collins, J. (이무열 역), 좋은 기업을 넘어 위대한 기업으로, 김영사, 2002.

11 중국의 유학자 순자(荀子)의 '先義而後利者榮'(의로움을 이로움보다 앞세우는 자는 번영하리라)에서 따온 말로 자신의 이익보다 고객이나 거래 업체의 편익과 사회공헌을 우선시하는 조직태도를 나타낸다.

12 George, W. Merck, Speech at the Medical College of Virginia at Richmond, Dec. 1, 1950, Courtesy of Merck & Company Archives.

13 outcome을 결과, 성과 등으로 번역하나 적절하지는 않다. 이는 그 용어가 활용된 시점에서 결과나 성과를 대변하기 위해 지칭한 성격이 더 크다. 이제 impact 등과 같이 더 넓은 개념의 결과와 성과가 출현함에 따라 적절한 번역 용어가 더 애매하게 되었다.

14 Kauffman, S. (김희봉 역), 무질서가 만든 질서, RHK, 2021.

15 Unruh, G, "The Biosphere Rules", Harvard Business Review, 2008.

16 Reeves, M., S. Levin and D. Ueda, "The Biology of Corporate Survival", Harvard Business Review, 2016.

17 배수경, 만델브로트가 들려주는 프랙탈 이야기, 자음과모음, 2008.

18 https://m.blog.naver.com/alwaysneoi/220111639584.

19 Dawin, C. (장대익 역), 종의 기원, 사이언스북스, 2019.

20 Mill, J. (서병훈 역), 자유론, 책세상, 2018.

21 Axelrod, R. (이경식 역), 협력의 진화, 시스테마, 2009.

22 파나소닉의 마쓰시타 고노스케, 혼다의 혼다 소이치로와 함께 일본에서 가장 존경받는 3대 경영인 중 한명으로 평가받았으며 2022년 향년 90세 일기로 타계하였다.

23 아메바 경영은 3가지 목적을 지향하는데 첫 번째는 시장에 직결된 부문별 채산 제도 확립, 두 번째는 투철한 경영자 의식을 가진 인재 육성, 세 번째는 전원 참가형 경영 실현이다. 자세한 내용은 Inamori, K. (양준호 역), 아메바 경영, 한국경제신문사, 2017을 참고하기 바란다.

24 이나모리 가즈오의 경영 철학은 인간으로서 올바른 일을 추구한다에 두고 있다. 특히, 모든 것은 마음이 만든다는 '일체유심조'에 기초해 신의 음성이 들릴 만큼 거북이 걸음으로의 지속적인 정진을 강조하고 있다. 한편, 그가 창업한 교세라의 경영 이념은 '물심양면으로 모든 직원의 행복을 추구하고 인류 사회의 진보와 발전에 공헌한다'이다. Inamori, K. (김윤경 역), 어떻게 살아야 하는가, 다산북스, 2022.를 참고하기 바란다.

25 Goldratt, E.M. and J. Cox(김일운 외 역), The Goal, 동양문고, 2001.

26 최재천, 최재천의 생태경영, 메디치미디어, 2024.

27 Goldratt, E.M. and J. Cox(김일운 외 역), The Goal, 동양문고, 2001. 제약이론은 변화의 이유를 통계적 변동과 종속적 사건으로 보고 있다. 이는 비선형성이 갖고 있는 초기 조건의 민감성과 경로 의존성과 흐름을 같이 한다.

28 Hammer, M. and J. Champy(공민희 역), 리엔지니어링 기업혁명, 스마트비즈니스, 2008.

29 Taleb, N. (안세민 역), 안티프레질, 와이즈베리, 2013.

30 Ripkin, J. (안진환 역), 회복력의 시대: 재야생화되는 지구에서 생존을 다시 상상하다, 민음사, 2022.

31 고병권, 니체의 위험한 책, 차라투스트라는 이렇게 말했다, 그린비, 2003.

32 Precht, R. (박종대 역), 너 자신을 알라, 열린책들, 2018.

33 Prideaux, S. (박선영 역), 니체의 삶, 로크미디어, 2018.

34 김용옥, 논어, 통나무, 2001.

35 Senge, P. (강혜정 역), 학습하는 조직, 에이지21, 2014.

36 Ibid.

37 Marx, K. (김수행), 자본론, 비봉출판사, 2015.

38 Maslow, A. (소슬기 역), 매슬로의 동기이론, 유엑스리뷰, 2018.

39 김용옥, 노자가 옳았다, 통나무, 2020.

40 Ibid, 321.

41 언젠가부터 학문의 지향점을 '도상무위 이무불위(道常無爲 而無不爲)'에 두고 부친의 글을 받아 서재에 걸어두고 보고 있다. 한자어 무(無)와 불(不)이 주는 매혹과 편안함에 이끌렸던 같다.

42 김용규(2021) 참조.

43 Ibid.

44 Popper, K. (이명헌 역), 열린사회와 그 적들, 민음사, 2006.

Chapter 2 **(원칙 1) 인간은 관리의 대상이 아니다**

1 http://news.bbc.co.uk/1/hi/461545.stm

2 Marx, K. (김문현 역), 경제학, 철학 초고 / 자본론 / 공산당선언 / 철학의 빈곤, 동서문화사, 2008.

3 https://en.wikipedia.org/wiki/Ringelmann_effect.

4 Sartre, J. (정소성 역), 존재와 무, 동서문화사, 2016.

5 Sartre, J. (방곤 역), 구토 문예출판사, 1999.

6   Aristoteles (천병희 역), 수사학/시학, 숲, 2017.

7   Maslow, A. (소슬기 역), 매슬로의 동기이론, 유엑스리뷰, 2018.

8   Deci, E., Effects of externally mediated rewards on intrinsic motivation, Journal of Personality and Social Psychology, 18(1), 1971, pp: 105~115.

Chapter 3 (원칙 2) 관리의 대상은 시스템이다

1   https://www.etymonline.com/kr/word/system

2   Bertalanffy, K. L. General Systems Theory. New York: George Braziller, 1968.

3   Meadows, D.H. (김희주 역), ESG와 세상을 읽는 시스템 법칙, 세종, 2022.

4   Senge, P. (강혜정 역), 학습하는 조직, 에이지21, 2014.

5   Bertalanffy, K. L. General Systems Theory. New York: George Braziller, 1968.

6   Ackoff, R.I. Ackoff's Best: His Classic Writings on Management, NY: John Wiley & Sons, Inc, 1999.

7   Aristoteles(이종훈 역), 형이상학, 동서문화사, 2016.

8   Bertalanffy, K. L. General Systems Theory. New York: George Braziller, 1968.

9   생명시스템과 기계시스템의 차이는 기계시스템은 폐쇄시스템으로 주변 환경과 에너지만 교환하지만, 생명시스템은 개방시스템으로 물질도 교환한다. 생명시스템의 주요 관심사는 엔트로피가 아니라 생명현상을 유지하기 위해 주변의 에너지를 빨아들이려는 에너지의 흐름이다. 리프킨은 이 과정에서 더욱 강력히 에너지를 흡수하기 위해 신체 외적 도구를 사용하게 되었기에 이를 통제하는 과정을 권력으로 보았다.

10 Ibid.

11 Ibid.

12 Ibid.

13 Meadows, D.H. (김희주 역), ESG와 세상을 읽는 시스템 법칙, 세종, 2022.

14 자기 조직화의 흥미로운 사례로 Epstein, J. and R. Axtell, Growing Artificial Societies, The Brookings Institution, 1996의 가상의 설탕 섬 모형(Sugarscape Model)을 참고하기 바란다.

15 '붓다의 연기법과 인공지능' 참조. 이에 반해 홍창성 교수는 아무 것도 무(無)로부터 나오지 않는다는 서양 고대로부터의 통찰 및 만물이 공(空)하다는

불교의 가르침에 위배된다고 주장하였다(출처: 법보신문, www.beopbo.com/news/articleView.html?idxno=301288).

16 Macy, J. (이중표 역), 붓다의 연기법과 인공지능, 불광출판사, 2020.

17 전체라는 whole과 건강이라는 health는 그 어원이 같다.

18 Senge, P. (강혜정 역), 학습하는 조직, 에이지21, 2014.

19 Ibid., 96~109.

20 Senge, P. (강혜정 역), 학습하는 조직, 에이지21, 2014.

21 Bak, P., How Nature Works: The Science of Self-organized Criticality, NY: Copernicus, 1996.

22 https://ko.wikipedia.org/wiki/앨런_케이(The best way to predict the future is to invent it, 1971).

23 MIT의 J. Forrester 교수는 시스템 동역학이론에서 이를 인과구조도(causal loop diagram, CLD)로 명명하고 있다.

24 Meadows, D.H. (김희주 역), ESG와 세상을 읽는 시스템 법칙, 세종, 2022.

25 Sterman, J.D., Business Dynamics: Systems Thinking and Modeling for a Complex World, McGraw-Hill Higher Education, 2000.

26 본 행태에 따른 시스템 구조에 대한 인과지도(CLD) 작성은 'Kim, D., Systems Thinking Tools: A User's Reference Guide, PEGASUS, 1994'와 시스템 원형에 대한 자세한 안내는 'Kim, D., Systems Archetypes I, II, III, PEGASUS, 1992'를 참고하길 바란다.

27 https://dbpedia.org/page/Archimedean_point. 한나 아렌트는 아르키메스의 지렛대론은 지렛점을 지구 밖에서 찾아야 한다는 측면에서 '지구 소외'가 야기될 수 있음을 지적하였다.

28 Schopenhauer, A. (홍성광 역), 의지와 표상으로서의 세계, 을유문화사, 2019.

29 이 과정에서 시간은 선과 후로, 공간은 앞과 뒤로 등 남과 나를 구분하는 개별화 간에 대립과 투쟁이라는 고통이 발생한다고 보았다. 이는 노자의 주장과도 일맥상통한다. 쇼펜하우어, 의지와 표상으로서의 세계(2019)를 참조하기 바란다.

30 Anderson, V. and L. Johnson, Systems Thinking Basics: From Concepts to Causal Loops, Pegasus Communications, 1997.

31 Capra, F. (김용정, 이성범 역), 현대 물리학과 동양사상, 범양사, 2006, 360.

32 Carter, Z. (김성아 역), 존 메이너드 케인즈, 로크미디어, 2021. 케인즈는 '고용, 이자 및 화폐에 관한 일반 이론'을 통해 대공황을 경제의 동태성에 의한 시간 지연 현상으로 이해했다. 그는 소득 감소가 소비 감소로 이어지고, 다시 투자 감소로 이어지는 과정에서 발생하는 시간 지연으로 인해 일자리 감소와 심리

불안이 다시 소득, 소비, 투자 감소를 일으키는 악순환이 대공항의 기본 구조로 보았다.

33 https://mitsloan.mit.edu/teaching-resources-library/mit-sloan-beer-game-online. 맥주 게임은 소매업자, 도매업자, 유통업자, 제조업자로 구성된 공급체인에서 맥주의 주문과 배달 시점 사이 발생하는 시간 지연이 어떻게 재고 비용의 급증을 가져 오는지를 설명하고 있다.

34 Senge, P. (강혜정 역), 학습하는 조직, 에이지21, 2014, 96~109.

35 Goodman, M., The Iceberg Model, MA: Hopkinton, 2002.

36 메도즈(2022)는 구조주의는 저량에 초점을 둠에 반해 행태주의는 유량에 초점을 두는 차이점이 있는데 행태주의는 상대적으로 빠른 변화를 보이는 유량을 과대평가하고 저량을 과소평가하는 문제가 있음을 지적하였다. 메도즈는 유량의 반응은 오직 저량에 반응하는 것으로 유량간 반응은 존재하지 않음을 강조하였다. 예를 들어, 방온도 변화(유량)에 관한 방정식을 찾을 수 있으나, 어느 날 창문을 열어 방온도가 바뀌었다면(저량 변화) 기존 방정식은 무효하다. 시스템의 구조변화(창문이 열림)를 파고들어야 할 것이다. 그녀는 행태주의 접근이 단기적 경제 성과 예측에는 정확성을 보여도 장기성과가 부정확한 이유가 여기에 있다고 보았다.

37 Meadows, D.H. (김희주 역), ESG와 세상을 읽는 시스템 법칙, 세종, 2022.

Chapter 4 (원칙 3) 인간은 학습의 대상이다

1 Locke, J. (추영현 역), 인간지성론, 동서문화사, 2011.

2 공자는 논어에서 性相近也 習相遠也라 하고 있다.

3 공자는 논어 위정편에서 學而不思則罔 思而不學則殆라고 강조하고 있다.

4 김상환, 왜 칸트인가, 21세기북스, 2019.

5 이미 증명된 일반 명제(모든 사람은 죽는다)에 기초해 개별 명제의 결론(A는 사람이니 A도 죽는다)을 이끌어 내는 추리 방법.

6 개별 명제들(A는 죽었다, B는 죽었다)을 통해 결론(따라서 모든 인간은 죽는다)을 이끌어 내는 추리 방법.

7 https://casting.kyobobook.co.kr/post/detail/8376

8 Bainton, R. (이종태 역), 마르틴 루터의 생애, 생명의말씀사, 2002.

9 https://www.wikitree.co.kr/articles/252670

10 Harari, Y. (김명주 역), 호모 데우스, 김영사, 2017.

11 Locke, J. (추영현 역), 인간지성론, 동서문화사, 2011.

12 Schopenhauer, A. (홍성광 역), 의지와 표상으로서의 세계, 을유문화사, 2019.

13 김재인, 인공지능의 시대 인간을 다시 묻다, 동아시아, 2017.

14 보다 자세히 몰입을 경험하고 싶다면 황농문의 도서 몰입(2023)을 추천한다.

15 Fromm, E. (김석희 역), 자유로부터의 도피, 휴머니스트, 2020.

16 Sartre, J. (임호경 역), 구토, 문예출판사, 2020.

17 Prideaux, S. (박선영 역), 니체의 삶, 로크미디어, 2018.

18 최진석, 인간이 그리는 무늬, 소나무, 2013.

19 Prideaux, S. (박선영 역), 니체의 삶, 로크미디어, 2018.

20 Issacson, W. (안진환 역) 스티브 잡스, 민음사, 2015.

21 Decartes, R. (이현복 역), 방법서설, 문예출판사, 2019.

22 성철, 산은 산이요 물은 물이로다. 장경각, 2006.

23 Goethe, J.W. (전영애 역), 파우스트, 길, 2019.

24 김용규, 소크라테스 스타일, 김영사, 2021.

25 김용옥, 노자가 옳았다, 통나무, 2020, 112.

26 김태완, 임제어록, 침묵의향기, 2015.

Chapter 5 **(원칙 4)** 학습은 핵심가치를 업무에 녹여 흐르게 하는 것이다

1   https://youtu.be/VtvjbmoDx-I?si=mSHjdNkzHBPKzgW2

2   Senge, P. (강혜정 역), 학습하는 조직, 에이지21, 2014.

3   Mill, J. (서병훈 역), 자유론, 책세상, 2018.

4   Berry, L.L. and K.D. Seltman(김성훈 역), 메이요 클리닉 이야기, 살림Biz, 2012.

5   Collins, J. (이무열 역), 좋은 기업을 넘어 위대한 기업으로, 김영사, 2002.

6   김용옥, 논어, 통나무, 2001.

7   최진석, 인간이 그리는 무늬, 소나무, 2013.

8   영문 learning을 학습으로 번역하는 것에 주의가 필요하다. 대개 학습보다 배움에 더 가깝다. mastery가 익힘에 더 가깝다.

9   Edmonson, A., The Competitive Imperative of Learning, Harvard Business Review 86(7/8), 2008.

10 Csikszentmihalyi, M. (이희재 역), 몰입의 즐거움, 해냄, 2021.

11 Edmonson, A., "The Competitive Imperative of Learning", Harvard Business Review 86(7/8), 2008.

12 Dalio, R. (고영태 역), 원칙, 한빛비즈, 2018.

13 Luft. J., Group Processes: An Introduction to Group Dynamics, Mayfield Publishing Company, 1984.

14 Nowak, M.A. and R. Highfield(허준석 역), 초협력자, 사이언스북스, 2011.

15 Axelrod, R. (이경식 역), 협력의 진화, 시스테마, 2009.

Part 03
How? 실천하라
생명 경영을 실천하다

생명 경영 사례를 보자

1 김용옥, 노자가 옳았다, 통나무, 2020, 335.

Case Study 1 시골 빵집

1 Watanabe, I. (정문주 역), 시골빵집에서 자본론을 굽다, 더 숲, 2014.

2 Ibid.

3 Ibid., 70.

4 Ibid., 85.

5 Ibid., 176.

6 Ibid., 203.

7 Ibid., 206.

8 Ibid., 225.

9 Ibid., 62.

10 bid., 80.

11 Ibid., 83.

12 Ibid., 84.

13 Ibid., 137.

14 Ibid., 141.

15 Ibid., 209.

16 Ibid., 212.

17 Ibid., 214.

18 Ibid., 231.

19 Ibid., 210.

20 Ibid., 232.

21 Ibid., 76.

22 Ibid., 224.

Case Study 2 미래 공업

1 Yamada, A. (김현희 역), 야마다사장 샐러리맨의 천국을 만들다, 21세기 북스, 2007.

2 Ibid.

3 Ibid.

4 Ibid.

Case Study 3 메이요 클리닉

1 Berry, L.L. and K.D. Seltman(김성훈 역), 메이요 클리닉 이야기, 살림Biz, 2012.

2 Ibid., 171.

3 Ibid., 95.

4 봉급제의 주요 특징으로는 동일한 서비스를 제공하는 의사에게 균등한 봉급 지급하며, 신규 고용 시 5년간 봉급 인상 후 5년째 최고액 도달하며 이후 고정된다.

5 Ibid., 205.

6 Ibid., 200.

7 Ibid., 64~65.

8 Ibid., 384~388.

색인

저자 소개

저자는 KAIST에서 경영과학 박사학위를 받았으며, 한림대학교에서 의료경영학을 강의하고 있다. 현재 경영대학장겸 경영대학원장을 맡고 있으며, 소셜벤처인 휴랩(hulab)을 창업하였다. 정부의 고령화 및 미래사회위원회에서 전문위원으로 활동하였으며, 인문경영과 사회혁신, 지속가능 경영, 시스템 철학과 동태성 분야에서 자신의 이야기를 만들고 있다.

생명 경영 원칙

초판발행	2025년 3월 11일
지은이	이견직
펴낸이	안종만 · 안상준
편 집	탁종민
기획/마케팅	정성혁
표지디자인	BEN STORY
제 작	고철민 · 김원표
펴낸곳	(주)**박영사**
	서울특별시 금천구 가산디지털2로 53, 210호(가산동, 한라시그마밸리)
	등록 1959.3.11. 제300-1959-1호(倫)
전 화	02)733-6771
f a x	02)736-4818
e-mail	pys@pybook.co.kr
homepage	www.pybook.co.kr
ISBN	979-11-303-2162-2 93320

정 가   20,000원